ARMORIAL

DE

LA VILLE DE MARSEILLE.

Tiré à 250 Exemplaires.

TOUS DROITS RÉSERVÉS.

Imprimé chez Arnaud & Comp., à Marseille, rue Cannebière, 10.

ARMORIAL

DE

LA VILLE DE MARSEILLE

RECUEIL OFFICIEL

DRESSÉ PAR LES ORDRES DE LOUIS XIV

PUBLIÉ POUR LA PREMIÈRE FOIS

D'APRÈS LES MANUSCRITS DE LA BIBLIOTHÈQUE IMPÉRIALE

PAR

Le Comte Godefroy de MONTGRAND

Gentilhomme Provençal.

MARSEILLE

ALEXANDRE GUEIDON, ÉDITEUR

MDCCCLXIV

AVANT-PROPOS.

Les armoiries, dans leur première origine, étaient des marques d'honneur composées de figures et d'émaux, c'est-à-dire de métaux et de couleurs représentés dans un écusson, pour marquer la noblesse et distinguer les familles. On ne les portait autrefois que sur la cotte d'armes, le bouclier, les bannières et les armes ; de là est venu le nom d'armes ou d'armoiries. Les armoiries prirent naissance dans les tournois, où les chevaliers, couverts de fer, n'auraient pu se faire reconnaître sans une marque extérieure. Ceux qui se présentaient pour entrer en lice sonnaient de la trompe ou du cor pour faire savoir leur arrivée. Les hérauts, après avoir reconnu s'ils étaient gentilshommes, sonnaient aussi de leurs trompes et décrivaient les armoiries de chaque combattant. Alors on portait en cimier une ou deux trompes dont on avait sonné auparavant et qui sont l'origine de toutes celles qu'on voit orner les timbres allemands. Lorsqu'on avait paru deux fois dans ces tournois solennels, la noblesse était suffisamment reconnue. C'est de cette cérémonie et du mot allemand *blasen*, qui signifie sonner du cor, qu'est venu celui de blason, qui s'entend pour la science et l'art d'expliquer nettement et en termes propres toutes sortes d'armoiries,

Cependant, l'usage des armoiries ne commença à prendre un grand développement qu'à l'époque des Croisades; ceux qui en avaient déjà se les rendirent plus propres, ceux qui n'en avaient point en choisirent, tant pour se faire reconnaître dans les combats que pour se distinguer des autres. Les uns, pour marquer qu'ils s'étaient croisés, mirent des croix dans leurs armes; les autres, pour montrer qu'ils avaient passé la mer, prirent des merlettes, des coquilles, des besants, des lions, des léopards; d'autres formèrent leurs armoiries de la doublure de leurs manteaux, selon qu'elle était échiquetée, vairée, papelonnée, mouchetée, diaprée, ondée, fascée, pallée, gironnée, losangée. Il y en eut qui préférèrent charger leur écu de quelque pièce d'armure, comme les éperons, les fers de lance, les maillets, les épées; quelques-uns prirent des figures qui avaient rapport aux surnoms ou plutôt aux sobriquets qu'on leur donnait, ou bien à leurs terres, à ce qu'elles produisaient, à la situation ou autres particularités de leurs châteaux, aux charges qu'ils exerçaient; d'autres choisirent de celles qui conservaient la mémoire de quelque beau fait d'armes ou de quelque aventure singulière; enfin, il y en eut qui les prirent comme marques de leur inclination ou simplement suivant leur caprice.

Les armoiries au moyen-âge, et avant l'hérédité des surnoms, servaient aussi à faire reconnaître les familles, ce qui eut été bien difficile sans cela, car à part quelques princes ou quelques grands seigneurs, Raoul, fils de Robert, ou Estienne, fils de Guillaume, n'étaient connus qu'en leurs villages ou tout au plus dans le comté ou le bailliage dans le ressort duquel ils se trouvaient, ces noms étant communs à tout le monde, à tel point qu'après trois ou quatre générations, quand les enfants avaient changé de territoire pour aller demeurer soit dans les terres qui leur étaient échues, soit dans celles de leurs femmes, il ne leur restait aucun moyen pour faire reconnaître de quel lieu ils étaient sortis; mais depuis que les cadets retinrent les armes de leurs pères avec brisures, on commença à reconnaître de quelle maison ils étaient descendus et de quel lieu ils venaient.

L'usage des armoiries, qui avait été, dans le principe, le privilège exclusif de la noblesse, se répandit peu à peu dans les rangs de la bourgeoisie. Les villes, les corporations, les communautés voulurent aussi avoir leur blason.

De temps immémorial la plus grande partie de

la noblesse faisait son séjour à la campagne et les villes étaient composées de deux sortes de personnes, savoir : les gens libres, non nobles, et qui, comme on le pense, descendaient originairement pour la plupart d'affranchis, et les serfs, gens de main-morte, comme on les appelait, c'est-à-dire qui étaient sous la puissance de leurs maîtres, dont les biens ne passaient point aux enfants et qui travaillaient pour ceux auxquels ils appartenaient, comme les serfs de la campagne. Les premiers, quand ils ne demeuraient pas auprès de leurs anciens maîtres, s'établissaient dans les villes et y achetaient le droit de bourgeoisie ; ils y faisaient le commerce et quelques-uns y exerçaient divers métiers.

Avant d'aller plus loin, disons en quelques mots ce qu'était la bourgeoisie.

Le mot de *bourgeoisie,* comme celui de *bourgeois,* d'où il dérive, et celui de *bourg,* d'où sont formés les deux autres, ont eu chacun plusieurs significations dont il est superflu de s'occuper ici. Néanmoins, ce qu'il importe de remarquer, c'est que dans le Xe siècle, on appelait *bourgs* les simples villages qui n'étaient point fermés de murs, d'après le témoignage d'un écrivain de ce siècle même (1). Mais les malheurs du temps ayant forcé de clore de murailles ces habitations, elles n'en continuèrent pas moins cependant de porter le nom de

---

(1) Luitprand. lib. 3. cap. 12.

bourgs (1). Enfin, peu à peu ce nom ne fut plus donné qu'aux lieux fermés de murs, et s'éloigna ainsi de sa signification primitive.

Quant au mot de *bourgeois*, en en laissant de côté toutes les acceptions (2), nous nous contenterons de dire qu'il fut d'abord employé pour désigner généralement les habitants des bourgs ou villages, soit ouverts, soit fermés. Plus tard, quand ces bourgs fermés prirent le titre de ville, les habitants conservèrent le nom de *bourgeois*, et lorsque, enfin, ces lieux obtinrent des priviléges pour leurs habitants réunis en corps, le nom de *bourgeois* s'appliqua aux individus de ce corps, à l'exclusion des habitants des lieux non privilégiés, ainsi que de ceux du lieu privilégié qui n'avaient pas été associés au corps auquel le privilége avait été accordé. Ainsi fut restreinte la signification première du mot *bourgeois*, qui avait d'abord désigné généralement tout habitant des lieux auxquels on donnait le nom de *bourg*, et qui désigna dans la suite l'habitant associé aux priviléges de ces lieux.

Du mot *bourgeois* se forma celui de *bourgeoisie*, dont la signification fut très-variée, mais qui, enfin, signifia *le droit accordé aux habitants d'un lieu ou à ceux qui leur étaient associés de jouir, à certaines conditions, de priviléges communs.*

Au commencement de la troisième race de nos

---

(1) Du Cange, *Gloss. Lat.*, au mot *Burgus*.
(2) Du Cange, *Gloss. Lat.*, au mot *Burgus*

rois, toutes les terres, en France, étaient devenues des fiefs, et dans l'état d'anarchie où était tombé le royaume, chaque seigneur d'une portion de territoire s'était persuadé que tous ses vassaux étaient ses sujets; il les désignait ainsi et les traitait d'une manière aussi absolue que s'ils eussent été sa propriété, de même que son territoire. L'établissement des bourgeoisies fut un des effets de cet abus de la féodalité et les premiers priviléges dont elles jouirent ne furent que la confirmation des associations formées, sous le nom de *communes*, par les habitants des villes, contre la tyrannie féodale ou le renouvellement d'anciens droits municipaux réclamés à la même époque pour plusieurs cités.

L'établissement des bourgeoisies, de même que l'origine des communes (1) et le renouvellement des droits municipaux, ne remontent pas au-delà du douzième siècle et au règne de Louis VI. Ce sou-

(1) L'établissement des communes appartient au commencement du douzième siècle. A cette époque un grand nombre de villes cherchèrent, en formant une confédération, à se soustraire à l'état d'oppression où elles gémissaient depuis plusieurs siècles et elles réunirent leurs efforts et les mêmes moyens de défense contre l'ennemi commun. Ces moyens consistèrent, pour chacune, dans un pacte d'affranchissement consenti entre les principaux habitants, les nobles et le clergé, ou ceux qui étaient à même de les diriger et de les seconder dans leur entreprise. Ces pactes furent appelés *Communio* ou *Communia*, pour exprimer l'union naturelle d'où ils tiraient leur existence, et l'association dont ils réglaient et assuraient le sort. Ces confédérations furent approuvées du souverain qui était leur premier seigneur et leur protecteur né. Il vint à leur aide, et légitima les communes par le sceau de son autorité.

verain et ses successeurs ne négligèrent rien pour multiplier dans l'Etat ces bourgeoisies. Ils ouvrirent de nouveaux asiles aux vassaux persécutés par leurs seigneurs en construisant de nouvelles villes, auxquelles ils attachèrent des droits de bourgeoisie. C'est de ces bourgeoisies multipliées que se forma dans l'Etat un nouvel ordre de sujets sous le nom de bourgeois, classe intermédiaire entre la classe infortunée de ceux qu'on appelait les *vilains* et les seigneurs de fiefs.

Parmi les bourgeoisies, il y en avait de royales et de seigneuriales; les premières accordées par le souverain, qui cherchait ainsi à accroître sa puissance en offrant aux vassaux opprimés des asiles contre les vexations de leurs seigneurs; les secondes accordées par les seigneurs, qui, pour conserver ces mêmes vassaux, leur offraient de semblables concessions. Mais tandis que le seigneur ne pouvait communiquer qu'aux hommes de son fief les bourgeoisies qu'il accordait, le roi, au contraire, comme souverain et suzerain, étendant son pouvoir sur tous les fiefs, communiquait les bourgeoisies aux vassaux des seigneurs lorsque ces vassaux se réfugiaient dans ses villes. D'où il résultait que le seigneur ne pouvait réclamer ses hommes devenus bourgeois du roi, et que le roi pouvait réclamer les siens s'ils avaient cherché à devenir bourgeois d'un seigneur quelconque.

A partir du règne de Louis VII, le roi regardait comme siennes les villes de communes; en 1318 il fut déclaré qu'il ne pourrait y avoir de communes sans lettres du roi, et trente ans après, que le roi seul pouvait établir des communes. C'est ainsi que les rois ressaisirent peu à peu tous les droits qui avaient rapport à la législation, attribut essentiel de leur souveraineté.

Dans le principe, le noble, de même que le roturier, fut susceptible de la bourgeoisie, et l'on voit, dans un très-grand nombre de chartes, de hauts personnages prenant la qualification de *bourgeois*. La Roque, dans son *Traité de la noblesse*, déclare que le titre de bourgeois ne déroge nullement à la noblesse, car le mot de *civis* ou citoyen, dit-il, ne signifie que l'habitation, et les noms de citoyen et de bourgeois sont synonymes, et cette qualité de bourgeois, ajoute-t-il, est si considérable, que ceux des plus grandes maisons et les ecclésiastiques mêmes ne l'ont pas dédaignée. Il cite deux chartes de l'an 1284 où les gentilshommes prenaient le titre de noble et de citoyen ensemble et quelquefois celui de citoyen seul.

Pierre de Hangest, chevalier, bailli de Rouen, de Gisors et de Verneuil, qui mourut au Pont-de-l'Arche, en 1309, est qualifié bourgeois de Montdidier, en Picardie.

Guillaume d'Arpajon de la Cauletra est qualifié bourgeois de Orillac, dans un registre de l'an 1326, intitulé : *Les fiefs et les services dus au Roi en Auvergne, à cause des mêmes fiefs.*

Le même auteur s'étend très-longuement sur ce

sujet et fait un très-grand nombre de citations. Et d'ailleurs l'histoire est là pour témoigner que, de tout temps, les principaux bourgeois des villes ont été employés dans le gouvernement de l'Etat. Nous le voyons par l'ordonnance du roi Charles V, dit le Sage, du mois d'octobre 1374, qui nomme plusieurs notables bourgeois de Paris pour prendre part à la régence pendant la minorité du roi, son successeur.

Dans un arrêt de l'échiquier de Normandie, tenu à Rouen, en date du mois d'avril 1478, il est fait mention de Guillaume du Bosc, écuyer, marchand et bourgeois de Rouen. Et ce qui prouve que la qualité de bourgeois ne dérogeait point à la noblesse, c'est que le roi Henri III, par son ordonnance de l'an 1579, permit aux bourgeois des villes franches de prendre à l'avenir la qualité de noble. On voit à la tête d'une requête présentée au roi par les bourgeois de Béziers, vers l'an 1260, le nom d'un bourgeois issu d'un père qui portait le titre de chevalier (1).

Un acte de notoriété, de 1298, atteste que, dans toute la Provence et dans la sénéchaussée de Beaucaire, les bourgeois avaient le droit d'être armés chevalier, sans être tenus d'en obtenir la permission du prince; de porter et d'user des prérogatives de la chevalerie (2).

---

(1) D. Vaissette, *Hist. de Langued.*, tom. 3, pr. col. 547.
(2)   Id.   Ibid., pag 607.

La bourgeoisie n'a pas été fort considérée seulement en France, elle le fut encore plus en Allemagne et en Italie. Je n'en citerai qu'un exemple pour ce dernier pays : Egelli, *In sua Italia sacra*, dit qu'en l'année 1338, Guy de Mandello et Cabriolo, de Tuto Bonello, ne prenaient point d'autre qualité que celle de citoyens de Milan, quoiqu'ils fussent des plus nobles du pays.

Enfin, il est à remarquer que tant que le nom de bourgeois ne fut usité que comme titre de distinction et de privilége, il fut généralement recherché; mais lorsqu'il fut employé pour désigner une classe de citoyens subordonnés, il commença alors à être dédaigné.

Il serait trop long de détailler ici tous les priviléges et les droits dont jouissait la bourgeoisie, disons seulement que c'était toujours dans ses rangs qu'étaient choisis ceux que la faveur de nos rois élevait à la noblesse. Ainsi, nous voyons le roi Réné d'Anjou, comte de Provence, ennoblir par lettres-patentes données à Marseille, le 7 août 1474, Pierre Melin, marchand de la ville d'Aix (1), et il lui donne les armes suivantes : *De gueulles a ungt lion dor rampant arme et lengue dargent a une fesse de mesmes sur le tout et timbre de mesmes* (de gueules, à un lion d'or armé et lampassé d'argent, à une fasce de même brochant sur le tout, et un timbre de même).

---

(1) Cour des comptes de Provence, registre 16, *Gallus*, armoire A, fol. 58, verso.

Le même roi, par autres lettres données à Aix, le 26 mars 1478, confère la noblesse à Didier du Han, valet de sa garde-robe et concierge de son manoir de Gardanne (1), avec ces armoiries : *De gueulles a ung giron darget et chef* (de gueules, à un giron d'argent mouvant du chef). Il ennoblit encore par autres lettres-patentes données à Aix, le 6 septembre 1479, Thomassin de Thomassin, marchand de la ville d'Aix (2), et lui donne pour armoiries : *De sable seme de faulx dor et deux paulx dargent et pour timbre ung griffon party en fesse de sable et dargent tenant une faulx dor* (de sable, semé de faulx d'or, adextré et senestré d'argent, et pour timbre un griffon parti en fasce de sable et d'argent tenant une faulx d'or); et le 27 avril 1480, Jean Thomas, de la ville de Thoulon, rational et archivaire (3), par lettres-patentes données dans sa bastide, près d'Aix, et pour armes : *Ex asuro cum uno crescente aureo in medio existente* (d'azur, au croissant d'or).

Charles IX, par lettres-patentes données à Moulins, le 10 janvier 1566, permit aux gentilshommes de Marseille de faire le négoce; le commerce en détail leur était seul interdit. Les professions de notaire, d'avocat, de médecin ne dérogeaient point,

---

(1) Cour des comptes de Provence, registre 17, *Aquila*, armoire A, fol. 61.

(2) Cour des comptes de Provence, registre 17, *Aquila*, armoire A, fol. 194.

(3) Cour des comptes de Provence, registre 17, *Aquila*, armoire A, fol. 209, verso.

suivant un grand nombre d'auteurs. La charge de notaire était très-anciennement considérée en Provence, où nous voyons ces emplois occupés par un grand nombre de familles nobles, telles que les Lauris, les Matheron, les Guiramand, les Tressemanes, les Rosseto, etc.

Mais revenons à notre sujet et disons que l'usage des armoiries, qui fut dans l'origine un privilége réservé à la noblesse de chevalerie, se répandit peu à peu dans les familles bourgeoises, qui formaient la classe des notables après celle des nobles proprement dits. Toutefois, il n'était permis qu'aux personnes nobles de timbrer leurs armes et cette faveur ne fut accordée qu'aux bourgeois seuls de Paris, par lettres patentes du roi Charles V, du 9 août 1371. (1)

Les armoiries devenues marque de noblesse héréditaire durent nécessairement tenter la vanité de beaucoup de personnes; aussi, les rois de France furent-ils obligés, à plusieurs reprises, de lancer des édits contre les usurpateurs, et afin d'empêcher l'usurpation des titres et des armoiries, ils créèrent des rois d'armes dont les places étaient alors très-impor-

---

(1) Il ne faudrait point s'imaginer que toute personne qui a des armoiries est noble. Les armoiries étaient une marque de distinction, mais n'impliquaient nullement la noblesse, qui ne pouvait s'obtenir que par des lettres patentes du roi ou par l'exercice de certaines charges, et encore pour ces dernières fallait-il remplir toutes les conditions exigées par les édits et arrêts du souverain. Le livre que je publie aujourd'hui n'est donc point un nobiliaire mais un armorial.

tantes, et sous leur autorité des hérauts et poursuivants d'armes pour les provinces dont ils prenaient le nom. Ces officiers étaient chargés de tenir chacun des registres de toutes les familles nobles et de leurs armoiries blasonnées, et ils faisaient de temps en temps dans les provinces des visites qui les mettaient à même de renouveler et d'augmenter leurs registres.

Charles VIII, dans le but d'établir un meilleur ordre, créa par lettres patentes du 17 juin 1487, un maréchal d'armes et nomma à cette emploi Gilbert Chauveau, dit Bourbon, héraut d'armes du duc de Bourbonnais et d'Auvergne, connétable de France, à qui il donna le pouvoir de faire peindre les armoiries de tous les princes, ducs, comtes, barons, châtelains, seigneurs et autres nobles du royaume, et de mettre leurs noms en forme de catalogue, *chacun selon son degré et sa prééminence.* Ces catalogues, quelqu'imparfaits qu'ils fussent, ne laissèrent pas d'avoir leur utilité et furent généralement en usage jusqu'au règne de Henri III. C'est à dater de cette époque que commencèrent les premiers désordres (1).

(1) Si la manie nobiliaire a été grande aux siècles passés, on peut dire sans crainte aussi qu'elle n'a pas diminué de nos jours. Ce composé de deux lettres que l'on appelle *particule*, a fait tourner bien des têtes, a fait faire bien des sottises, a rendu bien des gens malades. Triste maladie qui n'est pas prête à disparaître et qui durera sans doute aussi longtemps que le monde. C'est à qui se fera appeler Monsieur de ci où Monsieur de là ; on allonge son nom, et pour peu que l'on sache une famille noble ayant la même dénomination que soi, ce qui est très-

XVIII

La guerre civile amène la licence, la noblesse est confondue avec le peuple. Henri III, périt au milieu des troubles. Henri IV, qui lui succède, meurt aussi au moment où il allait rendre peut-être la monarchie plus glorieuse que jamais. De ce moment le désordre ne fit que s'accroître.

commun pour un grand nombre de noms, on se dit descendant de cette famille. Mon parent le marquis ou le comte un tel. On fait faire sa généalogie, ce qui n'est point difficile, le nombre des fabricants en est assez considérable aujourd'hui. Ce n'est qu'une affaire d'argent, on vous en mettra plus ou moins suivant que vous voudrez plus ou moins dépenser : ces Messieurs sont très-accommodants. L'un se fait descendre impunément de Marcus Valerius Corvinus et fait signer sa généalogie par un soi disant baron de B*** ; un autre veut avoir pour ancêtres les anciens comtes de Flandres et les empereurs de Constantinople. C'est à qui remontera le plus loin, à qui mentira avec le plus d'audace ; et au milieu de tout cela combien en trouvez-vous qui puissent vous montrer le moindre titre ? Ils sont plus pauvres que Job ; ils parlent beaucoup de leur noblesse et ils ne peuvent d'aucune manière la prouver, et quand on pense combien de ces gens-là sont si dépourvus de sentiments nobles, on ne peut se lasser de gémir sur tant d'aberrations. Quelle sotte manie de ne se croire jamais assez noble ! Si l'on voulait bien réfléchir un tant soit peu au dernier épisode de la vie, on serait beaucoup moins fier, on se conduirait un peu mieux et l'on acquerrait ainsi la première de toutes les noblesses, celle des sentiments. Vous vous dites gentilhomme, Monsieur de Petit Jean ? Tout doux ! Allez moins vite, et ne profanez pas ainsi un titre qui n'appartient qu'à l'ancienne noblesse et que nos rois eux-mêmes étaient fiers de porter.

Le siècle est malade, très-malade ; à tout prix il faut des titres et des décorations. On veut être chevalier d'un ordre quelconque. J'en connais qui se sont fait recevoir chevalier de Saint-Jean de Jérusalem et qui ne pourraient prouver un seul quartier de noblesse.

Mais puisque nous avons parlé de quartier, supposons qu'on veuille remonter toujours en arrière, comme le nombre des aïeux se double à chaque génération, en commençant par ceux du père et de la mère

Ce ne fut qu'en 1614, qu'on s'occupa sérieusement à en arrêter les progrès. Le corps de la noblesse assemblé à Paris pour la tenue des Etats généraux, représenta entre autres choses, au roi Louis XIII (1), « que les armoiries étant une distinction attachée » aux familles nobles et dont le légitime usage ne » peut venir que de la naissance ou de la permis- » sion du souverain, les usurpations qu'en fai- » saient chaque jour les roturiers devaient être » réprimées; » et il supplia Sa Majesté, « de créer en » titre d'office un juge d'armes qui dressât un re-

---

de chaque individu, il s'ensuit qu'après vingt générations le nombre de nos ancêtres dépasse déjà le chiffre d'un million, et qu'après quelques siècles, par conséquent, nous avons pour ancêtres tous les habitants d'un même pays à cette époque, noblesse et peuple; d'où il faut conclure qu'il n'y a pas de famille noble qui ne compte parmi ses ancêtres des ouvriers et des laboureurs, et aucun parmi ces derniers qui n'ait aussi parmi ses ancêtres des nobles. Voilà la vérité de toutes les généalogies.

Ami lecteur, pardonne moi ces quelques réflexions, c'est l'amour seul du bien qui m'a suggéré de les placer ici. La vraie sagesse se résume en ces quelques mots, amour de Dieu, de la vérité et de son prochain.

(1) Quand le feu roi (Louis XIII), qui était malin, voyait le carrosse de quelque nouveau venu, il appelait d'Hozier. « Connois-tu ces armes-là ? — Non, Sire. — Mauvais signe pour cette noblesse, disait le roi. »

(Voir les Historiettes de Tallemant des Réaux.)

Pierre d'Hozier, né à Marseille en 1592, mourut à Paris en 1660. C'était, dit Tallemant des Réaux, un pauvre gentilhomme de Provence et l'homme du monde le plus né aux généalogies. En 1614 il succéda à François de Chevriers de Saint-Mauris, dans la charge de conseiller juge général d'armes de France. Charles d'Hozier son fils en fut pourvu après lui.

» gistre universel de tous les nobles et de leurs ar
» moiries, » afin que chacun y étant inscrit suivant
ses qualités et ses titres, personne ne pût à l'avenir
prendre d'autres armes ni d'autres qualifications
que celles enregistrées dans le catalogue général.

Sur ces représentations, Louis XIII créa, l'année suivante un conseiller juge général d'armes, qu'il choisit de race noble (1). Il le chargea de travailler au registre demandé par la noblesse et lui accorda toutes les fonctions et prérogatives qu'avaient jadis les rois, hérauts et poursuivants d'armes. Cette charge de juge général d'armes, fut maintenue jusqu'en 1696, sans avoir jamais amené que de très-faibles résultats. A cette époque Louis XIV voulant

(1) Le premier qui fut pourvu de cet office en 1615, fut François de Chevriers de Saint-Mauris, chevalier Seigneur de Salagny, gentilhomme du Mâconnais, qui le posséda jusqu'à sa mort, en 1641. Louis XIII, en donna alors la place à Pierre d'Hozier, gentilhomme provençal, seigneur de la Garde, chevalier de l'Ordre du roi, maître d'hôtel ordinaire de Sa Majesté, puis conseiller au conseil d'Etat et privé. Ses enfants, Louis Roger d'Hozier, aussi chevalier de l'ordre du roi, gentilhomme ordinaire de sa chambre, et Charles d'Hozier, chevalier de l'ordre noble et militaire de Saint-Maurice et Saint-Lazare de Savoie, furent pourvus de cette charge après la mort de leur père, arrivée en 1660, et ils l'exercèrent conjointement. Charles d'Hozier demeura seul en possession de cet office de 1675 à 1696, où il fut supprimé et remplacé par la grande maîtrise. La charge de juge d'armes fut rétablie par un édit du mois d'avril 1701, toujours en faveur de Charles d'Hozier, qui l'exerça jusqu'en 1710; il en partagea alors les fonctions avec son neveu Louis-Pierre d'Hozier, chevalier de l'ordre du roi, conseiller en ses conseils et maître des comptes. La survivance en fut accordée à Antoine-Marie d'Hozier de Serigny, chevalier grand-croix de l'ordre de Saint-Maurice et Saint-Lazare de Savoie, second fils de Louis-Pierre d'Hozier; il en fut pourvu jusqu'en 1790.

remédier aux abus qui s'étaient glissés dans le port des armoiries supprima la charge de juge d'armes et créa une grande maîtrise générale et souveraine des armoiries, chargée de créer un armorial général, ou dépôt public des armes et blasons de France, et en donna la garde à Charles d'Hozier.

Nous allons reproduire en entier l'édit du mois de novembre 1696, et nous pensons être agréable au lecteur en y joignant les notes curieuses sur cet édit (1), que publia, en 1697, M. Thilbault Cadot conseiller du roi en sa cour des Monnaies. Ces notes lues avec attention font comprendre le but et la portée de cet édit, et elles expliquent nettement et en tout point la pensée qui dicta cette réorganisation héraldique.

---

(1) *Le Blason de France ou notes curieuses sur l'édit concernant la police des armoiries.* Paris, 1697, in-8.

Nous avons cru devoir reproduire ces notes textuellement, en conservant l'orthographe de l'époque et même les fautes de toutes sortes qui pourraient s'y être glissées.

EDIT DU ROY

PORTANT CRÉATION D'UNE GRANDE MAIS-TRISE, ESTABLISSEMENT D'UN ARMORIAL GÉNÉRAL A PARIS, ET CRÉATION DE PLUSIEURS MAISTRISES PARTICULIÈRES DANS LES PROVINCES.

DONNÉ A VERSAILLES AU MOIS DE NOVEMBRE 1696. REGISTRÉ EN PARLEMENT, EN LA CHAMBRE DES COMPTES ET COUR DES AYDES.

Louis, par la grâce de Dieu Roy de France, & de Navarre, à tous préfents & à venir falut.

Les Roys nos Prédéceffeurs ont toujours efté perfuadez que rien ne convenoit mieux à la gloire & à l'avantage de ce Royaume (*a*), que de retrancher les abus (*b*) qui f'eftoient gliffez dans le port des Armoiries & de prévenir ceux qui f'y pourroient introduire dans les fuites.

(a) *L'avantage de ce Royaume.*

La vraye gloire des Royaumes eſt celle qui les diſtingue avec quelque avantage des autres, & qui a pour cause plus de force, de grandeur & de vertu. La gloire des armes, qui a toujours été l'objet de la paſſion des François, eſt de cette qualité, ſans contredit : C'eſt elle qui leur a acquis tant de nom & d'eſtime dans tous les temps, dans tous les lieux, & dont le premier & le plus grand des Empereurs de Rome rend tant d'illuſtres témoignages dans ſes Commentaires.

De l'amour des Armes, & de la gloire des belles actions qui ſe font dans leur exercice, vient celuy des Armoiries qui en ſont le ſceau & le ſimbole, & qui n'ont été inventées que pour en tranſmettre le ſouvenir à la Poſterité ; ainſi, elles doivent être plus precieuses & plus cheres à la Nation Françoiſe, & elles luy conviennent mieux qu'à aucune autre, parce qu'il n'y en a point de plus guerriere ny de plus glorieuſe. Il eſt donc vray de dire qu'il n'y a point de Royaume plus intereſſé dans leur police que celuy-cy, parce qu'il n'en eſt point de plus floriſſant ny de plus puiſſant ; & qu'il n'y a point auſſi de Prince ſouverain qui doive avoir plus d'attention à la conſervation de ces marques illuſtres de gloire & d'honneur, que celuy qui le gouverne avec tant de bonheur & de ſageſſe depuis ſi long-temps, parce qu'il n'en eſt point de plus grand & de plus glorieux.

Le Pape S. Gregoire dès le cinquième ſiècle, fit ce double Eloge du Roy & du Royaume de France, en écrivant au Roy Childebert fils de Clovis. Il publia dès-lors, que la gloire de ce Royaume luy donnoit autant de preference ſur tous les autres, que la Dignité & la Majeſté des Rois leur en donne ſur le reſte des hommes. *Quanto cœteros homines Regia dignitas antecedit, tanto cœterarum gentium regna regni tui culmen excellit.*

Ainſi la France plus glorieuſe qu'aucun autre Païs de l'Europe, & ſon Prince plus ſage et plus puiſſant qu'aucun autre

Prince du monde, doivent être les plus jaloux de la conservation de ces marques d'honneur, qui font les fruits de la Guerre & de la Paix, & la recompenſe de la Vertu.

C'eſt en donnant des regles certaines ſur cette matiere & en les faiſant executer, qu'on en peut relever la nobleſſe & le merite; c'eſt auſſi ce qu'ont tenté de faire pluſieurs de nos Rois, comme il eſt dit cy-après : mais cet honneur était dû & reſervé au grand Apollon de nos jours, que les maximes flottantes du Blaſon ont trouvé plus zelé pour la gloire de ſon Royaume, & plus ſenſible à l'honneur de ſes Sujets, que celuy de la Fable ne l'était pour ſon Iſle errante de Delos, & pour ceux qu'il y protegeait; c'eſt enfin à Louis le Grand à qui le droit appartient véritablement de fixer, & arrêter les maximes & les preceptes de cette ſcience de la Nobleſſe; parce que le droit de donner des regles ſur des marques de gloire & d'honneur, de retrancher les abus qui ſ'y ſont gliſſez, & de prevenir ceux qui ſ'y pourroient introduire dans les ſuites, ne convient qu'à celuy qui ſ'eſt acquis le plus de gloire & d'honneur dans le monde & qui en mérite davantage.

(b) *Abus*.

Ces abus ſont tels, que le Blaſon de France (ſi on excepte celuy des Armoiries des grandes Maiſons), n'eſt plus en eſtime chez les Etrangers : Ils ſcavent que depuis long-temps ce n'eſt plus le Roy qui donne ou autoriſe les Armoiries; qu'un chacun en prend ſelon ſon caprice; qu'on ne garde quaſi plus de regle ni de Blaſon dans leur compoſition, ni de bienſeance dans leur port; & qu'ainſi elles n'ont point le caractere de marques d'honneur, & ne peuvent être regardées comme la récompenſe & le témoignage public des actions de vertu & de généroſité.

Le premier & le plus grand de ces abus eſt l'indigne attentat qui ſ'eſt fait ſur les droits de la ſouveraineté du Roy, à qui ſeul il appartient de donner des Armoiries. C'eſt une eſpece de félonie de la part de ses sujets, dont la justice de sa Majesté auroit pu demander la punition, si sa bonté pour eux ne l'avoit persuadée que leur ignorance sur ce droit éminent de sa couronne a eu plus de part à ces sortes d'entreprises, que la pensée & le dessein de l'offenser; & qu'une prompte soumission à ses ordres leur fera meriter le pardon de cette offense, & la grace du present qu'elle leur en veut faire.

Le second est l'usurpation qui s'est faite souvent des Armes des Familles par ceux qui n'en étoient ni parens ni alliez; & cette usurpation est un vol d'autant plus sensible aux personnes de qualité, qu'il attaque leur honneur, en leur enlevant ou partageant avec eux les marques précieuses de la Noblesse & de l'ancienneté de leur Maisons.

Le troisieme est l'inobservance des regles du Blason, dont la science par la raison de ces abus, a été négligée en ce Royaume, & cultivée par un très petit nombre de personnes curieuses. Mais sa Majesté qui en va rétablir les maximes, va en même temps en relever le mérite, inspirer l'amour de la science du Blason à ses Sujets, & le mettre sur un pied à donner de la jalousie à ceux de nos voisins qui en ont jusqu'à present gardé les lois avec plus de scrupule. Enfin cet Edit de sa Majesté qui en va régler la police, sera à l'egard de toutes les grandes choses qu'elle a faites dans l'administration de ses Etats, ce que les Armoiries sont à l'egard de ceux à qui elles appartiennent, le temoignage public, & la preuve certaine pour la Posterité de sa Puissance, de sa Justice & de sa Sagesse; enfin de la vertu qu'elle aime, dont les Armoiries ont toujours été le simbole & la récompense.

Voila donc les trois choses qui ont ruiné le merite des Armoiries, & qui ont rendu le Blason de France méprisable (s'il est permis de se servir de ce terme, dans une matiere que tout le monde desire par un principe d'honneur). Prendre des Armoiries de son mouvement, contre les regles & sans droit; entreprendre sur celuy de son Souverain, à qui seul il appartient d'en donner; & usurper celles des Nobles & des anciennes Maisons d'où l'on ne descend point : Ce sont là aussi les trois principaux abus, auxquels cet Edit va remedier.

C'est dans cette veüe que Charles VIII establit, en 1487, un Marefchal d'Armes *(a)* pour ecrire, peindre & blazonner, dans des Regiftres publics *(b)* le nom & les armes de toutes les personnes qui avoient le droit d'en porter.

(a) *Marechal d'Armes.*

Les Armoiries dans leur première origine, etoient principalement la récompense de la vertu militaire ; aussi se donnoient-elles ordinairement après les Combats ou les attaques à ceux qui s'y étoient distinguez par des actions éclatantes de générosité. C'étoit les Connétables & les Maréchaux de France qui les donnoient. (Ils s'appelloient, au rapport de l'Armorifte Jean Schoïer, qui a ecrit sur cette matière en 1597. *Tribuni militum.*) Ensuite les Rois-d'Armes, appellez par le même auteur, *Patres Patrati*, & les Heraults qu'il nomme *Feciales*, en composoient & dresfoient les Blasons, en tenoient des Regiftres, & jugeoient tous les differens qui arrivoient à leur occasion.

C'est donc quand les Maréchaux de France ont negligé cet employ, & que celuy des Rois & Heraults-d'armes a cessé à cet égard, que cet Officier fut établi pour faire leurs fonctions sous le titre de *Marechal-d'Armes des François*; le sieur Gilbert Chauveau Herault-d'Armes de Monsieur le Connétable de Bourbon, eut cette Commission.

L'exemple de cet établissement fut suivi par nos voisins, curieux de ces illustres marques, qui servoient dès-lors à prouver les *Genealogies* & *Filiations* des Familles Nobles ; ils établirent chez eux des Officiers à cette même fin : & le bon succès des soins qu'ils ont pris d'en maintenir l'autorité, nous fournit à nôtre tour un exemple de leur part à suivre, comme ils ont fait celuy que nous leur avons donné. Ainſi quoique la France, qui eſt en poſſeſſion depuis le regne heureux de Sa Majeſté de donner la Paix à l'Europe, ne doive pas reçevoir d'ailleurs des regles pour ſon Gouvernement, elle peut cependant, ſans aucune diminution de ſa gloire, ſe conformer aux maximes de dehors quand elles vont à l'augmenter, & qu'une heureuſe réuſſite répond de l'entrepriſe.

(b) *Regiſtres publics*.

C'eſt donc aſſez que nous ſcachions que la police des Armoiries eſt exactement gardée en Angleterre, où le *Comte Maréchal*, qui eſt une des premières Dignitez du Royaume, en a la connoiſſance, & ſous luy une Chambre appellée le College des Heraults, qui en tient des Regiſtres exacts & des Généalogies des Familles : En Allemagne où le Grand *Hereald*, qui eſt l'ancien Maiſtre des Ceremonies, prend grand ſoin que perſonne ne porte les Caſques, les Timbres, Cimiers, Supports, Couronnes & Bannieres qu'il n'en ait le droit, ni en plus grand nombre qu'il luy en appartient (parce que c'eſt le nombre des Caſques & des Timbres qui regle celuy des voix que chacun a dans les Cercles à cauſe de ſes Fiefs). En Flandre, en Savoye, & autres endroits, où il y a des Dépoſts, ou Armoriaux publics, où elles ſont régiſtrées : Que nous ſçachions enfin que c'eſt par cette bonne police que l'honneur des anciennes Maiſons & les droits des Terres ſe conſervent, & que l'on garde le ſouvenir precieux et la gloire des belles actions dont les Armoiries ſont la *recompenſe & le temoignage certain, pour la Poſterité*, comme dit l'Ordonnance du Prince Charles-Emmanuel Duc de Savoye, de l'année 1613. C'en eſt aſſez, & cela nous doit ſuffire pour conclure qu'une pareille police, voire même plus exacte dans ce Royaume, n'eſt pas une nouveauté ſans exemple, & ſera un bien ſans contredit des plus grands pour l'honneur preſent des Familles, & pour celuy de leurs deſcendans.

La Nobleſſe de France, animée du même eſprit en 1614, ſupplia très-humblement Louis XIII, notre très-honoré Père d'heureuſe mémoire, de faire faire une recherche de ceux qui auroient uſurpé des Armoiries au préjudice de l'honneur & du rang des grandes Maiſons & anciennes Familles *(a)*.

(a) *Prejudice des Grandes Maiſons.*

Dès ce temps-là les perſonnes de naiſſance & d'un rang diſtingué ſouffroient avec peine que ces marques d'honneur leur fuſſent communes avec toutes ſortes de perſonnes; qu'elles fuſſent la parure publique de mille gens qui n'avoient point droit d'en porter & que ſouvent leurs propres Armoiries leur fuſſent priſes, uſurpées, & portées par des perſonnes qui non ſeulement n'étoient ni leurs parens, ni leurs alliez, mais qui ſouvent étoient d'une naiſſance à ne pouvoir leur faire d'honneur.

Mais cet Edit accorde tout le monde. Il aſſure aux Nobles leurs Armes, & les met à couvert de toute uſurpation; il donne le droit d'en avoir doreſnavant à ceux qui le meritent, par la raiſon de l'honneur de leurs charges, de leurs qualitez, états & poſſeſſions. Il en promet même à ceux qui ſans avoir ces avantages ſ'en rendront dignes par leur vertu. Ainſi ce que les Nobles ont par le droit de la nobleſſe de leur ſang, ces derniers l'auront tant par la nobleſſe de leurs fonctions, dignitez, emplois & profeſſions, que par leur merite perſonnel, qui les diſtingue dans le Royaume, de tous ceux qui y ſont ſans nom, ſans credit, & ſans aucun relief.

Ce qui l'engagea, en 1615, ſuivant les motifs des Ordonnances de Charles IX. & Henri III.

des années 1560, & 1579 *(b)*, d'établir un Juge d'Armes *(a)* pour dreſſer des Regiſtres univerſels, dans leſquels il employerait le Nom & les Armes des *perſonnes Nobles*, leſquelles, à cet effet, ſeroient tenues de fournir aux Baillifs & Senéchaux les Blazons & les Armes de leurs Maiſons, pour eſtre envoyées au Juge d'Armes.

(a) *Juges d'Armes.*

Cette charge de Juge d Armes, qui fut créée par Louis XIII. en 1625, ſur les inſtantes prieres que les Etats Généraux en avoient faites dès l'année 1614, fut donnée au ſieur de Chevrieres de Mons, comme il ſe voit par l'Extrait d'un Compte des Ecuries du Roy, de la même année 1625, par le Livre intitulé : *L'Office des Rois d'Armes*, & par les Memoires de feu Monſieur l'Abbé le Laboureur. Le Sieur de Chevriéres etant décédé en 1641, le Roy pourveut de cette Charge le Sieur Pierre d'Hozier, Sieur de la Garde, & en 1665 il en donna la ſurvivance à deux de ſes enfans Louis & Charles d'Hozier, à qui il en fut expédié des Lettres le trois Janvier 1666. Après l'éloge que Sa Majeſté fait elle-même de ces perſonnes par cet Edit, ce ſeroit une temerité d'en parler.

(b) *Ordonnances.*

Ces ordonnances prouvent que ce n'eſt pas une nouveauté en ce Royaume que la police des Armoiries, puiſque les abus qui s'y eſtoient gliſſez dès le temps de Charles IX. l'obligerent par ſon Ordonnance des Eſtats d'Orleans de l'année 1560, article 110, d'y remedier en faveur de la Nobleſſe, en ces termes. *Et où aucuns uſurperont fauſſement & contre verité, le nom & titre de Nobleſſe, prendront ou porteront Armoiries timbrées. ils ſeront par nos Juges muletez d'amende arbitraire.*

Henri III. ordonne la même chose en 1576 & 1577 pour le Poitou & la Bretagne, & principalement en 1579 aux Eſtats de Blois, où il ajoute par l'article 257, une même peine contre ceux qui prendront la qualité d'Ecuyer : Ce que Louis XIII. a confirmé par deux de ſes Ordonnances ; la première donnée à Paris au mois de Janvier 1629, & la ſeconde au mois de Janvier 1634. Enfin, Sa Majeſté par ſon Edit de l'année 1656 a auſſi ordonné la même choſe. Toutes ces Ordonnances ne concernent que les Timbres des Ecus, dont cet Edit ne parle point, par la raiſon qui eſt expliquée par les Notes ſur l'article II cy-après.

Mais, quoy-que ceux qui ont eſté pourvus de cet Office ſ'y ſoient comportez avec honneur, ils n'ont pû toutefois, par le deffaut d'autorité ſur les Baillifs & Senéchaux *(a)*, former des Regiſtres aſſez authentiques pour conſerver le luſtre des Armes des grandes & anciennes Maiſons, & donner de l'éclat à celles des autres perſonnes qui, par leur naiſſance, leurs Charges, & Emplois, leurs Services, ou leur vertu, ſont en droit d'en porter *(b)*.

(a) *Defaut d'autorité ſur les Baillifs & Senéchaux.*

Cette Charge n'était proprement qu'une intelligence & un être ſpirituel, qui faute de corps était ſans fonctions ; car ce Juge d'Armes n'ayant ni Greffe ni Greffier, ni Siege ni Huiſſiers, n'avait ni corps, ni bras, ni jambes ; & par conſéquent nulle autorité, nul pouvoir, enfin nulle juriſdiction certaine & reglée ; & par la raiſon que le titre de cet établiſſement n'a même jamais eſté regiſtré au Parlement ni ailleurs, les Baillifs

& Senéchaux ont mieux aimé se conserver la connaissance de cette Police des Armoiries, que de la renvoyer à ces Juges d'Armes.

(b) *Droit d'Armoiries.*

Ces derniers mots expliquent ceux qui ont le droit d'avoir & de porter des Armes. Ce droit sera plus au long expliqué par les articles 6. 7. 8. & 9. cy-après, & par les Notes qui y seront faites.

Ainsy, nous croyons qu'il est de la grandeur de notre Regne *(a)*, de mettre la dernière main à cet ouvrage, qui n'a esté pour ainsy dire qu'ébauché jusqu'à present; & qu'il n'y a point de moyen plus convenable pour y parvenir, que de créer dans notre bonne Ville de Paris des Officiers qui ayent un caractère & un pouvoir suffisant, pour faire, par les diligences de ceux qui leur seront subordonnez dans les Provinces, que les Armes des personnes, Domaines, Compagnies, Corps & Communautez de nostre Royaume soient registrées, peintes & blazonnées dans les Registres de l'*Armorial Général,* qui sera pareillement étably dans nostre bonne Ville de Paris.

(a) *Grandeur du Regne de Sa Majesté.*

Rien n'a tant marqué la grandeur des Etats & de leurs Souverains, que leurs occupations aux choses qui concernent uniquement leur honneur & celuy de leurs Sujets. Ce qu'ils font fous les Armes, eft pour fe procurer du repos & de la tranquillité par une Paix qui en eft toujours la fin : Mais ce qu'ils font à l'abry de leurs palmes & de leurs lauriers, les marques d'honneur qu'ils prennent & qu'ils donnent, & leur foin de les faire conferver à ceux qui en ont acquis le droit, regardent uniquement l'avenir. C'est alors que comme le Fœnix ils travaillent véritablement à perpetuer leurs noms & leur gloire, laquelle ils tranfmettent aux fiècles futurs, par ces marques qui en font le fimbole, le temoignage, & le fceau public.

C'eft la noble invention des Armoiries, qui a fait venir jufqu'à nous, & qui nous rappelle tous les jours le fouvenir des actions de tous les Heros de l'Antiquité; les deux Vifages de Janus, la Colombe de Semiramis, le Soleil de Jofué, le Lion d'Hercule ou de Sanfon, dont il a été parlé dans le Preliminaire; enfin toutes les marques d'honneur perfonnelles & fimboliques données aux Argonautes, aux Tribus des Israëlites, & aux neuf Preux, & celles prifes par les Empires des Aſſyriens, des Mèdes, des Perfes, des Grecs & des Romains; par les Royaumes qui fe font formez fous ces Empires, & par tant de nobles Chevaliers qui ont efté les Chefs de plufieurs grandes Maifons de l'Europe, nous apprennent & confirment l'Hiftoire de l'établiffement & de la revolution de tous ces Empires & Royaumes, & en même temps celle particulière de tous ces Heros qui les ont fondez, défendus & protegez.

Ces reftes precieux de l'Antiquité qui nous en rappellent fi agréablement le fouvenir, nous obligent par reconnaiffance d'en laiffer de femblables en faveur des fiecles futurs. Trop heureux fi ceux qui devront leur certifier le nombre des victoires & des conquêtes de Sa Majefté, qui luy ont acquis le nom de Grand, & qui devront publier fa force qui fait la crainte de fes ennemis, fa fageffe qui fait l'amour de fon Peuple, & fa magnificence qui fait l'admiration de toute la terre, en peuvent affez expliquer, la grandeur & la vérité.

I.

A ces caufes & autres, à ce nous mouvant de noftre certaine Science, pleine Puiffance & autorité Royalle, nous avons, par noftre préfent Edit perpetuel & irrévocable, créé, érigé & étably, créons, érigeons & établiffons dans noftre bonne Ville de Paris, une Grande Maiftrife Générale & Souveraine, avec un *Armorial Général*, ou Depoft public des Armes & Blazons de noftre Royaume, Païs, Terres & Seigneuries de noftre obéiffance; enfemble le nombre des Maiftrifes Particulières que nous jugerons à propos, fuivant l'Eftat qui en fera arrefté en noftre Confeil.

Voicy l'accompliffement des vœux de la Nobleffe, & des perfonnes de diftinction de tous les Corps, Ordres & Etats du Royaume; d'une création d'Officiers pour veiller à la confervation des droits les plus illuftres de leurs Maifons, & un lieu pour en garder les marques les plus honorables.

Cette Jurisdiction appellée la Grande Maitrife, eût rempli & même furpaffé les vœux des Nobles, lorfqu'ils prièrent Louis XIII, en 1614. pour la recherche de ceux qui avoient ufurpé leurs Armoiries; & ce Dépoft public appellé Armorial général, leur eut donné tout le repos & toute la tranquillité qu'ils auroient pu fouhaiter à cet égard. Ce judicieux Prince tâcha de les fatiffaire en etabliffant un Juge d'Armes. Mais Louis le Grand achève cet Ouvrage ébauché, comme dit l'Edit, en établiffant & des Juges, & des lieux convenables à ce fujet.

Il n'y a perfonne qui d'un coup d'œil ne voye qu'il n'y a point de moyen plus feur, ou plûtôt qu'il n'y en a point d'autre dont on puiffe fe fervir.

1° Pour empecher l'ufurpation qui fe fait des droits du Roy par ceux qui de leur mouvement prennent des Armes, puifque perfonne n'en pourra porter qu'elles n'ayent été regiftrées dans cet Armorial, & qu'aucunes ne pourront y être regiftrées qu'au préalable elles n'ayent été reçues à la Grande Maitrife.

2° Pour empecher celle que bien des gens font des Armes des Familles dont ils ne font point.

3° Pour conferver à la Pofterité ces marques precieufes de la Nobleffe, ou de la diftinction des Maifons & perfonnes en faveur de ceux à qui elles appartiennent : La plufpart des gens ont perdu la preuve de la conceffion des leurs, faute d'avoir été mifes dans un lieu public. Ces titres font ordinairement ès-mains des ainez; ces ainez meurent fans en aider leurs freres; leurs neveux ne sçavent plus ce que c'eft; & quand la branche de l'ainé refte fans males, les Armoiries viennent à l'ainé de la feconde branche, mais fans aucun autre droit que celuy de la poffeffion, laquelle eft toujours fujette à la preuve & n'eft jamais exempte de conteftation.

II.

La Maiftrife Particulière de la Ville de Paris, qui connoiftra des Armes de fon reffort, & de celles de toutes les perfonnes de la fuite de noftre Cour *(a)*, & de nos Camps & Armées, fera jointe, unie & incorporée à la Grande Maiftrife, & exercée par ces Officiers, ainfy & de la mefme manière que celles des Provinces le feront par les leurs.

(a) *Suite de nôtre Cour*.

Cette Maiſtriſe particuliere s'entend de toutes les perſonnes de la Cour, parce que la Cour eſt cenſée avoir ſa réſidence à Paris, qui eſt la Capitale du Royaume : Elle ſ'entend auſſi des Officiers & autres perſonnes des Camps & Armées du Roy; c'eſt-à-dire tandis qu'ils ſont à l'Armée, & ſans domicile fixe & aſſuré; car dans le cas contraire il eſt plus régulier de preſenter ſes Armoiries à la Maiſtriſe de ſon reſſort, qu'à celle de Paris.

III.

Les Maiſtriſes ſeront compoſées; ſavoir, la Générale :

D'un noſtre Conſeiller en nos Conſeils, Grand-Maiſtre,

D'un noſtre Conſeiller auſſi en nos Conſeils, ſon Grand Bailly & Senéchal,

D'un noſtre Conſeiller Lieutenant Général,

D'un noſtre Conſeiller Lieutenant Particulier,

D'un noſtre Conſeiller Garde de l'Armorial Général,

De dix nos Conſeillers & Commiſſaires,

D'un noſtre Conſeiller & Procureur Général,

D'un noſtre Conſeiller Secrétaire & Greffier,

D'un Heraut & Grand Audiancier,

De huit Huiſſiers ordinaires,

De huit Procureurs,

D'un noſtre Conſeiller Subſtitut de noſtre Procureur Général,

D'un noftre Confeiller & Tréforier Receveur des gages & droits d'enregiftrement,

Et d'un noftre Confeiller fon Controlleur.

Il n'y a point d'établiflement dans l'Europe ni ailleurs qui approche de la dignité & de la grandeur de cette Maitrife Generale, foit par rapport à la matière de fa Jurifdiction, qui eft toute noble, toute glorieufe & toute honorable; foit par rapport à fes premiers Officiers, qui ne cederont en dignité, ni au grand Hereald Maître [des Cérémonies d'Allemagne, qui y connoit de toutes les marques de Nobleffe & de diftinction; ni au Comte Maréchal d'Angleterre, qui a une Cour particulière en ce Royaume-là, & fous luy un College de Heraults; ni enfin à aucuns autres de quelques lieux & païs que ce foit.

Les autres officiers de la Grande Maîtrife qui peuvent être d'Epée, de Robe & de Finances, comme il eft dit par le 24 article, compoferont une Jurifdiction ordinaire & réglée; ils auront des fonctions particulières qui feront expliquées ailleurs.

IV.

Et chaque Maiftrife particulière fera compofée,

D'un noftre Confeiller Maiftre Particulier,

D'un noftre Confeiller fon Lieutenant,

D'un noftre Confeiller & Procureur,

D'un Greffier & Receveur des gages & droits d'enregiftrement,

D'un premier Huiffier,

De deux Huiffiers ordinaires,

Et de trois Procureurs.

Ces Officiers des Maiftrifes particulieres forment pareillement entre-eux une Jurifdiction reglée ; ils auront auffi des fonctions particulieres, qui feront expliquées en un autre endroit.

V.

Pour, par les Officiers de Maiftrifes Particulières, chacun dans l'étendue de leur Département, connoiftre en première Inftance, à la charge de l'appel en la Grande Maiftrife ; & par ceux de la Grande Maiftrife en dernier reffort & fans appel, tant en première Inftance, à l'efgard des affaires de la Maiftrife Particulière de Paris, que par appel à l'efgard des Jugements rendus dans les Maiftrifes Particulières, de tous les différends & conteftations & dépendances qui arriveront à l'occafion des Armoiries *(a)*, circonftances & dépendances, & générallement de tout ce qui concernera l'exécution du préfent Edit, Arrefts & Réglemens de noftre Confeil, ou de la Grande Maiftrife qui interviendront en conféquence, dont nous leur avons attribué toute Cour, Jurifdiction, connoiffance, & icelles interdifons à tous autres nos Officiers & Juges. Et en conféquence, Nous avons fupprimé & fupprimons l'Office de Juge d'Armes, fauf à pourvoir à l'indemnité de celuy qui en eft titulaire, & de celuy qui a droit de nomination audit Office, ainſy qu'il appartiendra par raiſon; auquel effet les Tittres & Pièces juſtificatives concernant ledit Office & le droit d'y nommer, ſeront remiſes ès mains du Controlleur Général de nos Finances, dans un mois, à compter du jour de la publication du préſent Edit.

(a) *Armoiries.*

Cet article regle la competence & les degrez de Juriſdiction des Maiſtriſes. Les Armoiries ſont le principal objet de cette competence, qui peut ſ'etendre bien loin par les choſes qui font de leurs circonſtances & dépendances; car en conſiderant ces Armoiries par leur cauſe & par leur fin, on verra que ſi c'eſt la gloire des Armes qui les donne, c'eſt auſſi pour l'amour des Armes & pour les exercices guerriers qu'elles ont été reçues dans leur premiere inſtitution.

Tout le monde ſçait que dans tous les temps, & dans les plus floriſſans Empires il a eu des jeux reglez & des exercices militaires qui ſervoient pendant la paix à apprendre la guerre à la jeuneſſe, à animer ſon courage, à maintenir ſa force, & à augmenter ſon adreſſe.

Les Jeux Olympiques, les Neméens, les Iſthmiens, les Joléens, les Pythiens & les Circenſes, qui ont rendu la Grece & l'Italie ſi celebres, en ſont des exemples.

Les Tournois ſuccederent à ces jeux, après qu'on en eut retranché les ſacrifices qui en faiſoient l'idolatrie, & le ſang repandu des hommes qui en faiſoit la cruauté.

Les Carouſels ont pris la place des Tournois, depuis l'accident arrivé à Henry II. en ſorte que ces derniers Jeux quand ils ſe font n'ont plus rien de dangereux. Or tous ces exercices & tous ces divertiſſemens de la Nobleſſe, ſont des leçons pour la guerre, tout y reſſent les armes, toutes les actions de vertu & de gloire y ſont récompenſées, & tout cela eſt la vraye cauſe des Armoiries.

Comme ces exercices étoient autrefois ceux des Chevaliers & des Nobles, il falloit prouver sa noblesse pour y être admis; & cette preuve ne se faisoit que par les Blasons des Armoiries. Voilà leur fin.

Or de là on peut raisonnablement conclure, que la grande Maistrise qui connoit des Armoiries, qui sont le premier prix des actions heroïques, & par lesquelles on prouve le droit qu'on a d'être reçu dans ces nobles exercices, doit par conséquent connoitre des Carousels, & autres divertissemens publics, de leur composition, de leur marche, de leurs ordonnances & comparses, & de leur prix. C'est le Grand Maistre, qui naturellement doit en être le Juge, son Grand Bailly & Senéchal, le Mestre de Camp Général; & cette competence qui à Paris, & à la suite de la Cour, doit appartenir de droit à la Grande Maistrise, doit aussi appartenir dans les Provinces aux Maistrises particulieres, comme une circonstance & dépendance des Armoiries.

VI.

Nos Armes, celles de nostre très cher & amé fils le Dauphin, des Princes & Princesses de nostre Royaume & de nostre Sang, & générallement celles de toutes les Maisons & Familles, comme aussi celles des Provinces, Païs d'Estats, Gouvernemens, Villes, Terres, Seigneuries, & celle des Archevesches, Evesches, Chapitres & Abbayes, Prieurez, & autres Bénéfices, Compagnies, Corps & Communautez, ayant droit d'Armoiries, seront portez ez Maistrises particulières de leur Ressort & Département, deux mois après la publication des Préfentes, & envoyées enfuitte à la Grande Maiftrife, pour, après y avoir efté reçues, eftre regiftrées à l'*Armorial Général,* dans les Regiftres qui f'y tiendront dans l'ordre & fuivant la forme qui fera prefcrite par le Réglement qui fera fait en conféquence du préfent Edit.

Le prefent article regarde ceux qui ont des Armes de droit; le fuivant ceux à qui le droit d'en avoir eft confirmé ou donné; & celuy d'après parle de ceux qui pourront le mériter & l'obtenir.

Le droit des Armoiries a donc trois caufes fuivant ces trois articles; ou il vient de la naiffance, ou il s'acquiert par les états, dignitez, charges & emplois; ou par les actions éclatantes de vertu et de générofité.

Celuy qui vient de la naiffance eft inseparable de la vraye Nobleffe, car nul noble fans Armes. C'eft pourquoy les Armes des Nobles defignent leur nobleffe perfonnelle, & par une fuite neceffaire tous les droits & privileges qui en dépendent.

Celuy qui s'acquiert par les charges, emplois, états & dignitez eft différent; il ne vient pas d'une Nobleffe perfonnelle, mais de celle qui eft annexée aux fonctions de ces charges, emplois, dignitez, ou aux privileges accordés à de certains états.

Enfin, celuy qui s'acquiert par des actions de valeur & de générofité, vient du merite perfonnel, c'eft-à-dire de la vertu, qui eft la bafe, le fondement & l'origine de la vraye Nobleffe; il fait paffer à la pofterité le precieux fouvenir de ces belles actions, à l'honneur de ceux qui les ont faites, & qui en ont mérité cette récompenfe.

Voila les trois caufes du droit des Armoiries, qu'on nomme des perfonnes, Maifons & Familles.

Celles des Domaines ont pour caufe la nobleffe & la féolité de leurs Terres ; celles des Corps & Communautez Ecclefiaftiques, le refpect dû à leurs exercices; les autres la grandeur & la dignité de leurs emplois, ou l'honneur de leur établiffement.

Ce font principalement là les trois efpèces d'Armoiries dont traite cet Edit, qui doivent compofer l'Armorial général du Royaume.

Quand on y apportera les Armes de Sa Majefté, fuivies de celles des Officiers de fa Couronne, des grands & premiers Officiers de fa Maifon, des Officiers Généraux de fes Armées, & de toute la Nobleffe de fon Royaume.

Quand on y apportera les Armes des Provinces, Villes, Corps & Communautez, fuivies de celles des Officiers de ces mêmes Corps.

Enfin, quand on les verra toutes occuper dans cet Armorial les places que la nobleffe des unes & celle des fonctions & dignitez des autres leur donnent, qui ne croira pas voir le temps célèbre & ancien des Tournois, la marche de leurs Tenans & Affaillans, leurs Armes promenées dans les Villes, apofées aux fenêtres, vues de tout le monde, & portées par leurs Ecuyers jufqu'au Pas d'armes ou aux Lices ; enfin chacun fe ranger fous la Bannière de fon Chef, & prendre le rang qui luy eft dû.

Car les Armoiries de ceux qui tiennent le premier rang dans le Royaume, dans les Armées, dans les Gouvernemens, & dans les Corps & Compagnies Supérieures, doivent être confidérées comme les Bannières de ces Chefs de Quadrille qu'on portoit devant eux dans les Lices des Tournois & fous lefquelles ceux du même party fe rangeoient, fe rallioient & combattoient, & elles doivent être par cette raifon placées dans l'Armorial général, avec diftinction & à la tefte de tous les Officiers qui leur font fubalternes ou inférieurs : Ainfi fous les Armoiries ou fous la Bannière de Sa Majefté, doivent fe trouver celles des Princes de fa Maifon & de fon Sang; fous la Bannière de Meſſieurs les Maréchaux de France qui repréſentent le Connétable, doivent ſe trouver les Armes de tous les Officiers Généraux, & autres Officiers des Troupes de Sa Majeſté; ſous celle de Monſieur le Chancelier, ſe trouveront les Armes des Miniſtres, Secretaires & Conſeillers d'Etat, & des autres Officiers des Conſeils de Sa Majeſté. Sous celle du Grand Admiral, du Grand Maiſtre de l'Artillerie, du Grand Aumonier, du Général des Galeres, & des Grands & premiers Officiers de la Maiſon de Sa Majeſté, les Armes de tous les Officiers qui dépendent de ces grandes Charges, & ſous la Banniere de Meſſieurs les Premiers Preſidens des Cours Superieures, ſe trouveront celles des Officiers qui les compoſent; ainſi du reſte : en ſorte que le même ordre qui ſ'eſt gardé dans les Tournois, d'où vient l'origine des Armes, doit ſe garder dans les Regiſtres de l'Armorial Général, où les vrais Nobles, les Annoblis, & ceux qui aſpirent à ce premier degrès d'honneur, ſe trouveront dans les places & les rangs qui ſeront dûs ou à leur naiſſance, ou à leur qualité, ſans craindre qu'ils leur ſoient diſputez. Car chacun en apportant ſes Armes marquera ſa place en marquant ſa qualité : tous ceux à qui le Roy permet l'entrée de ce lieu d'honneur ſe trouveront contens, & c'eſt ce qui rendra ce même lieu le plus noble, le plus curieux & le plus honorable du Royaume à l'avenir.

Qui eſt-ce qui ne ſe trouvera pas honoré de voir ſes Armes là où feront celles de Sa Majeſté? Qui ſont ceux qui n'auront pas intereſt d'y apporter les leurs, pour ſ'en conſerver ou en avoir le titre pour eux & pour leurs deſcendans? Ceux qui ne les y porteront point, ne pourront ſe ſauver de l'opinion qu'on aura avec raiſon, ou qu'ils n'en ont point, ou qu'ils n'ont pas droit d'en avoir, ou qu'ils les mépriſent.

Ceux qui n'en ont point, & qui n'auront pas droit d'en avoir, ne ſont pas l'objet de cet Edit; il ne les regarde point, au contraire il leur defend l'entrée de ce Temple d'honneur, *procul hinc procul eſte profani.* Car ce feront des gens ſans diſtinction & ſans relief, *odi profanum vulgus & arceo.*

Ceux qui en ont de droit & qui les mepriſent (ſi touteſois il s'en trouve) ne peuvent faire cette indignité sans faire voir qu'ils meprisent les marques les plus illustres de l'honneur de leurs Maisons, & qu'ils n'ont pas les mêmes sentimens de la vertu heroïque qui les a fait meriter à leurs Ancestres, si curieux de les placer en tous les endroits où leur nom pouvoit être connu. Et ceux à qui le droit de les porter est confirmé ou donné, ne pourront negliger ce noble present de Sa Majesté, sans marquer qu'ils se croyent indignes de cet honneur. Or si sans honneur on n'est pas digne d'avoir des Armoiries, la conduite d'un chacun justifiera ce qu'il est, & en même temps la verité de ce vieux proverbe d'un ancien Armoriste : *Homme sans Armes, homme vilain.*

VII.

Les Officiers tant de Nostre Maison & de celles des Princes & Princesses de Nostre Sang que ceux d'Espée, de Robe, de Finances & des Villes, les Ecclesiastques, les Gens du Clergé, les Bourgeois de nos Villes franches, & autres qui jouissent, à cause de leurs Charges, Estat & Emplois, de quelques exemptions, privilleges & droits publics, jouiront aussy du droit d'avoir & de porter des Armes, à la charge de les présenter dans le temps cy-dessus aux Bureaux des Maistrises particulières, autrement, ledit temps passé, Nous les en avons déclarez décheus.

Il vient d'être observé, que l'article precedent regarde principalement les Nobles qui ont des Armes de droit : Aussi c'est ce qui, dans la première institution des Armoiries avec titre d'heredité, les distinguoit des Roturiers.

Celuy-cy concerne ceux à qui ce droit eſt confirmé ou accordé, qui ſans être nez Gentilſhommes, ou ſans être annoblis par Lettres, méritent cet honneur, ou à cauſe de leurs charges & emplois ; (comme ſont tous les Officiers de Sa Majeſté, d'Epée, de Robe & de Finance, des Villes, & de Sa Maiſon ;) ou à cauſe de leurs états & qualitez, (comme ſont les Bourgeois des Villes franches, les Eccleſiaſtiques, gens du Clergé, & généralement tous ceux qui jouiſſent en tout ou partie des droits de Nobleſſe, dont les Armoiries tiennent le premier rang, & doivent être regardées comme le témoignage public (ainſi qu'il a déjà été dit).

Ce droit des Armoiries reglé comme il eſt par cet article, ne paroit pas abſolument un droit accordé & donné de nouveau, mais une confirmation de la part de Sa Majeſté au profit de ceux qui en ont cy-devant pris, & une conceſſion au profit de ceux qui en demanderont de nouvelles. Sa Majeſté ne veut pas condamner ni punir ſes plus fidèles Sujets, ni leurs Auteurs, qui ſous la foy d'un uſage qu'ils ne ſçavoient pas être abuſif, ont crû être en droit, lorſqu'ils ſe ſont vus élevez par leurs Charges au-deſſus du vulgaire, de prendre des Armes pour s'en diſtinguer ; elle ſe contente de marquer que ceux qui par la raiſon de leurs charges ou de leurs états *jouiſſent de quelques exemptions & droits publics* (qui ſont choſes dues veritablement à l'état de la Nobleſſe), *jouiront auſſi du droit d'avoir & de porter des Armes.* Elle ne dit point à *l'avenir,* parce qu'elle auroit condamné le paſſé, qu'elle veut oublier en faveur de ceux qui par une prompte ſoumiſſion à ſes ordres, prouveront l'innocence de leur conduite, & qui preſentant leurs Armes, les faiſant recevoir & regiſtrer, s'en aſſureront le droit, que l'on regardera comme une confirmation ou autoriſation à l'égard de ceux qui en ont, & comme un don ou une conceſſion à l'égard de ceux qui n'en ont point, & qui en demanderont de nouvelles.

Ceux qui n'en ont point & n'en ont jamais eu, peuvent en demander en conſéquence de cet article ; auquel cas leur droit fera nouveau, & n'aura point d'autre époque que celuy de la datte de leurs brevets : Mais ceux qui fans être nobles de race & d'extraction, les tiennent de leurs Ancêtres par droit de poffeffion, laquelle, quand elle eft ancienne, eft regardée comme un titre des plus authentiques & des plus favorables en cette matière, n'en doivent pas regarder le droit comme une conceffion nouvelle, mais comme une confirmation ou autorifation tacite de la part de Sa Majefté.

C'eft pourquoy ces derniers feront fagement, fi en les prefentant ils expliquent par la feuille fervant d'acte de prefentation, l'ancienneté de ces marques d'honneur dans leurs Familles; les lieux publics où elles fe voyent encore; les charges, dignitez & emplois de leurs Ancêtres, qui les leur ont fait mériter, & dont ils pourroient peut-être avoir des Lettres de conceffion des Rois Predeceffeurs de Sa Majefté, fi dans les fiècles paffez il y avoit eu des lieux publics (comme eft l'Armorial Général) pour en conferver le dépoft.

Sa Majefté ne préjudicie donc point en aucune manière à ce droit ancien acquis à beaucoup de Familles illuftres du Royaume, ni même à celuy qu'elles peuvent avoir, ou par des titres particuliers qu'elles pourront articuler, ou par des titres publics, (comme les Bourgeois de Paris qui prétendent avoir ce droit avec ceux de la Garde noble de leurs enfans, des Francs-fiefs, & autres par les Lettres de Charles V. dattées du 9 aouft 1371 & confirmées au rapport de Maiftre René Chopin, L. 1. fur la coutume de Paris, par autres Lettres de Charles VI du 5 aouft 1390), en forte que cet article confirmant le droit des Armoiries à ceux qui l'ont, foit par titre ou poffeffion, & le donnant à ceux qui ne l'ont ni de l'une ni de l'autre manière, ne fait aucun prejudice & au contraire fait honneur aux uns & aux autres.

Au refte, fi l'on veut pénétrer la raifon de cet article, on verra que c'eft le mérite & la vertu (fource de la vraye nobleffe) qui luy fervent de fondement, & que Sa Majefté cherche à récompenfer.

Tout le monde ne peut pas être noble, mais tout le monde peut être vertueux : & ſi il y a un endroit où ſe trouve la vertu ailleurs que parmy les nobles, c'eſt parmy ceux dont parle cet article, qui par la nobleſſe de leurs etats & de leurs fonctions, aſpirent, tâchent de venir, & touchent quaſi à ce premier degré d'honneur des Royaumes. Le Roy en donnant des charges & des emplois, ou en octroyant des exemptions & des privileges auſquels le droit de porter des Armes eſt attaché, marque ceux qu'il croit dans le chemin de la vertu qui conduit à la Nobleſſe ; & par ces ſimboles qu'il leur en donne il les porte & excite à meriter ce beau titre, dont ils n'ont encore que la marque. Il fait enfin à leur égard ce qui ſe pratique dans les Ordres Militaires & de Chevalerie, où l'on voit des gens porter les marques de Chevaliers ſans en avoir le titre ; les uns parce qu'ils en ſont les officiers, & les autres parce qu'ils en font les exercices.

Comme c'eſt le merite perſonnel qu'on ſuppoſe ſe trouver dans ceux qui ſont élevez au-deſſus du commun du peuple par leurs charges, dignitez & priviléges, qui doit produire cette vertu dont les Armoiries ſont la recompenſe, Sa Majeſté laiſſe à chacun à ſe ſentir ſur ce point. Son Edit ne force perſonne à cet enregiſtrement, excepté ceux qui ont des ſceaux publics ; & elle attend que ſes Officiers & ſes autres Sujets qu'elle juge par avance dignes de cet honneur, ſe déclarent ſur les ſentimens de dignité d'élévation & de diſtinction qu'ils peuvent avoir, & qui en ſont la vraye cauſe ; ſi ils veulent qu'il ne paſſe rien à la Poſterité, ſoit pour leur honneur particulier, ou pour celuy de leurs deſcendans, qui marque ce qu'ils ont été ; ſi ils veulent enfin qu'en mourant tout meure avec eux, & n'avoir pas la ſatisfaction de dire avec le Poëte :

.... *Non omnis moriar,*
Multaque pars mei vitabit libitinam.
Hor.

La ſeule peine que prononce cet article eſt une déchéance du droit de porter des Armoiries. Mais c'eſt une queſtion de fçavoir, si cette déchéance prife à la rigueur, ne peut point emporter celle de tous les autres droits énoncez dans le même article, à la faveur defquels ce droit d'Armoiries eft accordé. C'eft à quoy il faut faire attention, & pour cela examiner la qualité du prefent que le Roy fait en donnant ce droit, fon merite & fon importance, le cas qu'on en doit faire, le risque qu'on peut courir en le refufant, enfin la fausse frayeur de ceux qui prévenus de la faute qu'ils ont faite en prenant des Armoiries, les font effacer, & fe déclarent par avance indignes du pardon qui leur eft accordé pour le paffé, & du don qui leur eft fait de leur droit pour l'avenir.

Ceux qui reconnaitront la grandeur & la nobleffe de ce prefent que Sa Majefté leur fait du droit d'Armoiries, foit en autorifant celles qu'ils ont prifes, ou en leur en donnant de nouvelles, loueront fa bonté & ne manqueront pas d'en profiter.

Ceux au contraire qui croiront que ce prefent ne mérite pas d'être reçu, perdront ce droit, dont par là ils fe déclareront eux-mêmes indignes. Mais en le perdant ils peuvent perdre beaucoup plus qu'ils ne s'imaginent : Sa Majefté retire un prefent que des Sujets d'un mauvais goût refufent; elle leur ôte un droit qu'ils n'ont cru beau, que quand ils le lui ont ufurpé, dont ils ne veulent plus quand c'eft elle qui le leur donne; qu'ils n'ont eftimé que quand ils l'ont volé; & qu'ils n'ont cru honorable que quand il était non feulement fans honneur, parce qu'il ne venoit point de Sa Majefté, mais quand il étoit la preuve d'un attentat fait aux droits de fa Souveraineté. C'eft un aveuglement qui n'eft pas excufable.

Mais que penfent-ils que pourra peut-être produire ce refus, & cette déchéance du droit des Armoiries? Prétendent-ils que leur merite foit moindre en France que partont ailleurs? Attendent-ils que Sa Majefté f'en explique? Croyent-ils qu'elle ignore fes droits fur cette matière, ou parce qu'ils la méprifent qu'elle doive auffi la méprifer?

Il n'eft pas permis de pénétrer dans la penfée d'un Monarque auſſi grand & auſſi sage qu'eſt Sa Majeſté, & encore moins de douter de ſa bonté pour ſes Sujets. Mais elle a : 1º Les Droits de ſa Couronne à garder; 2º Ceux de ſes Charges à conſerver; 3º La Police de ſes Eſtats à menager; 4º La gloire de ſon Royaume à ſoutenir; & le refus de la part de ſes Sujets de ce noble preſent, peut reveiller tous ces droits, qui ſont des plus raiſonnables & des plus légitimes. Il faut les expliquer, parce que faute de les entendre on pourroit les bleſſer auſſi innocemment que l'on a fait ceux de la Souveraineté de Sa Majeſté, quand on a cy-devant pris des Armes ſans ſa permiſſion.

Ceux qui ont pris cy-devant des Armoiries de leur mouvement, & ſuivant leur caprice, ont fait une entrepriſe ſur les Droits de ſa Couronne, (car il n'appartient qu'au Roi, ainſi qu'il a été dit, de donner des Armoiries, comme de faire des Nobles dans ſon Royaume). Si Sa Majeſté ferme les yeux à cette felonie, le refus qu'on fera de recevoir ce preſent qu'elle fait de leur droit, pourroit un jour les lui ouvrir pour en punir les coupables; ſa bonté arrête maintenant ſa juſtice, & tache de lui perſuader que l'ignorance de ce droit éminent de ſa Souveraineté a eu plus de part dans ces ſortes d'entrepriſes, que la penſée ou le deſſein de l'offenſer. Mais ſi une conduite oppoſée, c'eſt-à-dire ſi le défaut de ſoumiſſion à ſa volonté, le manque de reſpect à ſes ordres, & le refus de ſes preſens prouvent le contraire, alors ſa Juſtice déjà offenſée par cet attentat à ſon Autorité Royale, & irritée par ces indignes refus, impoſera ſilence à ſon tour à ſa bonté, & pourra la porter à faire recherche de ces uſurpateurs, qui ne pourront plus ſauver cette première faute, parce qu'ils en auront mepriſé la grâce & le pardon. Voilà les Droits de la Couronne de Sa Majeſté.

Voici ceux de ſes Charges qu'elle a intérêt de conſerver. Toutes les Charges dont Sa Majeſté donne des Proviſions lui appartiennent; les Titulaires & Poſſeſſeurs n'en ſont que les uſufruitiers ou dépoſitaires; ils en peuvent être evincez par Sa Majeſté, moyennant le remboursement de la finance quand il lui plaît; ce qui eſt prouvé par cette clauſe ordinaire des Lettres de proviſion : *Pour en jouir en tous droits, etc., y attribuez, & tant qu'il nous plaira.*

Or il eſt des Règles, que tout uſufruitier eſt obligé de veiller à la conſervation des droits de la choſe dont il a la poſſeſſion, & qu'il eſt reſponſable de tous les prejudices qui y ſont faits, ou qu'il n'a pas empêché quand il l'a pu. Toutes les Règles de Droit établiſſent cette propoſition : Donc l'Officier eſt obligé de prendre les Armes dont ſon Office lui donne le droit, autrement par ſon propre fait l'Office du Roi ſouffre une diminution dans les droits qui lui ſont attribuez & qui en font la dignité & le merite.

Quant à la Police que Sa Majeſté veut faire garder doreſnavant dans le port des Armoiries, c'eſt une Loy générale qu'elle fait pour ſon Royaume, laquelle regarde ceux qui en ont ou auront le droit pour les y maintenir, & ceux qui ne l'auront pas pour les empêcher de rien entreprendre ſur celuy des autres. Il n'y a perſonne que cette Loy générale ne regarde, ainſi, tout le monde y doit être ſoumis. Ceux qui y contreviendront & qui voudront avoir doreſnavant des Armoiries ſans les faire enregiſtrer, ſeront coupables de trois manières : premièrement, d'en avoir pris cy-devant de leur chef; en ſecond lieu, de les refuſer quand Sa Majeſté veut les autoriſer ou en donner; en troiſième lieu, d'en porter au prejudice de ſes Défenſes; ſans parler de la dechéance du droit d'en pouvoir jamais porter, & de la peine qu'emporte cette déchéance par la nature du droit même des Armoiries.

Enfin, la gloire du Royaume demande cette police. Il a été obſervé cy-devant que nul Royaume n'avoit plus d'intérêt à la police des Armoiries que celui-ci : nulle Nation plus digne de cet honneur, & nul Prince plus en état & en droit de l'établir; auſſi rien ne prouvera davantage dans les ſiècles à venir, ſa grandeur & ſa puiſſance, que cet établiſſement qui regarde premièrement les Nobles, & par reflexion toutes les perſonnes de diſtinction de la France, ſans confuſion des uns & des autres; ſon Règne ſervira d'époque à cette belle Police qui mettra le Blason de la France au-dessus de celui de tous nos voisins & qui va assurer pour la première fois les Marques d'Honneur de toutes les Familles du Royaume & les placer dans un lieu plein de gloire & de dignité, puisque celles du Roy y seront les premières; ensuite celles de tous les Grands Officiers de sa Couronne & de sa Maison, & de toute la Noblesse; enfin celles de toutes les dignitez & personnes de distinction des Estats qui luy sont soumis.

Voilà quels sont les droits de Sa Majesté. Il faut dire maintenant quels sont ceux des Armoiries : ils ne doivent pas être moindres en France que dans les Estats de nos voisins, où nous voyons que les Armoiries sont si bien la preuve & le témoignage public de tous les autres droits de noblesse ou publics dont jouissent ceux qui ont droit de les porter, que faute de les faire registrer dans les Registres des Rois ou Heraults d'Armes, ceux qui les ont sont déchus, tant de leur droit que de tous les autres priviléges, exemptions & droits dont les Armoiries sont la preuve publique; l'Edit n'explique point à la vérité cette déchéance dans toute cette étendue, mais comme elle vient du droit même des Armoiries qui dépend de celui de leur enregistrement, & qn'elle est sans aucune réserve, exception, ny limitation, elle peut s'entendre comme elle est expliquée par l'art. 16 de l'Ordonnance des Archiducs de Flandre, Albert & Isabelle, de l'année 1616. En voici les termes : *Voulons & commandons en outre, que toutes les Lettres qui auront été obtenues depuis notre avènement à ces Provinces, & celles qui pourront être cy après obtenues en matière d'annoblissement, Armoiries, augmentation ou changement d'icelles, &c., seront par les Impetrans presentez à notre Premier Roy ou Herault d'Armes de la Province de leur residence, pour être registrées ès Registres de leurs Offices. Pareil enregistrement sera fait ès Registres de l'Election d'Artois, pour ceux qui sont originaires de cette Province & y ont residence, à peine de perdre le fruit & effet de telles grâces, dons & octrois.*

On peut même croire que cette décheance de tous les droits

dont les Armoiries doivent servir de preuve publique, est volontaire de la part de ceux à qui ils appartiennent; car les priviléges & exemptions sont regardez comme des grâces auxquelles celuy qui les fait peut attacher des conditions, & auxquelles il est permis aussi de la part de celuy à qui elles sont faites de renoncer en de certains cas.

Et l'on est presumé faire ce renoncement volontaire, quand on renonce à ce qui en est la marque extérieure & publique, introduite pour en donner la connoissance à tout le monde; comme un Officier de Judicature serait censé renoncer aux fonctions de sa Charge, s'il ne vouloit point porter de robe, qui en est la marque & l'ornement extérieur; un Officier d'Armée, à son employ, qui ne voudroit point avoir d'épée; un Clerc à son état de Cléricature, qui voudroit se trouver dans les Chapitres & autres lieux d'Assemblée Ecclésiastique sans les habits qui luy sont propres, & le Seigneur d'une Terre à sa Justice, qui ne voudroit avoir ni Officiers, ni Auditoires, ni Prisons, ni Sceaux, qui ne sont pourtant que des marques extérieures & de Police, quoique d'obligation étroite. Toutes les Lois Civiles & Canoniques, dont les citations, qui sont en très-grand nombre, ennuyeroient, établissent ces maximes; car *per signum intelligitur signatum*. Et de cette regle on tire cette consequence, que les Armoiries marquent la Noblesse dans les Nobles, & dans les non Nobles les droits de la Noblesse dont ils jouissent à cause de leurs charges, etats & emplois, & dont ils veulent bien que l'on les juge privez & déchus comme indignes quand ils méprisent ou négligent les marques publiques que Sa Majesté leur en donne; comme on jugeroit un Officier de quelque Ordre de Chevalerie, indigne & déchu des priviléges de l'Ordre dont il ne voudroit pas porter les marques publiques. Voilà quels sont les droits des Armoiries à la rigueur, à l'égard desquels on peut distinguer trois temps qui les ont reglez.

Le premier, qui est très-ancien, est celuy de leur invention & de leur première origine, lorsqu'elles étoient seulement des marques personnelles qui servoient à publier la gloire de ceux qui les avoient méritées, sans donner aucun droit à leurs descendans de les prendre.

Le second, qui est celuy de leur institution avec le droit d'heredité; soit qu'on le rapporte aux Croisades, ou aux premiers Tournois, où elles ont servy principalement à distinguer les Familles les unes des autres, ainsi que la nature se sert de différens traits pour distinguer les visages, les hommes de différens noms pour se reconnoitre, les Terres de differens titres, & les Peuples de diverses Langues pour se distinguer les uns des autres.

Le troisième qui est le plus nouveau, est celuy de ces Ordonnances de Flandre, de Savoye, & des autres Etats Souverains de l'Europe, qui veulent que les Armoiries servent à rendre public le mérite de ceux à qui le droit de les porter appartient, & qu'ils les fassent registrer pour jouir des privileges, graces, dons & octrois qui leur sont attribuez, dont elles doivent être la preuve & le témoignage public.

Si l'on vouloit que ces nobles marques ne servissent de rien, & ne signifiassent rien, il en faudroit dire autant des marques des Officiers de la Maison de Sa Majesté, des robes des personnes de Judicature, des habits & vêtements des Ecclesiastiques, des ornemens des Eglises, & de mille autres marques d'honneur, qui désignant le caractère de ceux qui les portent, établissent leurs droits & leurs privileges, qui se perdent autrement.

Un Officier de Justice, un Religieux, un Prêtre, enfin un Chevalier de quelque Ordre que ce soit, oseroit-il se plaindre de n'avoir pas été reconnu, si en faisant sa fonction il n'avoit pas la marque de ce qu'il est? Les exemples seroient infinis; mais ces Notes déjà trop longues sur cet article, ne permettent pas de s'y arrêter plus long-temps.

VIII.

Et pour ne pas priver de cette marque d'honneur nos autres sujets qui possèdent des Fiefs et Terres nobles, les personnes de Lettres et autres qui, par la noblesse de leur Profession et de leur Art, ou par leur mérite personnel, tiennent un rang d'honneur et de distinction dans nos Estats & dans leurs Corps, Compagnies & Commnuautez, & générallement tous ceux qui se feront signalez à nostre service dans nos Armées, Négociations & autres Employs remarquables; Voulons que les Officiers de la Grande Maistrise leur en puissent accorder lorsqu'ils en demanderont, eu esgard à l'estat, qualités & professions.

Voicy ceux qui n'ont ni Armoiries de droit, ni Charges, Emplois ou Qualitez qui leur donnent droit d'en avoir, mais qui ont seulement droit d'en demander en justifiant qu'ils le méritent.

Ce sont ceux dont la vertu n'est point reconnue, ni par la naissance, ni par des Lettres du Prince; mais qui par leurs actions en auront donné des preuves qui vaudront les titres les plus authentiques.

On découvre dans tout cet Edit, que la vue de Sa Majesté est de recompenser la vertu par tout où elle se trouve; et que suivant la pensée du Poëte le plus galant de la Cour d'Auguste, la vertu sous un Prince généreux, ne souffre point de honteux refus.

Virtus repulsœ nescia sordidœ.
Hor.

La vertu trouve toujours azile chez les vertueux. Elle en est toujours bien receue, & jamais elle ne se présente à eux sans être récompensée.

Les Empires & les Royaumes ont leurs Héros, l'Eglise a

les siens, & tous les Corps, Arts & Métiers les leurs particuliers, qui ne contribuent pas peu, les uns par leurs écrits, les autres par leurs ouvrages à la gloire de leur Patrie. La France si célèbre de tout temps par la valeur de ses Peuples, l'est aussi dans tous les Païs du monde, par la beauté de ses Arts qui font partie de ses richesses. Ils sont devenus même l'occupation des Nobles pendant la Paix; la Peinture, l'Architecture, les Mathematiques, & une infinité d'autres Arts nous ont donné de grands Hommes qui trouvent leur place dans l'Histoire, & qui donnent de la gloire & du nom à leur Païs.

Mais ceux qui en prodiguant leur vie se signalent au service de leur Prince, & qui sortant de leur Païs, vont publier sa grandeur, sa gloire & sa Religion chez les Etrangers, qui par tout donnent des preuves de leur sagesse & de leur valeur, sont ceux-là qui ont plus de droit aux Armoiries, puisque c'est principalement pour recompenser & honorer les belles actions, que l'usage en est venu jusqu'à nous, des Egyptiens, des Hebreux, des Arabes, des Grecs & des Romains, par leurs Simboles, leurs Devises, leurs Talismans & leurs Caracteres; ainsi il y auroit une espece d'injustice de leur refuser des Armoiries, si ils en demandent; c'en est peut être une de ne leur en point donner, quand même ils n'en demanderoient pas : & quand on aura pris un peu de goust pour ces sortes de récompenses plus nobles qu'aucunes autres, ceux qui reviendront de l'Armée sans avoir rien fait qui leur en ait fait mériter, pourront craindre le reproche que faisoient les Anciens à ceux qui rapportoient leurs Boucliers ou Cottes-d'armes sans aucune marque de gloire.

Parmàque inglorius alba.
Virg.

IX.

Nous nous réservons le droit de donner & octroyer de nouvelles pieces d'honneur & de diſtinction, pour adjouter aux Armes anciennes de ceux de nos ſujets que nous en jugerons dignes; ſur le rapport qui nous en ſera fait par les Officiers de la Grande Maiſtriſe; & feront les Lettres que nous donnerons à cet effet, enſemble toutes autres Lettres de Conceſſion d'Armoiries, deſſinées, peintes & blazonnées, & regiſtrées à l'*Armorial Général*; défendons autrement d'y avoir égard.

Rien n'eſt plus glorieux que ces ſortes de Pièces d'honneur données par le Prince, pour publier & perpétuer la gloire des grandes actions.

En 978, Bouchard de Montmorency portoit originairement une croix cantonnée de quatre alérions, qui marquoient quatre Bannières Impériales qu'il avoit gagnées en combattant pour Hugues Capet contre l'Empereur Othon II. & Mathieu de Montmorency Connétable de France les augmenta depuis juſqu'à douze, à cauſe de douze autres Bannières qu'il gagna ſur Othon IV, à la Journée de Bouvines en 1214. Quel honneur pour cet anceſtre de la Maiſon d'Eſtain, qui pour avoir ſauvé un de nos Rois dans un Combat, mérita pour luy et pour ſa Famille, le droit de porter les Armes & les Livrées de France! Toute autre récompenſe auroit été détruite par le temps : Mais celle-cy eſt au-deſſus des biens de la fortune, de ſon caprice, & de ſa jalouſie; elle ſe perpétue tous les jours, & elle durera éternellement à la gloire des deſcendans de cette illuſtre Maiſon. Il y a une infinité d'exemples de cette qualité, qui feront, comme il a été dit, la matière d'un plus grand ouvrage.

Sa Majeſté ſe réſerve le droit de donner ces ſortes de Pièces ſur le rapport des Officiers de la Grande Maiſtriſe, pour leur donner plus de poids, de relief & de mérite; & elle veut que les Lettres de Conceſſion qu'elle en fera expédier, ſoient regiſtrées à la Grande Maiſtriſe, afin que ces Pièces nouvelles ajoutées à des Armes anciennes, ne ſoient point regardées comme de ſimples briſures à l'avenir, & que l'honneur en demeure à celuy qui les aura méritées & à ſes deſcendans, avec toute certitude & ſans aucun doute.

Si cet ordre & cette belle police qui fait la beauté et l'utilité de l'établieſſment de l'Armorial Général avoit été gardée dès le commencement de la Monarchie, quel avantage n'en tireroient pas la pluſpart des grandes Maiſons qui auroient aujourd'hui la preuve de mille belles actions, dont les Armoiries ſont des témoignages ſourds & muets ? Sourds, parce qu'elles ne peuvent entendre les doutes que l'on peut avoir de la raiſon de leur conceſſion ; & muets, parce qu'elles ne peuvent y répondre ni en expliquer préciſément la cauſe.

X.

Faiſons pareillement défenſes, après ledit temps de deux mois expiré, à tous Officiers, Bénéficiers & autres, de ſe ſervir d'aucuns Sceaux pour ſceller des Actes publics, & à toutes autres personnes de quelque qualité & condition qu'elles ſoient, de porter publiquement aucunes Armoiries, qu'elles n'ayent eſté regiſtrées à l'*Armorial Général*, à peine de trois cens livres d'amende contre les contrevenans, qui ne pourra eſtre remiſe ny modérée, dont les deux tiers nous appartiendront, & l'autre au dénonciateur ; & encore à peine de confiſcation des meubles où elles ſeront peintes, gravées & repréſentées.

Cet article contient trois chofes, l'ufage des Sceaux, le port des Armes, & la peine ordonnée faute de fatisfaire à ce qui les regarde.

Il n'y a guère d'abus plus grand dans ce Royaume que celuy des Sceaux qui fervent aux Actes publics. Chacun en prend felon fon caprice; il n'y en a pas un qui foit réglé ni reconnu, ni dont l'empreinte foit déposée en aucun endroit public. Par quel droit donc peut-on forcer les Jufticiables d'une Terre à exécuter les Ordonnances & Mandemens de fa Juridiction? Si ces Jufticiables ne connoiffent point le Sceau en vertu duquel on les fomme & on les contraint, ils ne peuvent être obligez, en bonne juftice & en bonne règle d'y déférer. Or, afin que ces Sceaux foient certains, connus & publics, ils doivent être regiftrez.

Ce qui a été dit par les articles 6, 7 & 8 fuffit pour faire voir la bonté extrême de Sa Majefté pour fes fujets. Le filence qu'elle garde, ou plutôt le pardon qu'elle donne, de l'attentat que quelques-uns on fait à fon autorité en prenant des Armes de leur mouvement, en eft la preuve: elle fe contente de faire de fimples défenfes pour empêcher de pareilles entreprifes à l'avenir, & pour maintenir les droits de fa fouveraineté à cet égard; & quand elle oublie cette faute, elle ne doute point cependant que ces mêmes Sujets ne fe preffent de la réparer de leur part, en fe fervant promptement des moyens que cet Edit leur fournit, c'eft-à-dire en faifant regiftrer leurs Armes. Car par là ils feront trois chofes agréables à Sa Majefté & utiles pour eux. Ils reconnoitront la grandeur du préfent qu'elle leur fait. Ils juftifieront l'innocence de leur conduite fur le paffé. Et en f'affurant le droit de leurs Armoiries pour l'avenir, ils f'affureront en même tems tous les droits & priviléges à la faveur defquels le droit des Armoiries eft dû & accordé.

La peine de trois cens livres & de la confifcation des meubles où les Armoiries feront peintes, gravées, brochées, ou repréfentées, eft beaucoup moindre que celles des Ordonnances de nos voisins. L'article 4 de l'Ordonnance de Flandre, rapporté cy-devant, est de cinquante florins; l'article 2 de l'Ordonnance de Savoye, est de trois cens écus d'or; & celles des des autres Païs sont plus ou moins fortes, mais sévèrement exécutées pour la sureté du bon ordre que la Noblesse & tous les Etats des Royaumes ont interest de faire garder en cette matière.

XI.

Ceux qui usurperont à l'avenir les Armoiries d'autruy, ou qui, après avoir fait recevoir & registrer les leurs, en changeront les Partitions, Ecartelures & Emaux, en augmenteront ou diminueront les pièces & figures, ou qui en pervertiront les positions & situations, seront condamnez à la mesme peine.

Usurper avec connoissance les Armes d'une Famille dont on ne descend pas, c'est un vol.

Changer celles que Sa Majesté ou la Grande Maistrise auront donnees, confirmées ou approuvées, c'est un mépris punissable.

En prendre enfin de nouvelles, c'est un attentat à l'autorité de l'un & de l'autre. Ce changement de ses propres Armes, est une espèce d'abdication & de renoncement à celles données par Sa Majesté; c'est au lieu d'Armes légitimes en prendre de fausses & de condamnées; au lieu d'un titre d'honneur, en prendre un qui est plein de honte & de reproche; celuy qui fait cet échange & qui pervertit les émaux, figures, situations, ou positions de ses Armes, de quelque manière que ce soit, pour en prendre d'autres qui ne luy sont point données par son Souverain, est semblable au chien de la Fable, qui quitte le bon morceau qu'il tient pour s'attacher & courir après son ombre.

On peut même regarder cette usurpation comme un crime de faux, en comparant l'usurpateur du nom & des Armes des Familles Nobles, à celuy qui prendroit la qualité de Chevalier de quelque Ordre, ou celle de quelque grand Officier, & qui en porteroit publiquement l'habit & les marques, sans en avoir des Lettres, suivant la pensée du Paragraphe dernier de la Loy *Eos*, au Livre du Digeste, *ad Leg. corn. de falsis. Qui se pro milite gessit, vel illicitis insignibus usus est, pro admissi qualitate puniendus est.*

La peine de trois cens livres en tous ces cas est légère ; l'article 1 de l'Ordonnance de Flandre l'établit de cinquante florins, contre ceux qui usurpent les Armes d'autruy, & veut que les Armoiries soient rayées, brisées & lacérées par l'autorité du Magistrat ; & l'article 3 défend de changer les siennes, à peine de cent florins, en ces termes : *Nous interdisons & défendons pareillement à tous, de changer & pervertir l'Ordonnance de leurs Armoiries, es Descentes, Généalogies, Sépultures, Epitaphes, Vitres, ou autres endroits, & d'y former ou mêler des quartiers empruntez des Maisons, ou frauduleusement inventez, à peine qu'en tous lieux ou telles Armoiries ainsi falsifiées se trouveront, elles seront non seulement brisées, rayées & lacérées ; mais les contrevenans seront en outre condamnez en tous les dépens.*

Le seul changement des émaux d'un Ecu & des pièces, sans en changer, augmenter ou diminuer les traits, partitions, figures & meubles, est ordinairement pris pour un changement d'Armoiries ; car *omne simile non est idem ;* à plus forte raison quand on en pervertit les partitions & écartelures, que l'on en augmente ou diminue les figures, ou que l'on en change les positions, les situations & les attributs.

Il n'est pas de même des Timbres des Ecus, c'est-à-dire de leurs supports, couronnes, cimiers & autres ornemens qui marquent les qualitez des Terres, des emplois & des dignitez des personnes, parce que ces ornemens qui doivent se prendre par rapport aux qualitez, peuvent se changer quand les qualitez changent. L'Edit n'en parle en aucun endroit ; il ne concerne feulement que les Ecus des Armoiries, leurs émaux & leurs figures, qui en font les parties intégrantes, afin que les Armoiries, principalement des Familles, foient certaines & affurées, indépendamment des qualitez de ceux qui les ont, & de celles que leurs defcendans pourront avoir, qui peuvent changer ; c'eft la raifon pourquoy il eft très-inutile de les peindre ni dans l'Armorial Général, ni dans les Brevets autour des Ecus ; l'efprit de l'Edit n'eft point d'y toucher, ni de les régler. Il n'en défend point cependant l'ufage ; ce qui doit faire ceffer l'inquiétude que bien des gens ont mal à propos à cet égard.

XII.

Les délais cy-deffus ne courront que du premier jour de janvier prochain en faveur de tous ceux qui font actuellement à noftre fervice dans nos Armées de Terre & de Mer ; & en faveur de ceux occupez pour nous dans quelque Négociation ou Commiffion hors le Royaume, du jour feulement de leur retour au lieu de leur domicile.

Cette prorogation eft dûe de droit à la faveur que meritent ceux qui font dans l'exercice des Armes, où s'acqueroit autrefois le droit des Armoiries, lefquelles étoient prefque toujours accordées pour récompenfe de quelque action de valeur.

Les gens fçavans dans l'Antiquité peuvent remarquer que les pièces Héraldiques ou meubles des Armoiries des plus anciennes Maifons de la France, font autant de fimboles, qui felon l'ufage des Egyptiens, apprennent d'une manière hyérogliphique les grandes actions des ancétres de ces illuftres Maifons.

Le feul deſſein de faire quelques notes ſur cet Edit ne permet pas d'en rapporter ici des exemples ; ceux rapportez de quelques Maiſons feroient jalouſie à celles dont on ne diroit rien. C'eſt plutôt la matière d'un Livre ou d'un Traité, que de ces obſervations déjà aſſez longues, & peut-être à cauſe de cela ennuyeuſes ; & comme d'ailleurs on pourroit les mal expliquer, ou leur donner un mauvais ſens, il eſt plus à propos d'en laiſſer le ſoin aux Familles même que l'honneur de ces Armoiries touche, qui ne manqueront pas en les envoyant à l'Armorial Général d'en expliquer la cauſe & le ſens, en même temps la Généalogie, ſi bon leur ſemble, des Grands Hommes la vertu de qui elles ont été accordées. Les Villes pourront auſſi, ſi bon leur ſemble, expliquer l'ancienneté de leurs fondations ; les Terres, la nobleſſe de leurs droits ; & les Corps, Compagnies, & Communautez, la dignité de leurs Emplois & l'honneur de leur établiſſement.

Ces Généalogies des Familles, ces Titres & qualitez des Terres, cette époque de l'établiſſement & de la création des Cours, Corps & Compagnies, & l'énumération ſommaire de leurs principaux droits & priviléges, vont compoſer l'Hiſtoire générale du Royaume, ſur l'Hiſtoire particulière de ces Maiſons, de ces Terres, de tous ces Corps, Ordres & Eſtats qui y ſont.

Cet Armorial Général ſemblable à une ruche, où des abeilles d'un admirable accord apportent chacune à l'envi l'elixir des fleurs d'une grande campagne, deviendra le dépôt & le répertoire public de tout ce qui ſe fera fait & de tout ce qu'il y aura de plus grand, de plus curieux & de plus honorable dans le Royaume. Tout y parlera d'honneur ; on n'y verra que des marques d'honneur ; enfin, l'honneur en éclatera partout. *Intanitatis fulget honoribus ;* & il fera paſſer à la poſtérité des exemples & des preuves de la valeur de la Nation capables d'exciter & de porter nos deſcendans à la gloire & à la vertu.

XIII.

Les Armoiries, avant que d'être regiſtrées à l'*Armorial Général*, feront préſentées aux Bureaux des Maiſtriſes particulières, pour y eſtre vues & vérifiées par les Officiers; elles feront enſuite, avec leurs avis, envoyées en la Grande Maiſtriſe, pour y eſtre recues & de là portées à l'*Armorial Général* pour y eſtre regiſtrées.

XIV.

Le Garde de l'*Armorial Général* fera faire les Brevets ou Expéditions de cet enregiſtrement, contenant l'explication, peinture & blazon des Armes, avec les noms & qualitez de ceux à qui elles appartiendront, & il renvoyera les Expéditions aux Officiers des Maiſtriſes particulières, pour eſtre par eux délivrées & miſes és mains de ceux qui, en les préſentant, auront conſigné le droit de leur enregiſtrement, & qui en rapporteront les quittances.

<small>Ces deux articles donnent une idée de la procédure à garder pour les enregiſtremens d'Armoiries, & pour l'expédition & la forme de leurs Brevets. Ce qui fera expliqué plus au long par le Reglement Général promis par l'Edit, & en attendant par un Mémoire en forme d'avertiſſement & d'inſtruction pour ceux qui y envoyeront leurs Armoiries aux Bureaux de recette, lequel fera mis à la fin de ces Notes.</small>

XV.

Ces Brevets d'enregiſtrement d'Armoiries, ſur lesquels elles ſeront deſſinées, peintes & blazonnées, ainſy que dans les Regiſtres de l'*Armorial Général*, vaudront Lettres d'Armoiries : Relevons & diſpenſons nos Sujets d'en obtenir d'autres, ſans cependant que ces Brevets ou Lettres puiſſent en aucun cas eſtre tirées à conſéquence pour preuve de Nobleſſe.

S'il n'y avoit que les Nobles qui euſſent des Armes, comme dans leur première inſtitution, les Armes feroient en même temps des marques & des titres de Nobleſſe. Mais comme les non Nobles par la raiſon de leurs emplois & de leurs dignitez, eurent la permiſſion peu de temps après de porter dans des cartouches des marques de distinction, & que ce genre d'Armoiries a été autoriſé par l'uſage juſqu'à préſent ; cet article pourvoit ſagement à la prétention que pourroient avoir dès à préſent certaines perſonnes & à l'avenir leurs deſcendans avec plus de raiſon, d'être Noble, à cauſe qu'ils auroient des Armoiries comme eux. Car de même qu'un Fief & autre Terre Noble, quoique titrée de Baronnie, Vicomté, Comté, Marquiſat & Duché, ne peut annoblir un acquéreur qui eſt roturier ; de même les Armoiries ne peuvent attribuer ni la Nobleſſe, ni aucuns de ſes droits, exemptions & priviléges à ceux qui ne les ont pas d'ailleurs. Elles ſervent ſimplement de témoignage au public du droit qu'en a celuy qui les porte & de ceux qu'elles luy conſervent. Mais elles ne luy en donnent aucuns d'elles-mêmes. Elles ſont ſemblables à ces glaces fidèles, ſans leſquelles nous ne pourrions nous voir, & qui en nous repréſentant n'ajoutent rien à ce qui leur eſt offert & préſenté.

XVI.

Les Armoiries des Perſonnes, Maiſons & Familles, ainſi regiſtrées, leur feront patrimoniales *(a)* : & pourront en conféquence eftre miſes aux batimens, edifices, Tombeaux, Chapelles, Vitres & Littres des Egliſes Paroiſſiales, où ces droits honorifiques appartenoient aux défunts lors de leur décès, & ſur les tableaux, images, ornemens & autres meubles par eux leguez ou donnez ; & eftre portées par leurs Veuves après leur mort, tant qu'elles demeureront en viduité. Elles feront en outre héréditaires *(b)* à leurs deſcendans, à la charge par ces derniers de les préſenter ; faire recevoir & régiſtrer ſous leurs noms, dans l'année du décès des Chefs de Famille, & autres auxquels elles auront appartenu *(c)*.

(a) Cet article regarde trois choſes :
1. Le droit de propriété, appellé Patrimoine des Armoiries ; celuy de leur Uſage, & celuy de leur Hérédité, qui eft aſſuré & vient en conféquence de leur enregiſtrement.

Le droit de leur Uſage eft ſuffiſamment expliqué par cet article.

Ceux qui voudront néanmoins ſçavoir plus particulièrement comment ſ'entendent les droits Honorifiques dont il eft parlé, les peuvent voir dans les Auteurs qui en ont traité & principalement dans le Livre de Monſieur Maréchal, Avocat

Quant au droit de leur Patrimoine ou Propriété, il faut l'entendre avec cette diſtinction. L'enregiſtrement des Armes des

Chevaliers, Gentilshommes, & Nobles de race & extraction, ne leur donne pas un nouveau droit de Propriété, lequel leur est acquis par la naissance ; il ne fait que déclarer & manifester ce même droit que la Nature leur a donné, & leur en assurer la possession tranquille & les mettre à couvert des usurpations qui ont esté le sujet des plaintes si souvent faites aux Rois prédécesseurs de Sa Majesté, par la Noblesse du Royaume. Le Titre des Armoiries des Nobles est leur noblesse ; il ne leur en faut point d'autre pour raison de leur proprieté ; car *nul Noble sans Armes.*

Quant à ceux qui n'en ont aucun droit par leur naissance, ou par des Lettres expresses de concession, cet enregistrement leur sert de Titre, sans lequel ils ne peuvent les porter, ni se les approprier, ni s'en servir.

(b) Enfin, il ne faut pas par ce mot donné aux Armoiries d'*héréditaires aux descendans*, concevoir qu'elles fassent partie des effets à partager des successions ; en sorte que celuy qui les prend après la mort de son père & de ses ayeuls, fasse acte de leur héritier & puisse estre reputé ni poursuivi en cette qualité. L'article qui les dit héréditaires aux descendans, marque assez que c'est l'ordre de la filiation qu'on suit en matière d'Armoiries & non celuy des successions & du partage de leurs biens. Dans les successions on regarde la proximité du sang & ensuite elles se partagent suivant la disposition des Coutumes où elles sont ouvertes, ou des lieux où les biens sont assis, ou les dispositions des personnes décédées, si elles ont testé.

Mais dans les Armoiries on regarde l'ordre de primogéniture & de filiation. Ce n'est ni les Coutumes, ni les lieux, ni les dispositions particulières des décédez qui reglent le droit des Armes, c'est l'ordre & le droit de la naissance, *Arma sunt juris primogeniturœ,* c'est-à-dire de l'ainé, comme dit très-bien Tiraqueau, *nam confestim quando primus natus est, is sibi & posteris jus primogeniturœ veluti occupatione vindicavit, tam firmâ & certâ spe (si spes tamen sit appellanda) ut ne à patre quidem & principe sibi tolli possit.*

La proximité du sang peut se rencontrer en plusieurs personnes qui seront tous héritiers au même ou à différent titre; mais le droit de primogeniture est indivisible; il ne se partage point, il ne peut se trouver qu'en une seule personne, qui est l'ainé de chaque famille & il ne périt point tant qu'il y a des descendans mâles; & après la mort du dernier mâle de la branche de l'ainé, ce droit de primogeniture ou d'ainesse, à qui les Armes pleines & entières appartiennent, passe à la branche du second fils de celuy qui les a mises dans sa famille & de celuylà au troisième,

Uno avulso non deficit alter
Aureus & simili frondescit virga metallo.
VIRG.

La raison est que tous les frères font une branche, & chaque branche a son ainé; mais c'est toujours l'ainé de la ligne directe ou première branche, qui en a le droit, lequel il transmet à ses descendans *in infinitum*, à l'exclusion des ainez des autres branches ou lignes collaterales.

Ce même droit d'ainesse est si assuré à l'ainé de la seconde branche, en cas de défaut d'enfans mâles de la première, que le chef de cette première branche qui n'a point d'enfans mâles, ne peut pas au préjudice de ses frères, neveux & autres descendans mâles à l'infini de la seconde, à qui le droit de primogeniture appartient après luy, en disposer en faveur même des enfans mâles de ses filles, ni partant leur faire porter son nom & ses Armes pleines & entières, mais seulement écartellées, ou sur le tout, comme on pourra l'expliquer ailleurs plus amplement, ou par un Traité particulier.

C'est ainsi que doit s'entendre l'hérédité & le droit d'ainesse en matière d'Armoiries; *Arma*, dit Chassanée, *sunt tantœ virtutis quod transeunt in successores unius domus, seu agnationis*, indépendamment soit des successions, soit des biens des familles: parce que leurs biens peuvent passer dans des mains étrangères, sans cependant que la force des Decrets, des Lois, des Ordonnances, des Coutûmes, ni même celle des difpofitions particulières des père, mère, ayeuls, ou autres, puiffent priver des Armoiries de ces mêmes familles, ceux à qui le droit du fang les a données. Ce bien qui eft la récompenfe de la vertu, eft comme elle au-deffus du caprice de la Fortune, qui donne fouvent les autres biens aveuglément & les ôte de même ; mais celuy-cy eft à l'abri de fes coups, fuivant la penfée de Juvénal.

Spoliatis arma fuper funt.

(*c*) Ces nouveaux enregiftremens à chaque mutation des pères de famille, feront les occupations des Officiers prefentement créez, qui veilleront à ce que les Armes des pères paffent à leurs defcendans, lefquelles étant confirmées à ces derniers, après avoir juftifié leur filiation (preuve aifée à faire dans l'an du décès) établiront à l'avenir l'ordre des Généalogies de toutes les Maifons illuftres & de diftinction du Royaume ; en forte que l'Armorial general ne fera pas feulement, quant à préfent, un dépôt des marques d'honneur des familles & le repertoire de tous leurs noms & titres de dignité, mais encore celuy de leurs généalogies & filiations pour l'avenir, dont la preuve f'en fera par le blafon, qui eft la manière la plus ancienne, la plus noble & la plus ordinaire aux perfonnes des Maifons anciennes & diftinguées, pour fe faire connoître.

XVII.

A l'égard de celles des Païs d'Eftats, Provinces, Gouvernemens, Villes, Terres & Seigneuries & Autres armes de Domaine & de Poffeffion, enfemble de celles des Archevefchez, Evefchez & autres Bénéfices, & des Chapitres, Compagnies, Corps, Communautez & autres Gens de

main-morte, qui auront esté pareillement regiſtrées, elles leur feront propres & non fujettes à
aucun autre enregiſtrement, ſi bon ne femble
aux nouveaux Seigneurs, Propriétaires & Poſ-
feſſeurs.

L'article précédent a expliqué la qualité & les droits de la première eſpèce des Armoiries dont traite cet Edit, qui font celles des Familles. Celuy-cy explique ceux des autres eſpèces, qui font celles des Domaines & des Communautez, qui ne paſſent à perſonne à titre de patrimoine & d'hérédité, fans une conceſſion particulière du Prince, à moins d'être Seigneur & Noble de nom & d'armes; quoi-qu'elles puiſſent être cependant portées à titre de Dignité ou de Patronage, comme il va être expliqué.

Par les Armes de Domaine, on entend celles des Provinces, Villes, Terres & Seigneuries titrées & non titrées, dont jouit Sa Majeſté, ou les Seigneurs de ſon Royaume; leſquelles comme nobles & féodales, mouvantes médiatement ou immédiatement du Roy, doivent avoir des Armes particulières qu'elles ne peuvent recevoir que de luy. Ces Armes, fuivant les maximes les plus certaines en cette matière & l'ufage le plus univerſellement fuivi en Europe, leurs doivent être propres, en telle forte qu'elles ne puiſſent changer en quelques mains que paſſent ces Fiefs.

Il eſt vrai que leurs Seigneurs les pourront bien porter accollées avec les leurs, & que des unes & des autres ils pourront compofer les Sceaux & Cachets dont feront ſcellez les Actes emanez des Juſtices des mêmes Fiefs; mais les Seigneurs ne peuvent pas donner celles de leurs familles, pleines & feules à leurs Terres, qui en ont ou en auront de regiſtrées, fans la permiſſion de S. M. ou de la Grande Maitriſe: car ſi cela étoit, les Terres & Fiefs changeroient auſſi fouvent d'Armes que de Seigneurs; ce qui réfiſte à la nature des Armoiries qui doivent être permanentes, soit qu'elles appartiennent à des Familles, soit qu'elles appartiennent à des Villes, Terres, Seigneuries, &c.

Il est vrai que le Seigneur d'une Terre qui n'aura point d'Armes reçues à la Grande Maitrise, peut s'y pourvoir, & luy faire donner les siennes, lesquelles en ce cas demeureront incommutablement à cette Terre, en quelque main qu'elle passe, parce qu'elle ira avec cette charge, comme avec son nom, qui ne peuvent ni l'un ni l'autre se changer que par l'autorité du Prince; c'est-à-dire en France, de Sa Majesté, ou de la grande Maitrise dépositaire de son pouvoir Souverain à cet égard.

Les Armes des personnes aussi bien que celles des Terres, Seigneuries, Corps & Communautez peuvent devenir Armes de *Patronage* & de *Dignité*.

De Patronage, lorsqu'une personne en reconnaissance de quelque grande faveur, obtient la permission de porter avec ses Armes, celle de la personne à qui elle se croit beaucoup redevable ; comme les Cardinaux, qui souvent accolent ou écartellent les Armes du Pape qui les a fait tels, avec les leurs

De Dignité, quand les Officiers des Villes, des Corps & des Communautez en portent les Armes, ou leurs principales pièces & Ornemens, avec celles de leurs familles.

Par les Armes de Communauté, on entend celles des Corps, Compagnies, & autre gens de main-morte qui ne tiennent pas le moindre Rang dans le Royaume. Le grand nombre des Officiers, de Gens de Lettres, des Ecclesiastiques, & d'autres Personnes Seculières & Régulières qui composent des Corps & des Compagnies, en relèvent autant l'excellence & la dignité, que le bon ordre de ces mêmes Corps, & le mérite de ceux qui les forment, en font l'honneur & la gloire.

L'examen & la discussion du Blason des Armoiries des gens de main-morte, n'est pas de la même conséquence que celle des Armes des Familles, parce que ces dernieres sont sujettes à beaucoup de variation & de différences, à cause des brisures que les Puinez peuvent prendre pour diftinguer leurs Maifons particulières dont ils font les premiers chefs, de celles de leurs Ainez qui font les chefs de leur famille commune.

Mais celles-cy, auffi bien que celles des Domaines dont il vient d'être parlé, font à couvert de toute altération, parce que quelque changement qui arrive à l'égard de ceux qui compofent ces Corps & Compagnies & qui les gouvernent, les Armes font toujours les mêmes, toujours ftables & permanentes.

Quant à la néceffité qu'ils ont d'en avoir, elle fe découvre :

1º Par le grand nombre d'Actes qui émanent d'eux, qui feroient fans autorité & fans crédit, f'ils n'avoient le Sceau de leurs Armes.

2º Par la multiplicité de ces Corps, que ces mêmes Armes diftinguent ; (car c'eft une de leurs propriétez de diftinguer & ce fut une des caufes de leur inftitution :) elles ont toujours été depuis à l'égard des Familles, des Villes, Corps & Communautez, ce que les noms font à l'égard des Hommes.

3º Parce que ces Armes regardent fubordinairement & par réflexion les Gouverneurs des Provinces; ceux des Villes, leurs Capitaines, Maires & autres Officiers; les Seigneurs propriétaires & poffeffeurs des Fiefs, Terres & Seigneuries; les Dignitez & Officiers des Cours, Compagnies & Communautez, qui font tous en droit de demander permiffion de les porter accollées, parties, écartellées, ou autrement avec les leurs; comme les Hiftoires nous apprennent qu'il f'eft pratiqué dès le commencement que les Armoiries vinrent en ufage, & comme il fe pratique encore préfentement, tant dedans que dehors le Royaume, lefquelles Armes en ce cas font Armes *de Dignité.*

Rien n'eft plus ordinaire dans l'ufage du Blafon que ces fortes d'Armoiries de Dignité, de poffeffion & de Domaine, & même celles de prétention. *Exemple :* Le Roy porte accollé de Navarre, & écartelé de France & de Béarn, fur les efpèces frappées à Pau; & de France & de Bourgogne, ancienne &

nouvelle, fur les efpèces frappées à Lille en Flandre; de même l'Efpagne a des cartiers de Caftille, de Léon, d'Aragon, de Grenade, de Sicille, &c ; ainfi des autres Royaumes. Ce font armes de Domaine & de poffeffion.

L'Angleterre écartelle au premier & quatrième de France & d'Angleterre, (à caufe de la ridicule prétention d'Edouard troifième;) au fecond d'Ecoffe, & au troifième d'Irlande : Ce font Armes de prétention.

Les Electeurs mêmes écartellent quelquefois les Armes de leurs dignitez avec celles de leurs Maifons; Bavière, le Globe Impérial; Saxe, l'Epée; Brandebourg, le Sceptre; le Palatin, la Couronne; ce font Armes de Dignité de leurs Offices.

Autrefois tous les Evêques & Abbez écartelloient ou portoient accollées avec leurs Armoiries celles de leurs Eglifes.

Il y a beaucoup d'Armoiries de Souverains & de Seigneurs, qui font compofées de celles de leurs Maifons, & de celles de leurs Terres & Seigneuries, quand particulièrement ces Terres font titrées, foit qu'ils les ayent, ou qu'ils les ayent eües, ou qu'ils y ayent droit, ou prétention; les exemples en font infinis.

Les Ducs de Savoye portent de Chipre, de Jérufalem, de Saxe, de Weftphalie & d'Hongrie. Il y a peu d'Armes de Souverains, qui ne foient aujourd'hui écartellées, par la raifon de la multiplicité de leurs Fiefs, Seigneuries & Domaines, parce que le bon ordre veut que leurs Ordonnances ne foient reçues dans les Provinces où ils les envoyent, que fous la foy & l'autorité du Sceau de leurs Armes.

C'eft pourquoy le Roy, quoi-que plus puiffant & plus abfolu dans fon Royaume que tous ceux de l'Europe, ne laiffe pas de faire contre-fceller les Edits, Déclarations, & autres Lettres qu'il envoye dans le Dauphiné, l'Alface & ailleurs, du Sceau de ces mêmes Provinces, fans quoy elles eftimeroient que ces Ordonnances feroient pour d'autres Païs que le leur.

Auffi c'eft de la *compofition des Armes des Familles des*

Seigneurs, & de celles de leurs Seigneuries, que les Sceaux de leur Juſtice doivent être faits, afin que l'on connoiſſe en même temps & de quelle Juſtice & de quel Seigneur viennent les Actes.

Il en eſt de même des Archevêchez, Evêchez, Abbayes, & autres Communautez. Un Archevêque qui scelle des Proviſions, Mandemens, Commiſſions, ou autres Actes du Sceau de ſes Armes, ſans y joindre celles de ſon Archevêché, ſemble vouloir donner en ſon nom particulier ou au nom de ſa Famille, des Bénéfices & autres emplois, qu'il ne donneroit pourtant pas ſ'il n'étoit Archevêque.

On vit dans cet abus, qui n'eſt pas ſupportable; & c'eſt un effet de l'ambition, pour ne point dire de l'orgueil, qui nous fait préférer nos Familles, c'eſt-à-dire nos perſonnes, à l'honneur & à la dignité des charges, dignitez ou commiſſions dont nous ſommes revêtus. Il ſemble que nous voulions leur donner du relief par nos Armes propres, & que nous craignons en joignant les leurs aux notres, d'entrer en comparaiſon & parallèle avec elles.

XVIII.

Attribuons aux Officiers préſentement créez, les droits d'enregiſtrement des Armoiries, payables par les Parties, ſuivant le Tarif cy-attaché; & en outre, cent cinquante mil livres de gages annuels & effectifs à répartir entr'eux; ſçavoir: à ceux de la Grande Maiſtriſe, pour trois quartiers, & à ceux des Maiſtriſes particulières pour deux quartiers, à les avoir & prendre ſur les Recettes générales de nos Finances & Domaines.

Il a efté dit ci-devant, que le préfent que Sa Majefté fait du droit d'Armoiries eft gratuit; cela eft vray : La nobleffe & l'honneur de la chofe donnée, la grandeur & la dignité de la Perfonne qui donne le demandent ainfi. Les droits dont il eft parlé par cet Edit, ne font point pour Sa Majefté ; elle les attribue aux Officiers créez pour tenir la main à fon exécution : ce font les profits de leurs Charges, c'eft donc à eux qu'ils appartiennent.

Et, comme ces droits f'entendent de tout ce qui précède & fuit l'enregiftrement des Armoiries, dont la procédure eft expliquée aux articles 13. & 14. cy-deffus, (c'eft-à-dire de leur préfentation aux Bureaux des Maitrifes particulières, de leur réception à la Grande Maitrife, de leur enregiftrement à l'Armorial général, de l'expédition de leurs Brevets, & du falaire des Peintres qui travailleront à leur Blafon, qui fera tant aux Regiftres de l'Armorial, que fur les Brevets;) on découvre par là que l'intention de Sa Majefté a été de régler ces droits, de manière que les parties qui les configneront d'abord, ne foient point expofées à aucuns frais, ni à aucunes pourfuites & procédures de la part de qui que ce foit.

Elle a même porté fes vues plus loin en faveur de fes Sujets; car fi la néceffité de charger les gens d'affaires de l'exécution de cet Edit, & de leur abandonner les droits attribuez aux fonctions qu'ils feront faire des Charges en attendant la vente, leur a fait accorder les deux fols pour livre, même trente fols pour les frais du Blafon; elle a eu la fage précaution de dire, que cette augmentation ne feroit due que pour les premiers enregiftremens, & non pour ceux qui fe feront après aux mutations des Pères de Familles.

XIX.

Avons annobli & annobliffons ceux qui feront pourveus des Offices de nos Confeillers, Lieutenant Général, Lieutenant Particulier, Garde de l'*Armorial Général*, & Procureur Général de la Grande Maiſtriſe ; enſemble leurs femmes, enfans, poſtérité, lignée, nez & à naiſtre, en légitime mariage, pourveu toutefois qu'ils ayent exercé ces Charges pendant vingt ans, ou qu'ils ſoient decédez revêtus d'icelles.

La raiſon & la bienſéance veulent que des Officiers qui vaqueront ſans ceſſe aux affaires les plus précieuſes des Nobles, ne ſoient pas du moins inférieurs en cette qualité à ceux dont ils feront les Juges.

Ces quatre Officiers qui ſont après le Grand Maître et le Grand Bailly les quatre dignitez de la Grande Maitriſe, méritent d'autant plus cet honneur, que d'eux, il ſe répand ſur les autres Officiers qui les ſuivent, & qu'ils préſident tant aux Audiences publiques qu'à leurs Aſſemblées particulières.

Le temps de vingt années d'exercice, ou le décès de ceux pourvus de ces Charges, arrivé pendant qu'ils en ſeront revêtus, fait connoitre que cette Nobleſſe eſt à l'imitation de celle des Secrétaires du Roy.

XX.

Jouiront les autres Officiers préſentement créez, des meſmes privileges, exemptions & droits que ceux dont jouiſſent les Officiers des Sieges Preſidiaux.

Tout le monde ſçait, ou peut ſçavoir ſans le ſecours d'aucun commentaire, en quoy conſiſtent les droits, priviléges & exemptions des Siéges Préſidiaux.

XXI

Nous nous réfervons de commettre aux Offices du Grand Maiftre & du Grand Bailly à chacune mutation. Et à l'égard des autres Offices créez par le préfent Edit, ceux qui en feront pourveus en jouiront héréditairement, fans que, leur décès arrivant, lefdits Offices puiffent eftre déclarés vaccans, domaniaux, ni fujets à aucune revente; à la charge néanmoins de nous payer à chaque mutation le vingtième denier de la première finance, qui ne pourra eftre augmenté à l'avenir, fous quelque prétexte que ce foit.

Le vingtième de la première finance qui fera payé à chaque mutation, eft une espèce de droit de furvivance, auffi pareil à celuy que payent les Secrétaires du Roy, lequel affurera l'hérédité des Offices créez par l'Edit.

XXII.

Les Provifions defdits Offices feront fcellées & expédiées en noftre Grande Chancellerie, la premiere fois fur la quittance du Treforier de nos Revenus cafuels, & dans la fuite fur la démiffion des Titulaires, ou de leurs Veuves ou ayans-caufe; quittances du vingtième denier & du marc d'or.

XXIII.

Le Grand Maiſtre preſtera le ſerment entre nos mains ; le Grand Bailly ſera receu en la Grande Maiſtrife, & preſtera le ſerment entre les mains de noſtre Chancellier & du Grand Maiſtre ; & tous les autres Officiers ſeront receus, & preſteront le ſerment en la Grande Maiſtrife, ou ſeront par elle renvoyez pardevant les Officiers des Provinces, qu'elle commettra à cet effet, en cas d'abſence ou d'éloignement.

XXIV.

Déclarons les Offices préſentement créez, compatibles avec tous autres, tant d'Epée que de Robe, de Finance & des Villes, & tant de nos Conſeils, Parlemens, Chambres, Cours & Juriſdictions Supérieures, que des Préſidiaux, & autres Juſtices de noſtre Royaume, Païs, Terres & Seigneuries de noſtre obéiſſance. Permettons à tous Graduez & non Graduez qui auront les qualitez requiſes, de les lever, ſ'en faire pourvoir, ſ'y faire recevoir, & de les tenir, poſſéder & exercer conjointement avec ceux dont ils ſont déjà & ſeront reveſtus.

Comme cette Grande Maitrife eft la Jurifdiction qui connoit des marques d'honneur de toutes les autres, il eft raifonnable que leurs Officiers y foient admis, fans obligation d'obtenir aucunes Lettres de compatibilité & qu'elle foit compofée de graduez & non graduez perfonnes capables, c'eft-à-dire des perfonnes de mérite & de diftinction de tous les états.

XXV.

Et en attendant que Nous ayons pourveu aufdits Offices, Nous nommerons des Commiffaires de noftre Confeil & autres, pour faire les fonctions de ceux de la Grande Maiftrife, & nos Commiffaires départis dans les Provinces, pour celles des Officiers des Maiftrifes particulières

Si donnons en mandement à nos amez & féaux Confeillers, les gens tenans noftre cour de Parlement à Paris, que le préfent Edit ils ayent à faire enregiftrer, & le contenu en iceluy exécuter de point en point felon fa forme & teneur, ceffant & faifant ceffer tous troubles & empeschemens contraires, nonobftant tous édits, déclarations, ordonnances, règlemens, arrefts & autres chofes à ce contraires; aufquelles nous avons dérogé & dérogeons par noftre dit préfent édit, aux copies duquel collationnées par l'un de nos amez & féaux confeillers & secrétaires, voulons que foy foit ajoutée comme à l'original; car tel eft noftre plaisir ; & afin que ce soit chose ferme & stable à toujours, nous y avons fait mettre nostre scel.

Donné à Versailles au mois de novembre, l'an de grâce 1696, & de nostre règne le cinquante-quatrième.

Signé : LOUIS;

Et plus bas : Par le Roy, Phelypeaux. *Visa :* Boucherat; *& scellé du grand sceau de cire verte.*

Ces quatre derniers articles s'entendent assez, sans le secours d'aucunes notes.

Regiſtré, ouy, & ce requérant le Procureur Général du Roy, pour estre exécuté selon sa forme & teneur, & copies collationnées, envoyées dans les siéges, bailliages & seneschauſſées du reſſort, pour y estres leues, publiées & regiſtrées. Enjoint aux substituts du procureur général du Roy d'y tenir la main & d'en certifier la Cour dans un mois, suivant l'arrest de ce jour.

A Paris, en Parlement, le 28 *novembre* 1696,
Signé : Dujardin.

Regiſtré en la Chambre des Comptes, ouy & ce requérant le Procureur Général du Roy, pour estre exécutées selon leur forme & teneur, les Bureaux assemblez, le 26 novembre 1696.
Signé : Richer.

Tarif des droits que le Roy, en son Conseil, veut et ordonne estre payez pour les droits d'enregistrement des Armoiries, en exécution de l'Édit du présent mois.

	Livres.
Pour l'enregistrement des armoiries de chacune personne...	20
Pour l'enregistrement de celles des provinces, pays d'Estats & grands gouvernemens..........	300
Pour celles des villes où il y a archevesché, évesché ou compagnie supérieure..........	100
Pour celles des autres villes..........	50
Pour l'enregistrement des armoiries des duchez & pairies, s'il est demandé..........	50
Pour semblable enregistrement de celles des comtés & marquisats..........	40
Pour semblable enregistrement de celles des vicomtez, baronnies ou vidamies..........	30
Pour semblable enregistrement des fiefs & terres qui ont haute, moyenne & basse justice..........	20
Pour semblable enregistrement de celles de ceux qui ont moyenne ou basse justice..........	18
Pour l'enregistrement de celles des simples fiefs, s'il est pareillement demandé..........	15
Pour celles des archeveschez, maisons chefs-d'ordres & universitez..........	100
Pour celles des éveschez, chapitres des cathédrales & abbayes..........	50
Pour celles des autres chapitres, prieurez, maisons conventuelles & régulières, commanderies & autres bénéfices qui ont droit de nomination & autres droits publics..........	25
Pour l'enregistrement de celles de tous autres bénéficiers..	15
Pour l'enregistrement des armoiries des corps des compagnies supérieures, s'il est demandé..........	100
Pour pareil enregistrement de celles des corps de villes, offices & communautez laïques & séculières, & d'arts & mestiers establis dans les villes où il y a des archeveschez, éveschez ou compagnies supérieures..........	50

	Livres.
Et pour l'enregiſtrement de celles des autres corps, compagnies & communautez, ſ'il eſt auſſi demandé............. .. 25

Outre lesquelles ſommes cy-deſſus, il ſera payé pour les premiers enregiſtremens les deux ſols pour livre d'icelles.

Fait & arreſté en Conſeil royal des finances, tenu par Sa Majeſté à Verſailles, le 20ᵉ novembre 1696. Collationné.

Signé : DE LAISTRE.

Cet édit, rendu dans les premiers jours de novembre, fut suivi de plusieurs autres édits et arrêts du conseil dont nous ne donnerons que le sommaire, afin de ne pas trop fatiguer le lecteur (1).

Arrêt du Conseil du 20 novembre 1696 qui charge Mᵉ Adrien Vanier du recouvrement des droits de finance pour l'enregistrement des armoiries dans l'*Armorial Général*, le 20 novembre 1696.

Réception des cautions d'Adrien Vanier au greffe du Conseil d'État, le 5 décembre 1696.

Arrêt qui ordonne que les droits d'enregistrement des armoiries et les trente sols pour frais du brevet avec blason colorié, seront versés entre les mains de Mᵉ Adrien Vanier ; 20 novembre 1696.

Arrêt du 18 décembre 1696 qui confère à Charles d'Hozier les fonctions de garde de l'*Armorial Général* de France (2).

(1) Voir pour la teneur de ces édits et arrêts, l'*Armorial de Flandre, du Hainaut et du Cambresis*, par M. Borel d'Hauterive, Paris 1856, grand in-8°.

(2) C'était lui qui délivrait les brevets d'armoiries dans la forme suivante :

Arrêt du Conseil qui proroge jusqu'au 1ᵉʳ février 1697 les délais pour l'enregistrement des armoiries; 22 janvier 1697.

Autre arrêt du Conseil en date du même jour par lequel le Roi ordonne que les femmes veuves ou mariées seront tenues de faire enregistrer leurs armes propres et de payer 20 livres pour le droit de les porter séparément ou accolées. Il fallait donc payer la somme de 40 livres pour l'enregistrement des blasons du mari et de la femme. Le mot *bis*, placé à la suite du numéro de l'article, indique cette double taxe. Voyez page 92, article 6 et page 94, article 15, etc.

Nouvel arrêt du Conseil, du 5 mars 1697, qui prescrit l'enregistrement des armoiries pour toutes personnes qui, étant *majeures et non mariées*, prétendent qu'il suffit que leurs père et mère, encore vivants aient fait enregistrer leur blason.

Édit du 19 mars 1697, qui ordonne la recherche de ceux qui ont fait effacer leur blason sur leurs voitures, leur vaisselle et leurs cachets, soit afin de se soustraire au payement du droit de finance, soit pour éviter d'être inquiétés au sujet des armoiries dont ils ne pourraient justifier la possession, et qui suspend l'enregistrement des armes où il y a des fleurs de lis d'or en champ d'azur.

Par ordonnance rendue le...... par MM. les commissaires généraux du Conseil deputez sur le fait des armoiries;

Celles de........

Telles qu'elles sont ici peintes et figurées après avoir esté receues, ont esté enregistrées à l'*Armorial Général*, dans le registre cotté Généralité de..... en conséquence du payement des droits reglés par les tarif et arrest du Conseil du 20ᵉ de novembre de l'an 1696. En foy de quoi le présent brevet a esté délivré à Paris par nous Charles d'Hozier, conseiller du roy et garde de l'*Armorial Général* de France, etc.

Signé : d'Hozier.

Nouvel arrêt du Conseil du 3 décembre 1697, qui ordonne de nouvelles mesures pour contraindre d'office les récalcitrants à fournir une description de leur blason, et à payer les droits d'enregistrement dans la huitaine de la publication des rôles qui en seront dressés.

Édit qui supprime la grande maîtrise et les maîtrises particulières chargées de dresser l'*Armorial Genéral*, du mois d'août 1700.

Édit qui rétablit la charge de juge d'armes, avril 1701.

Arrêt du Conseil du 9 mars 1706, qui confère à Charles d'Hozier le droit de réformer les armoiries qui, ayant été enregistrées, seraient mal prises, mal données ou mal expliquées dans l'*Armorial Général*.

La création de l'*Armorial Général* fut comme le complément de la recherche de la noblesse qui avait été commencée en 1666, suspendue quelques années après, reprise de nouveau en 1696 et terminée par un arrêt du Conseil d'État du 26 juin 1718.

L'*Armorial Général* étant alors considéré comme complet et tout à fait terminé, les registres authentiques de ce recueil furent déposés au cabinet des titres, fondé en 1711 dans la bibliothèque du Roi, où ils ont été conservés jusqu'à aujourd'hui.

Cependant d'Hozier, avant de livrer les registres originaux, avait eu soin d'en faire faire une copie exacte et littérale qu'il conserva pour lui. Ce second exemplaire resta la propriété de la famille d'Hozier jusqu'en 1851, où la bibliothèque alors nationale, qui était déjà en possession des registres officiels acheta cette copie au dernier rejeton mâle de cette famille. La communication de ce second exemplaire, unique moyen de constater les fraudes qui pourraient être faites, soit en grattant ou effaçant certains mots et passages, soit en rectifiant l'orthographe des noms propres ou la description des armes, est complétement interdite au public (1).

Cet *Armorial Général* contient non-seulement le blason des personnes, mais aussi celui des villes, des communautés, des chapitres, des corporations, etc., et il donne une date certaine à la possession des armoiries par les familles.

Il est à remarquer que par suite de déplacement ou de changement de résidence, on retrouve souvent le blason d'une famille dans un registre autre que celui où l'on croirait devoir le rencontrer : ceci provient de ce que les armoiries ont été enregistrées dans la généralité où les personnes se trouvaient à cette époque.

L'Armorial Général est, sans contredit, de tous les recueils héraldiques le seul qui ait un caractère officiel. Il se compose de trente-quatre volumes ou registres *in-folio* de texte et de trente-cinq volumes contenant les armoiries coloriées, et embrasse toute la France divisée par généralités ou intendances. Sans doute que la plupart des personnes qui ont travaillé à la rédaction de ce volumineux

---

(1) Nous avons pu constater un certain genre d'industrie exercée par des faussaires qui avaient acheté des brevets d'armoiries. Soit que les noms des personnes auxquelles ils étaient destinés fussent restés en blanc, soit qu'ils eussent été lavés par des procédés chimiques, ils les revendaient à des familles dont on avait auparavant écrit le nom sur les brevets. Quelquefois ils étaient ainsi falsifiés par les personnes mêmes qui voulaient s'approprier ces armoiries. (Voir le modèle de ces brevets donné ci-devant page 82). Mais en comparant le brevet avec le registre officiel, on reconnaît aisément la fraude. Ainsi, j'ai vu un brevet portant le n° 1021 qui avait été délivré à Jean Berthe, libraire à Marseille, et qui aujourd'hui porte le nom et est entre les mains d'une autre famille de cette ville.

recueil étaient loin de connaître parfaitement la science héraldique, et soit négligence ou ignorance de leur part, il en est résulté que la description des Armoiries y est généralement incorrecte et surchargée ; ainsi lorsque le champ de l'écu est chargé de trois pièces posées deux et une, les registres de l'Armorial ne manquent jamais de l'exprimer, ce qui est superflu ; de même lorsqu'un chevron, une fasce, etc., sont accompagnés aussi de trois mêmes pièces, on a toujours eu soin d'ajouter fort inutilement, deux en chef et une en pointe.

Nous avons donc cru, tout en conservant scrupuleusement le texte de l'Armorial, corriger ou retrancher les mots qui nous ont paru impropres ou inutiles. Les noms de familles ou de lieux y sont très-souvent altérés ou estropiés ; nous avons mis entre parenthèse toute correction qui nous a paru nécessaire à ce sujet.

Quant au rang des cahiers, nous avons jugé devoir les classer dans l'ordre suivant :

1° Armoiries envoyées par les personnes et communautés et admises sans délai par les bureaux établis pour l'exécution de l'*Armorial Général*.

2° Armoiries dont la réception fut sursise parce qu'elles avaient des fleurs de lis d'or sur champ d'azur.

3° Armoiries dont la reception fut sursise, soit parce qu'elles n'avaient pas été envoyées à temps, ou parce qu'elles avaient été mal figurées, ou expliquées.

4° Armoiries données par d'Hozier, parce qu'on avait négligé d'en fournir la figure ou explication quoiqu'on eût payé les droits d'enregistrement.

Le nombre des armoiries enregistrées pour la ville de Marseille s'élève à dix-sept cent, et le produit des droits de finance perçus, sans les deux sous pour livre, à trente-cinq mille cent quatre-vingt-quinze francs.

ARMORIAL

DE

LA VILLE DE MARSEILLE.

ARMORIAL

DE LA VILLE DE MARSEILLE

RECUEIL OFFICIEL DRESSÉ PAR LES ORDRES DE LOUIS XIV

ESTAT DES ARMOIRIES DES PERSONNES ET COMMUNAUTEZ DENOMMÉES CY-APRÈS ENVOYÉES AUX BUREAUX ESTABLIS PAR M. ADRIEN VANIER, CHARGÉ DE L'EXÉCUTION DE L'EDIT DU MOIS DE NOVEMBRE 1696, POUR ESTRE PRESENTÉES A NOSSEIGNEURS LES COMMISSAIRES GÉNÉRAUX DU CONSEIL DEPUTEZ PAR SA MAJESTÉ; PAR ARRÊTS DES QUATRE DÉCEMBRE AUDIT AN ET VINGT-TROIS JANVIER 1697.

Les armoiries de Marseille, placées en tête de la page précédente, ont été tirées d'un manuscrit in-folio sur velin, du xive siècle, conservé aux archives de la ville et appelé le Livre rouge, à cause de la couleur de sa couverture. C'est une copie inachevée des statuts; elles ont été dessinées et réduites avec le plus grand soin, pour la première fois, par M. F. Laugier, sous-bibliothécaire attaché au cabinet des médailles de la ville, dont le talent est avantageusement connu par les différents travaux qu'il a exécutés jusqu'à ce jour avec la plus grande habileté.

GÉNÉRALITÉ D'AIX

MARSEILLE

SUIVANT L'ORDRE DU REGISTRE NUMÉRO PREMIER.

1. François-Charles de VINTIMILLE, marquis du Luc, la Marthe (la Martre)., etc, commandeur de l'ordre militaire de Saint-Louis, lieutenant du Roy en Provence et capitaine d'une des galères de Sa Majesté (1) :

De gueules, au chef d'or ; écartelé, de gueules, au lion d'or, couronné de même.

2. Jean-Louis HABERT, chevalier, seigneur de Montmor, comte du Mesnil-Habert, les Layes et

(1) François-Charles de Vintimille des comtes de Marseille, etc., etc. Chevalier des ordres du Roi, commandeur de l'ordre militaire de Saint-Louis, après avoir fait plusieurs campagnes, tant sur terre que sur mer, servit dans la première compagnie des mousquetaires commandée par le bailli de Forbin, son oncle, et reçut, à la bataille de Cassel un coup de mousquet dans le bras droit qu'il fallut lui couper. A partir de cette époque il prit le parti de servir sur mer, et le Roi le nomma capitaine d'une de ses galères et commandeur de l'ordre de Saint-Lazare. Il fut nommé ambassadeur en Suisse, en 1708, puis à Vienne, près l'empereur Charles VI, en 1715 ; conseiller d'État et d'épée, et chevalier des ordres du Roi en 1724. Il mourut le 19 juillet 1740, en son château de Savigni, dans la 88e année de son âge. Il avait épousé, le 13 juin 1674, Louise-Marie-Charlotte de Forbin, sa cousine germaine, fille de François de Forbin, marquis de la Martre, et de Marguerite de Simiane-Gordes.

autres lieux, conseiller du Roy en ses conseils, intendant général de justice, police et finances des galères de France et fortifications de Provence, et conseiller d'honneur au Parlement d'Aix (1) :

> D'azur, au chevron d'or, accompagné de trois aniles d'argent ; écartelé, d'azur, à trois membres de griffon d'or.

3. Henri le BOUTHILLIER de RANCÉ, chevalier de l'ordre de Saint-Jean-de-Jérusalem, capitaine de galères et du port de Marseille (2) :

> D'azur, à trois fusées d'or, posées en fasce ; au chef de gueules, chargé d'une croix d'argent.

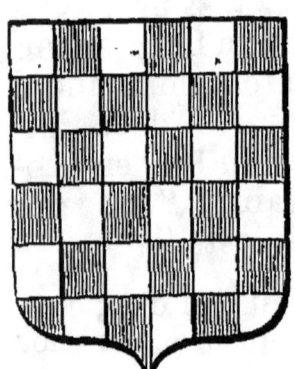

4. Louis-Nicolas de VENTO, marquis des Pennes :

> Echiqueté d'argent et de gueules.

5. Jean LAURENS, marchand :

> D'azur, à un dextrochère de carnation vêtu de gueules, paré d'argent, mouvant du flanc d'une nuée de même, tenant une épée en pal aussi d'argent, la garde et la poignée d'or, accostée en chef d'un soleil d'or à dextre et d'une lune en croissant d'argent à sénestre.

6 bis. Michel le VASSEUR, contrôleur général

---

(1) Jean-Louis Habert épousa, le 16 janvier 1700, N. de la Reynie, fille de Gabriel-Nicolas de la Reynie, conseiller d'Etat ordinaire.

(2) Henri le Bouthilier de Rancé, né le 7 octobre 1634, était frère du célèbre abbé de la Trappe. Il fut fait chef d'escadre des galères en 1701, et lieutenant général au mois de septembre 1718, charge qui fut créée en sa faveur pour récompense de ses longs services. Il mourut le 14 mars 1726, dans la 92e année de son âge.

— 93 —

des galères de France, et Catherine CARRIÈRE, sa femme :

> D'azur, à un levrier courant d'argent sur une terrasse de même, surmonté de trois étoiles aussi d'argent, rangées en chef; *accolé* : d'azur, à trois roses d'argent, tigées et feuillées de même, surmontées d'un soleil d'or.

7. André DANTAN, trésorier des troupes à Marseille :

> De pourpre, au chevron d'or, accompagné de trois roses de cinq feuilles d'argent; au chef cousu de gueules, chargé de trois besans d'or.

8. La VILLE de MARSEILLE :

> D'argent, à la croix d'azur.

9. Claude BAGUET, seigneur de la Condamine, agent de S. A. R. de Savoie :

> D'azur, à deux lances d'or, passées en sautoir, accompagnées de quatre annelets d'argent.

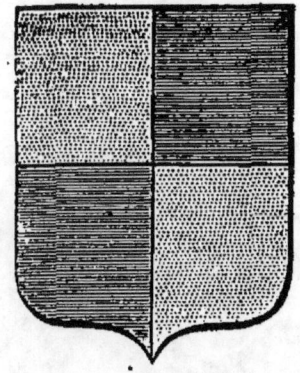

10. Jacques de CANDOLLE :

> Ecartelé d'or et d'azur.

11. Jérôme d'AUDIFFRET, conseiller du Roy, lieutenant-général civil et criminel en la marine et amirauté des mers du Levant de la ville de Marseille :

D'or, au chevron d'azur, chargé de cinq étoiles d'or, accompagné en pointe d'un faucon la tête contournée de sable, grilleté d'or et longé de gueules, perché sur un rocher de sable mouvant de la pointe; à la bordure crenelée de sable brochant sur le tout.

12. Antoine GIBERT, garde magasin des vivres des galères :

D'azur, à un arbre d'or sur une terrasse de sable, et un geai au naturel perché sur le sommet de l'arbre.

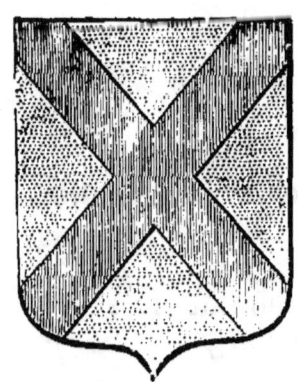

13. Jean-Baptiste de JARENTES, seigneur de Venelles :

D'or, au sautoir de gueules.

14. Louis de ROMIEU, seigneur de Fox (Fos) :

D'or, à une gibecière ou bourse de pélerin d'azur, liée et houppée de même, chargée en cœur d'une coquille d'argent.

15 bis. François d'ESGUISIER, des Tourres, et **Claire d'ANTOINE**, sa femme:

Écartelé, aux 1er et 4e, d'azur, au cœur d'or, surmonté d'une comète de même et soutenu d'un croissant d'argent; aux 2e et 3e, d'azur, à six besans d'or, posés trois, deux et un; au chef cousu de gueules; *accolé*: d'azur, au lion d'or, lampassé de gueules, rampant contre un arbre arraché d'or; écartelé, d'azur, au chevron abaissé d'or, accompagné en chef d'un soleil de même et en pointe d'une tige de trois épis aussi d'or, mouvante d'un croissant d'argent.

16. Françoise du BOSQUET, veuve de Jean PAUL, avocat, à présenté l'armoirie qui porte:

D'azur, à trois pals d'or.

17. 18. A expliquer plus amplement.

19. Louis de MONTOLIEU, chevalier, chef d'escadre des galères :

Fascé d'or et d'azur de six pièces.

20. Pierre-Dominique de RAPHAELIS DE SOISSANS, seigneur de Saint-Sauveur, capitaine, commandant une des galères du Roy et gouverneur de la ville du Buis en Dauphiné :

Parti: au 1er, d'or, à une croix potencée d'azur, coupé d'azur, à un roc d'échiquier d'argent; au 2e, d'azur, à une tour crénelée d'or, donjonnée de trois tourelles de même, maçonnée de sable, surmontée de trois rocs d'échiquier d'argent rangés en chef.

21. Henri de JARENTE, chevalier :

D'or, au sautoir de gueules.

22. Pierre de SACCO, escuyer :

Coupé d'argent et de sable..

23. Ambroise NANCÉEL, marchand :

D'argent, au chevron d'azur, accompagné de trois cœurs de gueules.

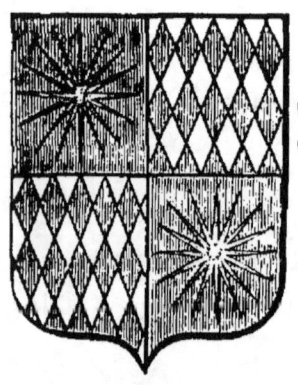

24. Maurice de GRIMALDY, comte de Beuil, capitaine d'une des galères du Roy :

Ecartelé, aux 1" et 4", de gueules, à une étoile de seize rais d'or ; aux 2° et 3°, fuselé d'argent et de gueules.

25. Jeanne du PUGET, veuve de N.... SOLLE :

D'argent, à une vache passante de gueules, sommée d'une étoile d'or entre les deux cornes.

26. Alphonse LATIL :

D'azur, à une colombe s'essorant d'argent, becquée et membrée de gueules, portant en son bec un rameau d'or, surmontée de trois étoiles de même rangées en chef, et soutenue d'un croissant d'argent.

27. François PELET de MOISSAC :

D'azur, au chevron d'or, accompagné de trois roses d'argent.

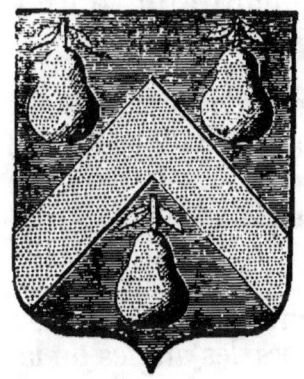

28. François de PELLICOT (1):

D'azur, au chevron d'or, accompagné de trois poires tigées et feuillées de même.

29. N..... de MONFURON (Montfuron) VALBELLE, abbé :

D'azur, à un levrier rampant d'argent.

30. Roch BOUGUIN (Bouquin) :

De gueules, à deux pals fascés chacun de huit pièces d'or et de sable.

31. Gaspard MAURELLET, propriétaire de la raffinerie establie à Marseille et négociant :

D'azur, à deux chevrons d'argent ; au chef d'or.

32. Jean ABEILLE :

D'azur, au chevron d'or, accompagné de trois abeilles de même.

33. Claude BEUF, commissaire des galères :

D'argent, au chevron d'azur, accompagné de trois rencontres de beuf de gueules.

---

(1) Maintenu dans sa noblesse par ordonnance rendue le 20 juin 1706. Archives départementales des Bouches-du-Rhône, registre Lebret, fond de l'intendance, recherche des faux nobles. Il était neveu de Boniface de Pellicot, cité plus loin à l'article 98.
  Les armes de cette famille telles qu'elles sont décrites et figurées ici, diffèrent en partie de celles que lui donnent Robert de Briançon, Artefeuil et Octave Teissier, qui sont : d'azur, à une fasce d'argent accompagnée de trois poires d'or, tigées et feuillées de même.

34. Jacques de SAVONNIERES, capitaine d'une des galères du Roy :

> De gueules, à la croix patée alaizée d'or, chargée en cœur d'une étoile d'azur ; à la bordure d'or.

35. Henri SBONSKY de PASSEBON, capitaine de galère :

> De gueules, à une écharpe d'argent, posée en cercle, nouée et les bouts pendants vers les angles de la pointe.

36. Jean SABRIER, marchand :

> D'azur, à deux sabres d'argent passés en sautoir, les gardes et poignées d'or, surmontés de trois étoiles de même rangées en chef.

37. Pierre CHARLES, munitionnaire général des vivres de la marine :

> D'azur, à six besans d'or posés trois, deux et un.

38 *bis.* Jean-Baptiste MILHAU, trésorier des vivres des galères et Catherine CHARLES sa femme :

> D'or, à deux lions affrontés de gueules, rampant contre un arbre de sinople terrassé de même ; *accolé :* d'azur, à six besans d'or posés trois, deux et un.

39. Jean-François CROISET, escuyer, conseiller du Roy, commissaire général des galères de sa Majesté :

> D'azur, à une fasce d'or, surmontée de trois croisettes de même rangées en chef et accompagnée en pointe d'un cygne d'argent, becqué de sable, nageant dans une rivière de même.

40. Jean de RAIMONDIS DE COMBAUD, capitaine d'une des galères du Roy :

D'or, à trois fasces d'azur, deux haussées et une abaissée en pointe, celle-ci surmontée de trois aiglettes; le vol abaissé de sable.

41. Gaspard de FORBIN de GARDANNE :

D'or, au chevron d'azur, accompagné de trois têtes de léopards de sable, arrachées et lampassées de gueules.

42. Joseph de MANSE LA VIDALLE, capitaine d'une des galères de sa Majesté :

D'azur, à deux bâtons écotés, alaizés, passés en sautoir d'or, accompagnés de trois larmes d'argent, une en chef et deux aux flancs.

43. Joseph de CLEMANS (Clemens), CASTELET, chevalier de Saint-Jean de Jérusalem, capitaine d'une des galères du Roy :

D'argent, à trois pals de gueules.

44. Barthélemy GEREMIE, conseiller du Roy, receveur général des fermes de sa Majesté au département de Provence :

D'or, à un cerf ailé ou volant de sable ; au chef d'azur, semé de larmes d'argent.

45. Claude GEREMIE, banquier :

Porte de même.

46. Jean-Pierre d'ESPANET, cy-devant lieutenant de galères, et présentement sous-lieutenant du port de la ville de Marseille :

D'argent, à trois pals de gueules ; à une fasce en devise de même brochant sur le tout.

47. Jacques SAVIGNON, ancien échevin de la ville de Marseille :

De gueules, au lion d'or ; à la bande d'azur brochant sur le tout.

48. Philippe-François ESSELLES, négociant :

D'azur, à trois épis d'or, mouvant d'un croissant d'argent, surmontés de trois étoiles d'or, rangées en chef.

49. N.... MIGNOT, avocat au parlement :

D'azur, à une bande d'argent, accostée (accompagnée) de deux étoiles d'or.

50. Jean-André FREDIAN, négociant :

D'azur, à un pigeon d'argent, becqué et membré de gueules, perché sur un écot d'or, duquel s'élève à dextre une branche, feuillée de même.

51. David MAGY, bourgeois, marchand, ci-devant consul au Caire et à présent premier échevin à Marseille :

D'azur, au chevron d'or. accompagné de trois colombes d'argent, becquées et membrées de gueules.

52. Gabriel-Charles de CALONNE DE COURTE-BONNE, chevalier de Saint-Jean de Jérusalem, et capitaine d'une des galères du Roy :

D'argent, à une aigle de sable, becquée et membrée de gueules.

53. Jean JOUVENE, marchand, bourgeois, et échevin de la ville de Marseille :

D'azur, à la fasce d'or, surmontée d'une étoile de même, et soutenue en pointe d'une mer d'argent.

54. Antoine COULON (Coulomb), marchand, bourgeois et échevin de la ville de Marseille :

D'azur, à une montagne de trois coupeaux d'or, celui du milieu sommé d'une colombe s'essorrant d'argent, becquée et membrée de gueules.

55. Jean-Jacques d'EMPEROGEZ, sieur de la Borde, premier lieutenant des galères et du port de Marseille :

Écartelé, aux 1er et 4e, d'azur, à deux billettes d'or ; aux 2e et 3e, de gueules, à trois fermaux ou boucles d'argent.

56. N.... des PENNES, chevalier de l'ordre de Saint-Jean de Jérusalem, capitaine des galères :

Échiqueté d'argent et de gueules ; au chef de gueules, chargé d'une croix d'argent.

57. Bazille de GODMAR (Gaudemar) conseiller du Roy et son procureur en l'amirauté (1) :

D'azur, à trois coqs d'or.

(1) L'origine de cette famille qui vint s'établir vers la fin du xvie siècle, sous Henri IV, dans le nord et plus tard dans le midi de la Provence, remonte à Jean de Godemart de la ville de Mons en Hainaut, Conseiller du prince sérénissime Don Charles d'Autriche, connu plus tard sous le nom de Charles-Quint

Jean de Godemart fut créé par lettres patentes données à Wels le 12 décembre 1518, sans finance, lui et sa postérité, quatre généra-

58. Pierre de GAILLARD, capitaine de galères :

D'argent, semé de trèfles de sinople, à deux perroquets affrontés aussi de sinople, becqués et membrés de gueules, surmontés de deux taux de même.

59. Guillaume FERRAND, lieutenant d'une des galères du Roy et de la compagnie des canoniers :

D'azur, au chevron d'or, accompagné en chef de deux étoiles, et en pointe d'une croix patée de même.

60. Pierre BESSON DE REMEZAN :

Écartelé, aux 1er et 4e, d'argent, à un arbre de sinople sur une terrasse de même ; aux 2e et 3e, d'azur, à un

tions avant, noble chevalier du Saint Empire Romain, par Maximilien Ier Empereur d'Allemagne. Ces lettres furent enregistrées à la chambre des comptes du Roi à Lille. (Voir la *Flandre illustrée par l'institution de la chambre du Roi à Lille*, l'an 1385. par Jean de Seur, Lille 1713, in-12. *Recueil de la noblesse*, etc., par J. Le Roux, Roy d'Armes en titre de la Province et Comté de Flandre, Lille, 1715, in-4°. *Nobiliaire des Pays-Bas et du Comté de Bourgogne*, par M. de Vegiano S^r d'Hovel, Louvain 1760, in-12.)

Bazille de Godmar ou Gaudemar sus mentionné avait épousé le 15 mai 1691, Marguerite de Gautier, et était fils de Pierre de Gaudemar et d'Anne de Meyssonier. Deux de ses nièces entrèrent l'une dans la maison de Damas et l'autre dans celle de Colbert. (Voir les généalogistes Lainé et de Courcelles.) Voici sa descendance en ligne directe :

Pierre de Gaudemar Conseiller et Procureur du Roi en l'Amirauté ;
Claude de Gaudemar aussi Conseiller et Procureur du Roi en l'Amirauté ;
Jean-Baptiste-François-Claude-Placide-Bernardin de Gaudemar ;
Claude-Marie-Joseph-Edouard de Gaudemar représentant actuel de cette famille.

Dans le XVIIIe siècle, cette famille reprit ses anciennes armoiries qui sont : D'azur, au chef d'or chargé d'un aigle de sable, telles qu'elles sont décrites et figurées dans les lettres patentes de noblesse, et elle porte depuis, parti : au 1er d'azur, au chef d'or, chargé d'une aigle de sable ; au 2me d'azur, à trois coqs d'or.

lion d'or, couronné de même, lampassé et armé de gueules ; à une bande componnée d'argent et de gueules brochant sur le tout.

61. Charles de MONTOLIEU, chevalier de l'ordre de Saint-Jean de Jérusalem, lieutenant des galères du Roy :

Fascé d'or et d'azur de six pièces ; au chef de la religion qui est de gueules, à une croix d'argent.

62. Sauveur PATEY, marchand à Marseille :

D'azur, à une maison d'argent, pavillonnée et sommée d'une guérite de même, ajourée et ouverte de sable, la maison entourée d'une enceinte de murailles, de figure ovale, aussi d'argent, ouverte de sable, et accompagnée en chef de deux étoiles d'or.

63. Joseph DEYDIER, bourgeois :

D'argent, au chevron d'azur, surmonté d'une étoile de gueules, et soutenu d'un cœur de même.

64. Jean-Baptiste de BESSON, escuyer, avocat en la cour :

D'azur, à la croix alaizée d'argent.

65. Claude de CABANES, escuyer :

De gueules, à une licorne saillante d'argent.

66. Paul de FORTIA, seigneur de Pilles, Peiruis, Augies (Auges), Piousin et partie de Montfort, gouverneur des places du château d'If, Ratonneau, Pomègue et Isles de Marseille :

D'azur, à une tour d'or, maçonnée de sable, sur une montagne de sinople.

67. Jean BELLEROT, bourgeois :

D'azur, à deux arbres d'or, et entre les deux arbres une montagne de six coupeaux d'argent, surmontée en chef d'une étoile d'or.

68. N..., marquis de PONTEVES, chef d'escadre des galères du Roy (1) :

De gueules, à un pont à deux arches d'or, maçonné de sable; écartelé; d'or, à un loup ravissant d'azur, lampassé et armé de gueules.

69. Laurent BLANC, marchand drapier :

D'azur, à un cygne d'argent, becqué de gueules, nageant dans des ondes d'argent; au chef cousu d'azur, chargé de trois étoiles d'or.

(1) Le marquis de Pontevès sus nommé était Lazarin de Pontevès, seigneur de Maubousquet, né le 3 octobre 1631. Il avait épousé le 12 mars 1676 Anne d'Agoult d'Olières. Cette branche établie à Marseille est aujourd'hui éteinte.
La maison de Pontevès, l'une des plus anciennes et des plus illustres de la Provence, est aujourd'hui représentée par Louis-Balthazar-Alexandre, comte de Pontevès Bargème, chevalier de la Légion d'honneur, dont le fils aîné Louis-Jean-Baptiste-Edmond, comte de Pontevès, général commandant une brigade de la Garde impériale, commandeur de la Légion d'honneur, Grand Croix de l'ordre pontifical de Saint Grégoire le Grand, fut blessé mortellement à l'assaut de Sébastopol le 8 septembre 1855 et décéda le lendemain. Cet officier, un des plus distingués de l'armée française, mourut comme il avait vécu, en vrai chevalier et en parfait chrétien. Il conserva et maintint jusqu'au dernier moment les vieilles traditions de son antique et illustre famille. L'empereur Napoléon III a fait placer son buste dans une des salles des galeries de Versailles. Ses deux frères cadets sont : Marc-

70. Jean DAVID, marchand de Marseille :

> D'azur, à deux triangles vidés, entrelacés en forme d'étoile à cinq rais d'argent, surmontés de deux étoiles à six rais d'or, et soutenus d'un croissant d'argent.

71. Antoine d'OLLIVIER, escuyer :

> D'azur, à un olivier d'or, sur une terrasse de même, sommé de deux colombes affrontées d'argent, becquées et membrées de gueules.

72. Louis REMUZAT, ancien échevin :

> D'azur, à un chevron, accompagné en chef de deux roses, et en pointe d'une hure de sanglier arrachée, le tout d'or.

73. François FERRENC :

> D'or, au chevron de gueules, chargé de trois fers de lance d'argent.

74. Jean MAGY, bourgeois, ancien échevin de la ville de Marseille :

> Porte comme cy-devant article 51.

Edouard, duc de Sabran Pontevès et Joseph-Léonide, comte de Sabran Pontevès.

La branche des Pontevès Bargème descend de Fouquet III de Pontevès, dit le Grand, seigneur de Bargème, Calas, Broves, Carces, Cotignac, Artignosc, Tavernes, Lussan et autres places, conseiller et chambellan du Roi Robert, comte de Provence. Fouquet de Pontevès épousa Galburge que d'autres appellent Tiburge d'Agoult de Sault, fille de Reforciat d'Agoult, seigneur de Trest et de Reybaude de Causoles.

Le sobriquet que le Roi René avait donné à cette maison était Prudence de Pontevès. Cette famille a eu plusieurs devises prises différentes époques et toutes faisant allusion au pont de ses armes à la première : *separata ligat*; la deuxième, *fluctuantibus obstat*; l troisième, *medius tutus in undis*.

75. Nicolas COUSINERY :

D'azur, à une fasce d'argent, chargée de trois roses de gueules, tigées et feuillées de pourpre, surmontée d'un soleil d'or, mouvant du chef, et soutenue d'un cœur aussi d'or.

76. Nicolas de LA FONT :

Écartelé, aux 1er et 4e, de sinople, à trois fasces d'or ; aux 2e et 3e, losangé d'argent et de sable.

77. Jacques FORT, seigneur de Sylvabelle et du petit Gubian :

D'azur, à un lion d'or, lampassé de gueules, tenant de sa patte dextre une massue à pointe, aussi d'or.

78. A expliquer plus amplement.

79. Melchior de CROZE, gouverneur du fort de Notre-Dame-de-la-Garde lès-Marseille :

D'azur, à une fasce d'argent, accompagnée en chef de trois étoiles rangées d'or, et en pointe d'un croissant d'argent.

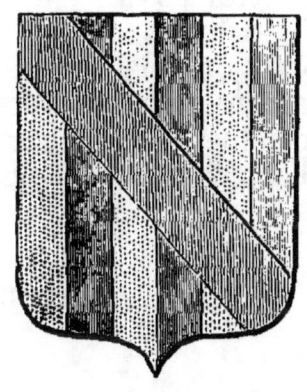

80. François de FORESTA COLLONGUE, lieutenant d'une des galères de Sa Majesté :

> Pallé d'or et de gueules de six pièces ; à la bande de gueules brochant sur le tout.

81. François PONSOIE, bourgeois de la ville de Marseille :

> De gueules, à un pont de trois arches d'argent, maçonné de sable.

82. Hiacinthe REMUZAT, marchand :

> Porte de même que cy-devant article 72.

83. Pierre REMUZAT, marchand :

> Porte de même.

84. Bernard de FONTETTE, chevalier de l'ordre de Saint-Jean de Jérusalem, capitaine d'une des galères du Roy :

> Fascé d'or et d'azur de huit pièces ; au chef de gueules, chargé d'une croix d'argent.

85. François MADON, enseigne d'une galère du Roy :

> D'azur, à deux bâtons écotés, alaizés et passés en sautoir ; au chef d'argent, chargé de trois roses de gueules.

86. Mathieu TROUILHIER, courtier royal :

> D'azur, à une aigle d'or, s'essorant ou s'élevant au-dessus d'une fasce ondée d'argent, abaissée vers la pointe, à laquelle sont suspendues trois gouttes d'eau de même; au chef d'or, chargé de trois étoiles de gueules.

87. N. — BRUNY, négociant, à présent échevin de Marseille :

> Écartelé, aux 1er et 4e, d'argent, à un cerf courant de gueules, sur une terrasse de sinople; au chef d'azur; aux 2e et 3e, d'azur, à un rocher d'argent, sur des ondes de même, et sur le rocher une colombe perchée, aussi d'argent, becquée et membrée de gueules.

88. Boniface de THORON D'ARTIGNOSC, escuyer, officier de galères :

> Écartelé, aux 1er et 4e, d'azur, à un chien passant d'argent, surmonté de trois besans de même, rangés en chef; aux 2e et 3e, de sinople, parti de gueules, à une couronne d'or, brochant sur le tout.

89. Antoine de GIRAUDON, escuyer :

> D'azur, au chevron d'or, accompagné en chef de deux étoiles de même, et en pointe d'un croissant d'argent.

90. Aubin-Mathieu PRUILANTE, intéressé aux fermes du Roy :

> D'argent, à une aigle à deux têtes de sable.

91. Charles D'ARMAND, marquis de Mizon :

> D'azur, à une fasce en devise haussée d'or, surmontée d'une couronne, et soutenue d'un chevron abaissé, le tout d'or.

92. Louis DESCROTS DUCHON, chevalier de l'ordre de Saint-Jean de Jérusalem, capitaine d'une des galères du Roy :

> D'azur, à une bande d'or, chargée de trois écrevisses de gueules, et accompagnée de trois molettes d'or, deux en chef et une en pointe ; au chef cousu de gueules, chargé d'une croix d'argent.

93. Jean-Baptiste d'AUDIFFRET, prieur de Saint-Ferréol :

> Porte comme cy-devant, article 11.

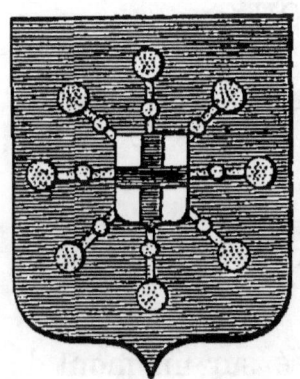

94. L'ABBAYE SAINT-VICTOR de Marseille :

> D'azur, à l'escarboucle de huit rais pommetée d'or, à un écusson d'argent brochant sur le tout, chargé d'une croix d'azur.

95. Nicolas de GRATIAN, capitaine d'une des galères de sa Majesté :

> D'azur, au chevron d'or, accompagnée en pointe d'un lion, aussi d'or, couronné de même, lampassé et armé de gueules.

96. Charles d'ARCUSSIA, seigneur du Revest :

> D'or, à une fasce d'azur, accompagné de trois arcs de gueules, cordés de même, posés en pal.

97. Victor de SAINT-AMAND, marchand, banquier :

> D'azur, à une fasce d'or, accompagnée de trois coquilles d'argent.

98. Boniface de PELLICOT, lieutenant d'une des galères du Roy, et sous-lieutenant du port de Marseille (1) :

Porte comme cy-devant, article 28.

99. Jean-Louis GALIMARDET de LA FLECHE :

D'azur, à une flèche d'argent, posée en pal; au chevron d'or, brochant sur le tout.

100. Nicolas MAGNY, commis des classes :
D'azur, à une aigle d'or.

101. François de LOURME AYDOUX :

D'or, à un orme arraché de sinople; parti : d'azur, à trois pommes d'or, tigées et feuillées de même, les tiges en bas.

102. Jacques GEOFFROY, m^e chirurgien réal des galères du Roy :

D'or, à un geai au naturel, posé sur un mont de sinople, senestré d'un arbre de même, et sous le tout une mer d'argent.

103. Pierre-Paul TALMANT de CHAUMONT, premier capitaine lieutenant de la galère la Réale :

D'azur, au chevron renversé d'argent, accompagné en chef d'une aigle de même.

(1) Il fut maintenu dans sa noblesse par ordonnance rendue par M. Lebret le 20 juin 1706. Archives départementales des Bouches-du-Rhône, registre Lebret, fond de l'intendance, recherche des faux nobles. Sous le titre d'*Histoire d'une ancienne famille de Provence*, M. Octave Teissier, auteur de plusieurs ouvrages très-estimés sur ce pays, vient de faire paraître l'*Histoire généalogique de la famille de Pellicot*. Ce travail consciencieux fait contraste avec tous ces articles mensongers que nous voyons paraître chaque jour sur un grand nombre de familles.

104. Pierre de BERNAGE, capitaine d'une des galères du Roy, dite la *Hardie* :

> Fascé, de gueules et d'or de six pièces, les fasces de gueules chargées chacune de cinq sautoirs d'argent.

105. François de BEVOLANT, lieutenant d'une des galères de sa Majesté :

> D'azur, au bœuf passant d'argent, surmonté d'une étoile d'or.

106. Antoine GUILHET, marchand :

> D'azur, à une bande d'argent, chargée de trois roses de gueules, accompagnée en chef d'un lion d'or, lampassé de gueules, et en pointe de quatre épis de bled d'or, rangés sur une terrasse d'argent.

107. Augustin SESTY de LA CLAIRE, noble de la République de Lucques, naturalisé français :

> De gueules, à une fasce d'argent, chargée de trois roses de gueules.

108. François de CARADET de BOURGOGNE :

> D'or, au lion de sable, couronné, lampassé et armé de gueules, à une bande aussi de gueules, brochant sur le tout, chargée de trois fleurs de lys d'or.

109. Jean-Baptiste OLLIVE, courtier royal :

> D'azur, à un arbre d'or, planté sur une montagne d'argent, sommé d'une colombe de même becquée et membrée de gueules, tenant en son bec un rameau d'olivier de sinople; au chef d'argent, chargé de trois étoiles de gueules.

110. Charles-Joseph de MAZENOD, sieur de Beaupré (1) :

D'or, à trois bandes de gueules; coupé, d'azur, à trois molettes d'or.

111. Nicolas de MARTIN :

De gueules, au chevron d'or, accompagné en chef de deux roses tigées et feuillées de même, et en pointe d'une couronne aussi d'or.

112. Jacques DUPUIS, négociant :

D'azur, à trois roses d'or, sur une même tige, mouvante d'un puit d'argent, maçonné de sable.

113. Barthelemy de GIRAUDY, enseigne d'une des galères du Roy :

D'argent, à trois bandes d'azur, celle du milieu chargée de trois têtes de loups d'or.

114. Charles de ROMIEU de FOS, enseigne d'une des galères du Roy :

Porte comme cy-devant, article 14.

---

(1) Charles-Joseph de Mazenod, seigneur de Beaupré avait épousé le 21 mai 1678 Marie de Grimaldy dont il eut :
Charles-Vincent de Mazenod, seigneur de Beaupré, marié à Marie-Anne de Mourgues, dame de Calian; de ce mariage naquit :
Charles-Alexandre de Mazenod, seigneur de Saint-Laurent, président en la cour des comptes, aides et finances de Provence; il épousa, le 1er juillet 1743, Ursule-Félicité-Elisabeth de Laugier, dont il eut quatre fils. L'un d'eux, Charles-Fortuné de Mazenod fut nommé à l'évêché de Marseille le 13 janvier 1823. Il fut sacré par Monseigneur de Latil, qui était alors évêque de Chartres et qui, nommé ensuite Archevêque de Reims et Cardinal eut l'honneur de sacrer le Roi Charles X. Il mourut le 22 février 1840. Sa mémoire est restée en

115. Dominique PREPAUD, marchand :

D'azur, à quatre pals d'or, sommés d'une trangle de même, sur une terrasse au naturel ; et en chef une croix patée d'argent, accostée de deux étoiles d'or.

116. Jean CHIEUSSE, courtier royal :

D'azur, au chevron d'or, accompagné en chef de deux lys tigés et feuillés d'argent, grenés d'or, et en pointe d'une rose aussi d'or, tigée et feuillée de même.

117. Estienne MARIN, lieutenant d'une des galères du Roy :

D'azur, à une fasce d'or, surmontée de trois croissants d'argent rangés en chef, et soutenue d'un coq d'or, crêté, becqué, barbé et onglé de gueules, ayant le pied dextre levé.

118. Jean de LA TOUR ROMOULLES, enseigne d'une des galères de Sa Majesté :

D'azur, à une tour crénelée de quatre pièces d'argent, maçonnée de sable et ouverte du champ, et deux colombes d'argent, becquées et membrées de gueules, affrontées, perchées sur les deux créneaux extrêmes, et soutenant de leurs becs une étoile d'or.

vénération chez le peuple marseillais. Il fut remplacé, sur le siège de Marseille le 1er avril 1837, par son neveu Charles-Joseph-Eugène de Mazenod qui était déjà son coadjuteur. Ce dernier était fils d'Antoine-Charles de Mazenod, Président en la cour des comptes aides et finances de Provence, frère de Charles-Fortuné, évêque de Marseille. Monseigneur Charles-Joseph-Eugène de Mazenod, officier de la Légion d'honneur, Grand-Croix de l'ordre constantinien des deux Siciles, Grand-Officier de l'ordre des saints Maurice et Lazare, nommé sénateur de l'Empire le 24 juin 1856, est décédé le 22 mai 1861 dans la 79me année de son âge.

119. Jean-Baptiste-Charles du HAMEL, escuyer, seigneur de Saint-Denier, enseigne de galère :

> D'azur, au chevron d'argent, accompagné de trois roses de même.

120. Jean GAZELLE, marchand :

> D'azur, à une gazelle ou chevreuil de montagne courant d'argent, surmonté de trois étoiles d'or, rangées en chef.

121. Benoit de MONIER CLERMONT, lieutenant d'une des galères du Roy et du port de Marseille :

> Ecartelé, aux 1ᵉʳ et 4ᵉ, d'azur, au chevron d'or, accompagné en pointe d'une vache passante, aussi d'or, sommée entre les deux cornes, d'une étoile de même ; aux 2ᵉ et 3ᵉ, fascé d'or et de gueules de six pièces ; au chef d'hermines.

122. Sauveur de FORESTA MOISSAC, chevalier de l'ordre de Saint-Jean de Jérusalem, capitaine d'une des galères du Roy :

> Pallé d'or et de gueules de six pièces ; à la bande de gueules brochant sur le tout.

123. Jean VELLIN, avocat en la cour et postulant au siége de la ville de Marseille :

> De gueules, à une grue d'argent, sur un mont de même, tenant de son pied dextre levé un caillou d'or, et surmontée d'une fleur de lys de même.

124. Ignace d'ARENNE (d'Arene) :

De gueules, à quatre fasces d'argent, et sur le tout un écusson d'azur, chargé d'une foi d'argent, posée en bande.

125. Arnaud de VILLAGES, VILLE-VIELHE, chevalier de l'ordre de Saint-Jean de Jérusalem :

D'argent, à deux triangles entrelacés de sable, enfermant un cœur de gueules ; au chef de gueules, chargé d'une croix d'argent.

126. François de BÉRANGER, seigneur de la Baume :

D'azur, à la croix d'argent, chargée d'un écusson de gueules, surchargé d'un lion d'or.

127. Jean-Baptiste de VILLAGES LA SALLE, escuyer :

D'argent, à deux triangles vidés et entrelacés de sable, enfermant un cœur de gueules.

128. François de VILLAGES :

Porte de même.

129. Pierre de VILLAGES, escuyer :

Porte de même.

130. Jean-Antoine de RIQUETI, marquis de Mirabeau (1) :

D'azur, à la bande d'or, accompagnée en chef d'une demi-fleur de lys de même, grenée d'argent, et en pointe de trois roses aussi d'argent, posées en bande.

(1) La famille de Riqueti est établie en Provence depuis le xiv⁰ siècle, en la personne de Pierre Riqueti qui fut premier consul de la ville de Seyne. Il était le petit fils de Ghérard Arrigheti proscrit et banni de la ville de Florence avec Azzucio son fils en 1268, pour avoir suivi la faction des Gibelins. Cette famille qui était une des plus nobles et des plus anciennes de la Toscane a toujours figuré aussi en Provence, depuis qu'elle y est fixée, au premier rang de la noblesse de ce pays. Elle s'est alliée aux maisons les plus illustres et a donné dix chevaliers à l'ordre de Saint-Jean de Jérusalem, dont un commandeur et un Grand-Croix et général des galères de l'ordre.

Jean-Antoine de Riqueti, marquis de Mirabeau, comte de Beaumont, seigneur de Ville-Bonne, de Negreaux, etc., qui formait le 12⁰ degré depuis Ghérard Arrigheti, épousa le 17 avril 1708, Françoise de Castellane. Il fut Brigadier des Armées du Roi et chevalier de Saint-Louis et avait reçu à la guerre 27 blessures dont plusieurs lui avaient estropié les deux bras et une autre lui avait fracassé le cou au point qu'il était obligé d'avoir un collier pour le soutenir. Sa sœur Eugénie de Riqueti fut mariée à François de Grille Robiac, chevalier, marquis d'Estoublon, dont le fils Jean-Baptiste-Hector de Grille Robiac, chevalier, marquis d'Estoublon, épousa le 26 décembre 1715, Anne-Marguerite de Montgrand, fille de Dominique de Montgrand de Mazade.

13⁰ Degré. Victor de Riqueti, marquis de Mirabeau, de Saulvebœuf et de Biran, comte de Beaumont, baron de Pierre-Buffière et eu cette qualité premier baron du Limousin, seigneur de Roquelaure, de Negreaux, etc. etc., chevalier de Malte et de Saint-Louis, épousa le 11 avril 1743, Marie-Geneviève de Vassan, baronne de Pierre-Buffière, dame de la Tournelle, etc., veuve de Jean-François de Ferrières, marquis de Saulvebœuf, Grand Sénéchal d'Auvergne.

14⁰ Degré. Honoré-Gabriel de Riqueti, comte de Mirabeau, capitaine au régiment des dragons de Penthièvre, épousa le 22 juin 1772, Marie-Marguerite-Émilie de Covet de Marignane, fille d'Emmanuel-Anne-Louis de Covet, marquis de Marignane et des Isles d'or. Il fut

131. François-Annibal de RIQUETI, chevalier de l'ordre de Saint-Jean de Jérusalem, sous-lieutenant de galère du Roy (1) :

> Porte de même, et un chef cousu de gueules, chargé d'une croix d'argent.

132. Barthelemy SAVIGNON, bourgeois :

> De gueules, au lion d'or, à une bande d'azur brochant sur le tout.

133. Jean-Baptiste de CAMBRAY, lieutenant de galères :

> D'azur, au chevron d'or, accompagné en chef de deux molettes d'argent, et en pointe d'un trefle d'or.

134. Pierre de BARTHELEMY, escuyer, conseiller du Roy, contrôleur ordinaire des guerres :

> D'azur, à une montagne de six coupeaux d'or, posée en cœur, accompagnée de trois étoiles de même.

député du Tiers-État de la ville d'Aix aux États-Généraux du Royaume en 1789 et l'un des plus célèbres orateurs de l'Assemblée constituante.
14° Degré. André-Boniface-Louis de Riqueti, vicomte de Mirabeau, second fils de Victor de Riqueti, fut colonel du régiment de Touraine en 1789, et chef d'une légion de son nom, sur les bords du Rhin, pendant la campagne des Princes. Il épousa le 8 juillet 1788 Marie-Adelaïde Jacquette de Robien.
15° Degré. Victor-Claude-Dymas de Riqueti, marquis de Mirabeau, né le 24 mars 1789, décédé le 25 septembre 1831, fut père de :
 1° Gabriel de Riqueti, marquis de Mirabeau, marié en 1844 à Ernestine-Louise-Xavirine de Preissac, fille du duc d'Esclignac.
 2° Arundel de Riqueti, comte de Mirabeau, volontaire dans les zouaves de l'armée pontificale, tué à Ascoli le 29 septembre 1860. De son mariage avec Mademoiselle le Harivel de Gonneville, il a laissé une fille, Sibille-Gabrielle de Mirabeau.
 3° Edouard de Riqueti, comte de Mirabeau.
 4° Marie de Riqueti de Mirabeau, mariée au comte Tréouret de Kerstral et en secondes noces à Jean-Marie Martret de Preville.
(1) François-Annibal de Riqueti était fils d'Honoré de Riqueti, marquis de Mirabeau et de Isabeau de Rochemore.

135. Joseph de FELIX la REYNARDE, chevalier de l'ordre de Saint-Jean de Jérusalem, commandeur d'Espaillions (d'Espalions), et ancien capitaine de galères de sa Majesté :

De gueules, à la bande d'argent, chargée de trois F de sable; écartelé, de gueules, au lion d'or, à la bande d'azur brochant sur le tout; au chef cousu de gueules, chargé d'une croix d'argent.

136. Jean-Baptiste de FÉLIX LA REYNARDE, seigneur du Muy :

De gueules, à la bande d'argent, chargée de trois F de sable; écartelé, de gueules, au lion d'or, à la bande d'azur brochant sur le tout.

137. François de la GUARINIE de SAVARY, enseigne des galères de sa Majesté :

De gueules, à trois croix dentelées, alaisées d'or.

138. Maurice de GRIMALDY, baron de Beuil, sous-lieutenant de galère :

Porte comme cy-devant, article 24.

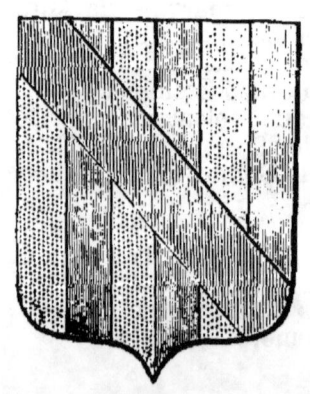

139. Jean-Paul de FORESTA, conseiller du Roy et son juge du palais civil et criminel de la ville de Marseille :

Pallé d'or et de gueules de six pièces; à la bande de gueules brochant sur le tout.

140. Jean-Baptiste de FELIX LA REYNARDE, fils, sous-lieutenant de galère du Roy :

> De gueules, à la bande d'argent, chargée de trois F de sable ; écartelé, de gueules, au lion d'or, à la bande d'azur brochant sur le tout.

141. Antoine GROS, marchand à Marseille :

> D'azur, au lion d'or, lampassé et armé de gueules, surmonté d'une croix potencée d'argent, accostée de deux étoiles d'or.

142. Dominique SIMON, négociant, agent de l'ordre de Malte :

> D'azur, à une montagne de six coupeaux d'or, surmontée d'une étoile à queue étincelante aussi d'or.

143. Ignace SIMON, négociant :

> Porte de même.

144. Jean CREISSEL de PAUL :

> Ecartelé, aux 1er et 4e, d'azur, à deux lions affrontés d'or, lampassés de gueules, surmontés d'un croissant d'argent ; aux 2e et 3e, d'azur, à un lion naissant d'or, lampassé de gueules ; coupé d'or.

145. Gabriel BESSAUDE, marchand :

> D'azur, au croissant d'argent, surmonté d'un roc de même, et soutenu de deux palmes d'or, passées en sautoir ; au chef cousu de gueules, chargé de trois étoiles d'or.

146. Jean-Baptiste GAUCHER, marchand :

> D'argent, à trois fasces de gueules.

147. Louis CALAMAND, ancien échevin de Marseille :

> D'azur, au chevron d'argent, accompagné de trois roses de même.

148. Louis DE SAINT-JACQUES, bourgeois :

> D'azur, au chevron d'or, accompagné de trois roses tigées et feuillées de même.

149. A expliquer plus amplement.

150. Jean DUBALDE, MOULIN, BIANCHI, trésorier des troupes :

> D'azur, à une roue d'argent, accompagnée de trois étoiles d'or.

151. Joachim GUITTON, marchand banquier :

> D'azur, à une foi d'argent, posée en fasce, mouvante des deux flancs de l'écu, tenant une lance en pal d'or, à laquelle est attaché un guidon de gueules, flottant à dextre, chargé d'une fleur de lys d'or, et accompagné en pointe d'un casque d'argent, ouvert de trois grilles d'or, et enrichi de même.

152. Jacques DURAND, bourgeois :

> D'azur, à trois têtes et cols de levrier coupés d'argent, accolés de gueules et bouclés d'or.

153. Jean-Baptiste MAGY, marchand :

Porte comme cy-devant, article 51.

154. Pierre LAURENS, marchand :

D'argent, à un laurier de sinople sur une terrasse de sable; au chef d'azur, chargé de trois étoiles d'or.

155. A expliquer plus amplement.

156. François CHABERT, chirurgien major de l'hôpital royal des équipages des galères :

D'argent, à deux bâtons passés en sautoir alaisés de sable, accompagnés en pointe d'un cœur de gueules; au chef d'azur, chargé de trois étoiles d'or.

157. Julien-Anne DE LAUNAY, escuyer, seigneur du dit lieu, et lieutenant d'une galère du Roy :

De gueules, à deux léopards d'or l'un sur l'autre, à une étoile de même posée au-dessus de la tête du premier léopard.

158. A expliquer plus amplement.

159. Pierre D'ARCHIMBAUD, ayde major et lieutenant des galères du Roy :

D'azur, à une bande d'argent, chargée de trois étoiles de sable.

160. Pierre D'ARCUSSIA, seigneur d'Esparron et du Revest :

Porte comme cy-devant, article 96.

161. Charles d'ARCUSSIA, lieutenant d'une des galères du Roy :

Porte de même.

162. Joseph THOMAZIN, capitaine de vaisseau marchand :

> D'azur, à une tour d'argent, ouverte et maçonnée de sable, sur une terrasse de même, sommée d'un arbre d'or, et accostée de deux lions affrontés de même, lampassés de gueules.

163. Claude de MONCRIF, premier ayde major des galères du Roy :

> D'or, au lion de gueules, lampassé et armé d'azur; au chef d'hermines.

164. Jean-Baptiste-Marseille de VENTURE, conseiller du Roy, lieutenant général de sénéchal aux submissions en la sénéchaussée de la ville de Marseille :

> D'azur, à une tour crenelée et couverte en pointe d'argent, maçonnée de sable.

165. Henri de VENTURE :

Porte de même.

166. Jean-François d'ARNAUD, enseigne d'une des galères du Roy :

> De gueules, à une fasce d'argent, accompagnée de trois arcs de même, cordés de sable, et encochés chacun d'une flèche d'argent en pal.

167. François ARNAUD, noble :

> Tranché de gueules et d'azur, à une bande d'or, bro-

chant sur le tout, bordée de sable, accompagnée en chef d'une fleur de lys d'or, et en pointe d'une rose d'argent.

168. Jean-Gabriel BASTIDE, bourgeois de Marseille :

Burelé d'argent et de sable de dix pièces, à un griffon de gueules brochant sur le tout.

169. André CORNIL, marchand, bourgeois :

D'azur, au sautoir alaisé d'argent, accompagné en pointe d'un croissant de même.

170. Antoine OURDET, escuyer :

D'or, à un lion de gueules, accompagné de trois trèfles de sable.

171. Joseph de CORDIER, avocat en la cour :

D'azur, à une fasce d'or, accompagnée en chef de deux molettes rangées de même, et en pointe d'une cigogne d'argent.

172. Gaspard de VILLAGES la SALLE, sous-lieutenant d'une des galères du Roy :

Porte comme cy-devant, article 125.

173. Simon MOUSTIER, bourgeois, ancien premier échevin de Marseille :

D'azur, au lion d'or, lampassé de gueules, surmonté de deux molettes d'or.

174. Joseph RUA, marchand :

D'azur, à une bande d'or, accostée (accompagnée) de deux roses tigées et feuillées de même, posées en bande, une dessus et l'autre dessous.

175. André MAGY, marchand, bourgeois de Marseille :

Porte comme cy-devant, article 51.

176. Lange MORLAN, marchand à Marseille :

D'argent, au chevron de gueules, accompagné de trois têtes de mores de sable, liées d'or, posées de front.

177. François GRATIAN, marchand à Marseille :

D'azur, au chevron d'or, accompagné en chef de deux étoiles, et en pointe d'un lion de même, lampassé et armé de gueules.

178. Jean LANGLOIS, enseigne d'une des galères du Roy :

De gueules, à une colonne d'argent sans chapiteau à dextre, et une épée aussi d'argent à senestre, la pointe en bas, une étoile d'or en chef, et un croissant de même en pointe.

179. Charles de FEUQUEROLLES, chevalier de l'ordre de Saint-Jean de Jérusalem, sous-lieutenant d'une des galères du Roy :

D'or, à une plante de fougère de sinople, sur une terrasse d'argent; au chef de gueules, chargé d'une croix d'argent.

180. Louis CORMIS, marchand, bourgeois de Marseille :

De gueules, à la licorne passante d'argent.

181. Annibal de SEGUIRAN, chevalier de l'ordre

de Saint-Jean de Jérusalem, capitaine d'une des galères du Roy :

> D'azur, au cerf passant d'or; au chef cousu de gueules, chargé d'une croix d'argent.

182. Antoine CHAMPEYNARD, économe de l'église cathédrale majeur de Marseille :

> D'azur, à une croix potencée d'or, cantonnée de quatre croisettes de même.

183. Louis-Roger de BLICOURT TUICOUR, chevalier commandeur de Boux et de Meulan, capitaine d'une des galères du Roy :

> De gueules, au lion d'argent; au chef cousu de gueules, chargé d'une croix d'argent.

184. Joseph de MARTIN :

> Porte comme cy-devant, article 111.

185. Jean BETTANDIER, bourgeois de Marseille :

> D'or, à un lion de sable, lampassé et armé de gueules, adextré et sénestré de gueules, et surmonté d'un lambel d'argent, posé en chef, brochant sur le tout.

186. La communauté des Pêcheurs de Marseille :

> D'argent, à un saint Pierre de carnation, la tête entourée d'une gloire d'or, vêtu de gueules et d'azur, tenant de sa main dextre un livre ouvert d'argent, et de sa sénestre une clef d'or, à laquelle est attachée avec un lien de gueules une autre clef d'argent pendante, le saint sur une terrasse de sinople.

187. Noel de BEAUVAIS, commissaire des galères du Roy :

De sable, à une colombe d'or, becquée et onglée de gueules, volante en bande, portant en son bec deux rameaux d'argent, et surmontée d'un rayon de soleil de plusieurs pièces d'or, mouvant de l'angle dextre du chef.

188. Henri de SERRE, noble :

D'or, à une montagne de sable, sur laquelle est perché un coq de même, crête, becqué, barbé et membré de gueules.

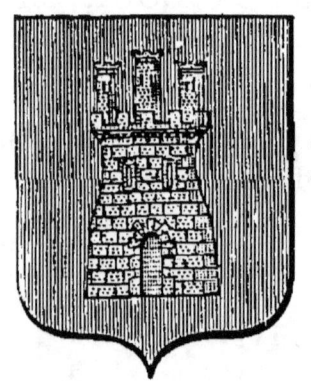

189. Charles de CASTELLANE, seigneur d'Auzet et de Gréasque :

De gueules, au château donjonné de trois tours d'or.

190. Louis MAILLET :

D'azur, au chevron d'argent, accompagné de trois maillets d'or.

191. François de CASTELLANE, seigneur d'Andon :

De gueules, au château donjonné de trois tours d'or.

192. Gaspard de GARNIER de ROUSSET, chevalier de l'ordre de Saint-Jean de Jérusalem, officier de galères :

D'argent, à trois chevrons de gueules : au chef de même.

— 127 —

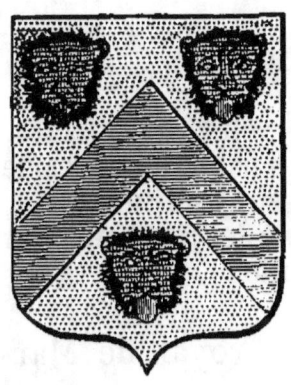

193. Pierre-Joseph de FORBIN d'OPPEDE, chevalier de l'ordre de Saint-Jean de Jérusalem, et enseigne d'une des galères du Roy :

> D'or, au chevron d'azur, accompagné de trois têtes de léopards de sable.

194. Laurent d'ARVIEUX, chevalier des ordres de Notre-Dame-de-Mont-Carmel et de Saint-Lazare de Jérusalem :

> D'azur, au griffon d'or, couronné de même, lampassé et armé de gueules.

195. Barthelemy COUSINERY, enseigne d'une des galères du Roy :

> Porte comme cy-devant, article 75.

196. Jean SURIAN, marchand, bourgeois de Marseille (1) :

> Coupé de sable sur argent, à une croix ancrée coupée de l'un en l'autre.

(1) Jean Surian ci-dessus mentionné eut pour fils : Joachim Surian, seigneur de Bras, qui fut premier échevin de Marseille en 1758. Le Roi Louis XVI lui accorda, en 1777, des lettres de noblesse, en récompense des services nombreux et signalés qu'il avait rendus à son pays pendant de longues années. En 1727, il épousa, à Constantinople, la fille du sieur Fabre, ambassadeur de France en Perse.

197. FRANÇOIS BERTIN, marchand, bourgeois de Marseille :

> D'azur, à une foy de carnation, vêtue de gueules, parée d'argent et mouvante des flancs de nuées de même, tenant trois roses d'or, sur une même tige, et accompagnée d'une montagne de trois coupeaux d'argent, mouvante de la pointe.

198. COSME DE BERTY, courtier royal de Marseille :

> D'azur, au chevron d'or, accompagné en pointe d'un croissant d'argent ; au chef cousu de gueules, chargé de trois étoiles d'or.

De son second mariage avec Jeanne Sauvaire, en 1734, il eut deux enfants :
Jean-Baptiste-Marseille de Surian, seigneur de Bras, marié, le 23 janvier 1782, à dame Marie de Greling, veuve de sieur Etienne-André Magalon, décédé sans postérité, et Jean-Joachim de Surian, marié, en 1778, à demoiselle Anne-Marguerite d'Arfwidson.
Ce dernier fut père de Jean-Baptiste-Joachim de Surian-Bras, marié, en 1803, à Marie-Antoinette Levacher, filleule de l'infortunée Marie-Antoinette d'Autriche, reine de France; et de Jeanne-Sophie de Surian, mariée en 1802, à Paul-François-César-Alphonse de Cadenet, marquis de Charleval, décédés sans enfants.
Jean-Baptiste-Joachim de Surian-Bras a eu de son mariage avec mademoiselle Levacher :
1° Thomas-Joachim-Marie-Alfred de Surian, ancien député de Marseille, marié, en 1827, à Marie-Angèle de Paul ;
2° Joachim-Gustave-Alphonse de Surian, marié, en 1832, à Sophie Degaye-Faudran, dont Henri de Surian, Octave de Surian, Louise de Surian, mariée à Joseph-Marie-Louis de Gonzague, baron de Ruffo-Bonneval, Anna de Surian ;
3° Louis-Alphonse-Emilien de Surian, marié, en 1847, à Jeanne-Françoise-Marie de Jessé, dont Berthe de Surian et Jeanne de Surian ;
4° Marie-Antoinette Joachime de Surian, mariée, en 1831, à Antoine-Alphonse-Victor-Louis de Jessé (de Béziers) ;
5° Louise-Eudoxie-Emilie de Surian, mariée, en 1842, à Adolphe-Eugène, marquis de Tauriac (de Toulouse).
La famille de Surian, d'origine vénitienne et établie en Provence depuis la fin du xvi° siècle, prétend descendre des Surian de Venise, dont elle porte d'ailleurs les mêmes armes. Voici ce que dit Freschot dans son livre intitulé : *Li Pregi della Nobilita veneta*, imprimé à Venise en 1682. Après avoir parlé d'une première famille de Surian qui passa de Syrie en Vénétie, en 1293, à l'époque de la prise d'Acre, il ajoute :
« Questa da tempi più remoti habitante in Venetia per li meriti delle Secretarie, e Residenze s'incaminò alla gloria di poter offerir le sue

199. Pierre AUBERT, marchand, bourgeois de Marseille :

> D'azur, à deux arbres arrachés et passés en double sautoir d'or, surmontés d'une étoile de même.

200. Auguste de TRESSEMANES CHASTEUIL, chevalier de l'ordre de Saint-Jean de Jérusalem, lieutenant d'une des galères du Roy :

> D'argent, à la fasce d'azur, chargée de trois étoiles d'or, accompagnée de trois roses de gueules ; au chef de gueules, chargé d'une croix d'argent ; à la bordure de gueules chargée de huit besans d'or.

201. Marguerite-Delphine de VENTO, dame de Trigance et d'Estelle, veuve de Barthelemy de DEMANDOLX, seigneur des dites terres :

> Ecartelé, aux 1ᵉʳ et 4ᵉ, échiqueté d'argent et de gueules ; aux 2ᵉ et 3ᵉ, d'or, à trois fasces de sable ; au chef de gueules, chargé d'une main dextre apaumée d'argent.

202. Cézard de BOUSQUET, lieutenant de galères :

> De gueules, à une croix d'or ; écartelé, de gueules, à un chevron d'or, chargé sur la pointe d'un arbre arraché de sinople, et sur les branches du chevron de deux lions affrontés de gueules.

facoltà 1647. alla Patria per li bisogni della Guerra, havendo havuto un ANDREA honorato dalla porpora di Cancellier Grande, huomo frà molti soggetti della famiglia, di qualificatissimo talento. »

« Celle-ci, établie en Vénétie depuis une époque plus reculée, par suite de services distingués dans les secrétaireries et les résidences (c'est-à-dire dans les missions diplomatiques auprès des Cours étrangères), eut la gloire de pouvoir offrir, en 1647, ses biens et facultés à la patrie, pour les besoins de la guerre. Elle a eu un André honoré de la pourpre de grand-chancelier, homme très-remarquable, parmi beaucoup d'autres membres de sa famille, par un talent d'une immense supériorité. »

Ces deux familles de Surian dont parle Freschot, quoique portant des armes différentes, ne seraient-elles pas deux branches d'une même famille, séparées à une époque éloignée ?

203. Pierre de CABRE :

De gueules, à une chèvre saillante d'argent, surmontée d'une fleur de lys d'or.

204. Cibille RASCAS du CANNET, veuve de Jean-Baptiste de GAUTIER, seigneur de la Molle, premier avocat général au parlement de Provence :

D'or, à une croix treflée, au pied fiché de gueules ; au chef d'azur, chargé d'une étoile d'or.

205. Pascal de LEUZE, escuyer :

D'argent, à un chêne de sinople, sur une terrasse de même.

206. Nicolas de L'EGLISE, commis principal à la recette des droits de S. A. S. M. l'amiral en Provence et en Languedoc :

D'azur, à une croix haussée et treflée d'or, plantée sur une terrasse de même.

207. Philibert GUILLERME, capitaine de vaisseau marchand :

D'azur, à un dextrochère d'argent, empoignant une croix en pal, haussée et treflée d'or, et une palme avec une branche de laurier d'argent, passées en sautoir.

208. Pierre-Marseille PORRY, bourgeois de Marseille :

D'azur, à la fasce d'hermines.

209. François de MARLE, capitaine de galères, chevalier, seigneur d'Autigny :

> D'argent, au chevron d'azur, accompagné de trois aiglettes de gueules, le vol abaissé.

210. Charles de MARLE, lieutenant de galères, chevalier, seigneur de Mongardé :

> Porte de même.

211. Paul de MARIGNAN, ingénieur à Marseille, employé sur l'estat du Roy :

> D'argent, à trois fasces de gueules, au chevron d'azur brochant sur le tout, chargé de cinq étoiles d'or, accompagné en chef d'un lambel de trois pendants de sable, et en pointe d'un croissant de même.

212. A expliquer plus amplement.

213. Hugues COLBERT de TURGY, lieutenant d'une galère du Roy (1) :

> D'or, à un serpent tortillé en pal d'azur, langué de gueules.

---

(1) Il fut tué au siège de Barcelonne. Son frère Jean-Baptiste Colbert, seigneur de Turgis, nommé capitaine de vaisseau en 1689 et chevalier de l'ordre de Saint-Louis en 1707, décédé en 1715, avait épousé, à Toulon, le 16 juin 1698, Lucrèce de Gaudemar, fille d'Etienne de Gaudemar et de Marguerite de Martinenq, lequel Etienne était frère de Bazille de Gaudemar, conseiller du Roi et procureur en l'Amirauté, mentionné à l'article 57 de cet ouvrage.

— 132 —

214. A expliquer plus amplement.

215. Gaspard-Ignace de GERARD de BENAT, enseigne d'une des galères du Roy :

> De gueules à la fasce d'or, chargée de trois chevrons couchés d'azur, et accompagnée de trois roses d'argent.

216. Jean-François de VILLAGES, sous-lieutenant d'une des galères du Roy :

> Porte comme ci-devant, article 127.

217. Henry de BUZENS :

> D'or, à une aigle de sable.

218. Jacques de GEORGES d'OLLIERES :

> D'azur, à une fasce d'or, accompagnée de trois chausse-trapes d'argent ; écartelé, d'or, à trois merlettes de sable, celles du chef affrontées.

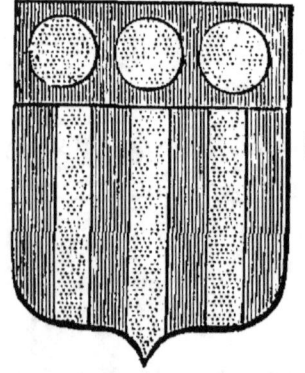

219. Cezard BORELLY, bourgeois :

> De gueules, à trois pals d'or ; au chef de gueules, chargé de trois besans d'or.

220. Melchior d'ESCALIS, bourgeois :

> D'argent, à trois bandes d'azur, celle du milieu chargée d'un lionceau d'or, lampassé de gueules.

221. Jean-François de FAURIS, escuyer :

    De gueules, à un serpent tortillé en pal d'or ; écartelé, d'azur, à une colombe d'argent.

222. Antoine GRANGE, ancien capitaine de la ville de Marseille :

    D'azur, au chevron d'or, surmonté d'un soleil de même, et accompagné en pointe d'une montagne de trois coupeaux d'argent.

223. Pierre de SAINT-JACQUES, ancien premier échevin de Marseille :

    Porte comme cy-devant, article 148.

224. Jean de CURET, escuyer :

    D'or, à trois pals de gueules ; au chef d'azur, chargé de trois molettes d'argent.

225. La Communauté des maîtres Pâtissiers, Rôtisseurs, Bouchers, Charcutiers et Tripiers de Marseille :

    D'azur, à un saint Etienne de carnation à genoux, et les mains croisées sur la poitrine, vêtu d'une aube d'argent, et d'une dalmatique de gueules, la tête entourée d'une gloire d'or, accosté de deux bourreaux aussi de carnation, celui de dextre vêtu d'argent, faisant effort pour lever au-dessus de sa tête, avec ses deux mains, un gros caillou d'or, et celui de senestre, vêtu d'or, tenant de sa main dextre levée, un caillou de même, et de sa sénestre abaissée, soutenant dans une draperie d'argent, attachée à sa ceinture, plusieurs autres cailloux de sable, le tout posé sur une terrasse de sinople, parsemée de cailloux d'or et d'argent, et surmonté d'une gloire d'or, mouvante du chef, et divisant une nuée d'argent.

226. Marc-Antoine d'ARENNE (d'Arene), escuyer :

Porte comme cy-devant, article 124.

227. Trophime LOMBARDON, marchand :

D'azur, à deux bâtons écotés, passés en sautoir, alaisé d'or, accompagné en chef de trois étoiles rangées de même, et en pointe d'un loup courant aussi d'or.

228. Jean VIDAUD, escuyer :

D'azur, à un dextrochère de carnation vêtu de gueules, paré d'argent, mouvant du flanc sénestre d'une nuée de même, et tenant deux épis de bled addosés d'or, tigés et feuillés de même.

229. Henry PRAT, consul pour le Roy des villes de Tétuan et de Salé, es royaumes de Fez et de Maroc :

D'argent, à trois cyprès de sinople, rangés en pal ; coupé, d'azur, à un lion passant d'or, lampassé de gueules.

230. Jean de SEIGNEURET, ancien capitaine dans le Régiment de Monseigneur :

De sable, emmanché de deux pièces d'or, à trois aigles, deux en chef, et une en pointe, de l'un en l'autre, becquées et membrées de gueules, les deux du chef couronnées de même, et celle de la pointe couronnée d'or.

— 135 —

231. Jean CIPRIANI, escuyer :

D'azur, à trois triangles d'or, pointés en bas.

232. Nicolas COMPIAN, marchand à Marseille :

D'azur, à un pin d'or, sur une terrasse de même, accompagné en chef de deux étoiles aussi d'or.

233. Estienne de GREAULX, noble :

D'azur, à quatre bandes d'or, accompagnées en cœur d'un lionceau, couronné de même, et lampassé de gueules.

234. Jean de SABRAN CANJEURES, (Canjuers), chevalier de l'ordre de Saint-Jean-de-Jérusalem, capitaine, commandant une des galères du Roy (1) :

De gueules, au lion d'argent.

(1) Jean de Sabran Canjeures (Canjuers), ci-dessus nommé, était le frère d'Elzear de Sabran, mentionné plus loin à l'article 255. Ils appartenaient à la branche des seigneurs d'Aiguine et de Canjuers, et étaient fils de Charles de Sabran, seigneur d'Aiguine, de Canjuers et de Chantereine, marié, le 20 août 1633, avec Marguerite de Monyer, fille de Jean-Louis de Monyer, seigneur de Chateaudeuil et du Puget, président à mortier au Parlement de Provence, et d'Anne de Garron.
De toutes les branches de la maison de Sabran, la seule qui ait survécu est celle de Beaudinar, qui s'est éteinte, le 22 janvier 1847, en la personne d'Elzear-Louis-Zozime de Sabran, lieutenant-général, commandeur de l'ordre royal et militaire de Saint-Louis, pair de France le 17 août 1815, créé duc héréditaire le 30 mai 1825. Le nom

235. Christophe de GUEROS de LA BREMONDIERE, sieur de Saint-Martin :

D'azur, à trois lions d'or, lampassés de sable; au chef d'or, chargé de trois quintefeuilles de sable.

236. Jean CHOMEL, chevalier du Saint-Office, docteur es-droit, avocat au parlement de Provence, et doyen des avocats du siége de la ville de Marseille :

de cette illustre maison a passé dans celle de Pontevès par l'adoption des deux neveux de sa femme, Marc-Edouard de Pontevès, substitué à la pairie ducale de son oncle par ordonnance du 18 juillet 1828, et Joseph-Léonide de Pontevès, son frère jumeau, substitué à son défaut, tous les deux fils de Louis-Balthazar-Alexandre comte de Pontevès-Bargême. Ils étaient frères cadets de Louis-Jean-Baptiste-Edmond comte de Pontevès, général commandant une brigade de la garde impériale, tué, le 8 septembre 1855, à l'assaut de Sébastopol. Marc-Edouard de Pontevès, duc de Sabran, a épousé Régine de Choiseul, fille du duc de Choiseul-Praslin, et son frère Joseph-Léonide comte de Sabran-Pontevès, Bonne de Pons. Le fils aîné de Marc-Edouard duc de Sabran-Pontevès est Elzear marquis de Sabran-Pontevès, lieutenant aux zouaves pontificaux, chevalier de l'ordre de Pie IX, marié, le 3 juin 1863, avec mademoiselle Marie d'Albert de Luynes de Chevreuse, fille de Honoré d'Albert de Luynes, duc de Chevreuse, et de Valentine de Contades ; deux de ses sœurs ont épousé, l'une le comte de Boignes, et l'autre le marquis Tredicini de Saint-Severin.

La maison de Sabran, une des plus illustres de France et du comté de Toulouse, se transporta, dans le xiiie siècle, en Provence, où elle a possédé le comté de Forcalquier par le mariage de Géraud-Amic de Sabran, connétable de Toulouse en 1209, fils de Géraud-Amic de Sabran et de Galburge du Caylar, avec Alix de Forcalquier, fille de Bertrand Ier, comte de Forcalquier. Son fils Guillaume de Sabran se qualifiait, par la grâce de Dieu, comte de Forcalquier, titre qu'il conserva toute sa vie, et en cette qualité érigea, en 1225, la terre de Cadenet en vicomté. Cette maison a tenu aussi un des plus hauts rangs dans le royaume de Naples, où elle a eu les comtés d'Ariano et d'Apici, et les premiers emplois de ce royaume.

La maison de Sabran a donné à l'Eglise, dans le xive siècle, deux saints : Elzear de Sabran, comte d'Arian, etc., et sa femme Delphine de Signe, dame de Puimichel. Ces deux époux n'eurent point d'enfants et vécurent dans la plus éminente sainteté. Elzear de Sabran naquit en 1295 et mourut à Paris, où il était en ambassade, le 27 septembre 1323, âgé de vingt-huit ans. Il fut canonisé par le pape Urbain V, son neveu, en 1368. Les reliques de saint Elzear et de sainte Delphine, son épouse, sont conservées et vénérées dans l'église d'Apt, en Provence.

Devise de cette famille : *Noli irritare leonem*. Sobriquet du roi René : Simplicité de Sabran.

D'or, à une fasce d'azur, chargée de trois billettes couchées d'argent, accompagnée de trois trèfles de sinople; au chef d'azur, chargé d'une comète d'argent la queue à sénestre.

237. Jean-Baptiste COMTE, juge consul de la ville de Marseille :

D'azur, à neuf pièces de monnaies rangées l'une sur l'autre, en forme de fasce alaisée d'argent, accompagnées en pointe d'un croissant de même : au chef cousu de gueules, chargé de trois étoiles d'or.

238. Jean de FERES, escuyer :

D'azur, à un phenix s'essorant d'or, sur la pointe d'une pyramide d'argent, dans des flammes de gueules.

239. Jean de MARIN, escuyer :

D'argent, à trois bandes ondées, entées de sable.

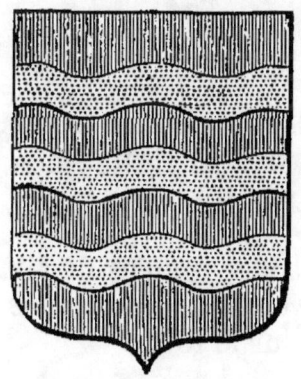

240. Pierre d'ORAISON, seigneur de Beaulieu :

De gueules, à trois fasces ondées d'or.

241. Honnoré PISCATORY, bourgeois, ancien juge consul :

D'azur, à une main dextre de carnation, mouvante du bas du flanc sénestre d'une nuée d'argent, et tenant une ligne d'or, à l'hameçon de laquelle est suspendu en pal un poisson d'argent, au-dessus d'une rivière de même ; au chef cousu de gueules, chargé de trois molettes d'or.

242. Vincent de SALOMON, escuyer :

D'azur, parti par un trait de sable, au premier, à trois bandes d'or, et au second, à une barre de même.

243. Le Chapitre de l'Eglise collégiale et paroissiale de Saint-Martin :

D'azur, à deux crosses d'or, passées en sautoir, accompagnées en chef d'une mître aussi d'or, et de trois croix patées de même, posées deux aux flancs et une en pointe.

244. Estienne-Joseph de LA FARRE, chevalier de l'ordre de Saint-Jean de Jérusalem, capitaine d'une des galères du Roy :

D'azur, à trois flambeaux rangés en pal d'or, allumés de gueules ; au chef cousu de même, chargé d'une croix d'argent.

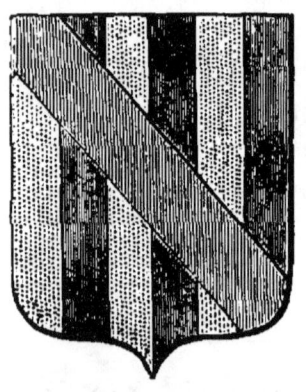

245. Ange de FORESTA COLLONGUE, prévôt de l'Eglise cathédrale de Marseille :

Pallé d'or et de gueules de six pièces ; à la bande de gueules brochant sur le tout.

246. Jean-François de MICHEL, sieur de Pierrefeu :

D'azur, à un cor de chasse d'or, lié de même, enguiché et virolé de gueules, surmonté à dextre d'une croix de Lorraine d'or, et à sénestre d'une épée d'argent, posée en pal.

247. Antoine FOUQUIER, marchand :

D'or, à un faucon de sable, becqué, membré et longé de gueules, grilleté d'or, la tête contournée, et perché sur un bâton de sable raccourci et péri en bande.

248. Rostani BELLIARD, advocat en la cour :

D'azur, à une foy d'argent, mouvante de nuées de même des deux flancs de l'écu, surmontée de trois étoiles d'or, rangées en chef, et soutenue en pointe d'un croissant d'argent.

249. Antoine de CHAMPAGNAY, enseigne de la galère réale de France :

D'hermines.

250. François de BAUSSET, chevalier de l'ordre de Saint-Jean de Jérusalem, commandeur, comte de Condat, receveur pour son ordre au grand prieuré de Saint-Gilles :

D'azur, au chevron d'or, accompagné en chef de deux molettes de même, et en pointe d'une montagne de six coupeaux d'argent ; au chef cousu de gueules, chargé d'une croix d'argent.

251. Antoine-Marseille de BAUSSET, chevalier de l'ordre de Saint-Jean de Jérusalem :

D'azur, au chevron d'or, accompagné en chef de deux molettes de même, et en pointe d'une montagne de six coupeaux d'argent ; écartelé, de gueules, à l'aigle d'or, le tout sous un chef cousu de gueules, chargé d'une croix d'argent.

252. Pierre de BAUSSET, conseiller du Roy, lieutenant-général civil et criminel au siége de Marseille :

> D'azur, au chevron d'or, accompagné en chef de deux molettes de même, et en pointe d'une montagne de six coupeaux d'argent.

253. Joseph-Charles de BAUSSET, seigneur de Roquefort :

> Porte de même.

254. Pierre-Binerte de LA COMBE, lieutenant de l'une des galères du Roy :

> De gueules, au sautoir d'or, à la bordure d'argent, chargée de dix lions de gueules.

255. Elzéar de SABRAN, chevalier de l'ordre de Saint-Jean-de-Jérusalem, capitaine de l'une des galères du Roy (1) :

> De gueules, au lion d'argent.

(1) Elzéar de Sabran était le frère de Jean de Sabran Canjuers mentionné à l'article 234.

256. Marc-Antoine de FABRE de PONFRA, chevalier de l'ordre de Saint-Jean de Jérusalem, lieutenant de la compagnie des gardes de l'étendart des galères :

De gueules, au rencontre de bœuf d'or.

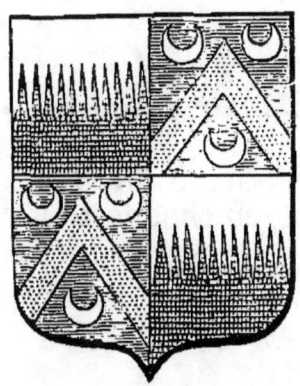

257. Louis-Antoine de RUFFI, escuyer (1) :

Coupé, emmanché d'argent et de sable de onze pièces ; écartelé, d'azur, au chevron d'or, accompagné de trois croissants d'argent.

258. A expliquer plus amplement.

259. Laurent GRAVIER, marchand :

De gueules, à une fasce ondée ou rivière, posée en

---

(1) Louis-Antoine de Ruffi naquit à Marseille, le dernier jour de l'année 1657. Il était le troisième fils d'Antoine de Ruffi et de Claire de Cypriani des seigneurs de Cabriès. Il avait épousé dame N. de Seigneuret. Il mourut le 26 mars 1724, âgé de soixante-six ans et trois mois moins quelques jours, et fut enseveli dans l'église collégiale des Accoules, dans le tombeau de ses ancêtres. Son père, nommé conseiller d'Etat en 1654, publia plusieurs ouvrages historiques, et mérita l'estime et les éloges des plus savants écrivains de son temps. Il mourut, le 3 avril 1689, âgé de quatre-vingt-deux ans.
Louis-Antoine de Ruffi fit réimprimer, en 1696, en deux volumes, l'*Histoire de Marseille*, que son père avait publiée, en 1642, en un volume in-folio. Cette nouvelle édition, fruit du travail de plusieurs années, lui fit le plus grand honneur. On a encore de lui : *Dissertations historiques et critiques sur l'origine des comtes de Provence, de Venaissin, de Forcalquier et des vicomtes de Marseille*; Marseille, 1712, in-4°. *Histoire de saint Louis, évêque de Toulouse, et celle de son culte*, à laquelle l'auteur n'a point mis son nom ; Avignon, 1713, in-12, et Avignon, Offray..... sans date, in-12. *Histoire des Evêques de Marseille*, manuscrit dont il existe plusieurs copies. *La Vie de M. le chevalier de la Coste* ; Aix, Ch. David, 1695, in-8°.

fasce d'argent, accompagnée en chef de trois étoiles rangées d'or, et en pointe d'un besan de même.

260. Louis DE L'ISLE, ancien capitaine dans le bataillon colonel du régiment de Normandie :

D'azur, à une montagne de six coupeaux d'argent, sur une mer de même, surmontée d'une étoile d'or.

261. Jacques MAURE, marchand magasinier :

D'azur, à un arbre arraché d'or, mouvant d'un croissant d'argent, accompagné en chef de trois étoiles rangées d'or.

262. Joseph BEAU, escuyer :

D'azur, à un lion d'or, tenant de chacune de ses pattes de devant un poisson d'or.

263. François CROUSSIL, escuyer :

D'azur, à trois barres d'or.

264. Pierre PORRAUX DE PORRADE, escuyer :

Ecartelé, aux 1er et 4e de gueules, au chevron d'or, chargé de six étoiles à six rais d'azur, accompagné en pointe d'un porreau d'argent, arraché de sable ; au chef d'or, chargé d'une aigle naissante de sable, couronnée de même ; aux 2e et 3e d'or, à une fasce échiquetée de trois traits d'argent et de gueules, sommée d'une épine de trois pointes de sable ; et sur le tout d'azur, à un lion d'or, lampassé de gueules, surmonté de trois étoiles d'or rangées en chef.

265. Antoine BERNARD, ancien échevin de Marseille :

D'azur, à une fasce d'or, chargée d'une molette de sable, accompagnée en chef de deux sabres d'argent passés en sautoir, les pointes en bas, surmontant une hure de sanglier de même, et en pointe d'un étendart aussi d'argent, la lame posée en bande.

266. Pierre BROUSSON, bourgeois, négociant, ancien juge consul de Marseille :

D'or, au chevron de gueules, accompagné de trois têtes d'aigles arrachées de sable.

267. Nicolas DE FEVRE, directeur général des fermes du Roy en Provence :

De gueules, à trois têtes de léopards d'or.

268. Honnoré TEISSIER, conseiller du Roy, receveur en titre au bureau des domaines, poids et caisse de Sa Majesté à Marseille :

De gueules, à une mitre d'évêque d'or ; écartelé, d'azur, à un puit d'argent, maçonné de sable, surmonté d'une colombe volante d'argent, portant en son bec un rameau d'or.

269. François BORELLY :

Porte comme cy-devant article 219.

270. François DE LORT DE SÉRIGNAN, capitaine lieutenant d'une des galères du Roy :

D'azur, au lion d'or, regardant une étoile de même posée au canton dextre du chef.

271. Henry GRIMAUD, marchand à Marseille :

Fuselé d'argent et de gueules.

272. Nicolas GRIMAUD, marchand à Marseille :

Porte de même.

273. Jean-Baptiste d'AGUT, sous-lieutenant de galères :

D'azur, à trois flèches d'or, posées en pal et en sautoir, les pointes en bas.

274. Jean GLEIZE, marchand à Marseille :

D'azur, à une église d'argent, ajourée d'une porte et de quatre fenêtres de sable, essorée de gueules, sommée d'une croisette d'or, avec son clocher aussi d'argent, et essoré ou couvert de gueules, sommé d'une croisette d'or, surmontée en chef d'un croissant d'argent, accosté de deux étoiles d'or.

275. Michel GLEIZE, marchand à Marseille :

Porte de même.

276. François d'ARENNE (d'ARENE) :

Porte comme cy-devant, article 124.

277. Joseph DUPONT, conseiller, advocat et procureur du Roy au siège de Marseille :

D'azur, à un pont de trois arches alaisé d'or, maçonné de sable, surmonté de trois molettes de même rangées en chef.

278. Jean-Baptiste LE BLANC, capitaine d'infanterie :

D'azur, à trois fusées d'argent en fasce ; au chef cousu de gueules, chargé d'une croix vidée, clechée et pommetée d'or.

279. Balthazard-Marin du CAYRON, escuyer, sous-lieutenant d'une des galères du Roy :

Ecartelé, aux 1ᵉʳ et 4ᵉ d'azur, au chevron d'argent, accompagné de trois billettes de même ; au 2ᵉ d'azur, à une fasce d'argent, accompagnée en chef de trois besans, et en pointe d'un croissant de même ; au 3ᵉ, aussi d'azur, à une croix d'or.

280 (bis). Surleon d'ALBERTAS, chevalier, seigneur de Gémenos, et Magdeleine HUMBERT, sa femme :

De gueules, au loup ravissant d'or ; *accolé* : d'azur, à un léopard monstrueux, ayant sous une seule tête deux corps rampants et affrontés d'or, lampassé et armé de gueules.

281. Michel-Jules d'ALBERTAS :

De gueules, au loup ravissant d'or.

282. François BOUCHER, marchand à Marseille :

D'argent, à une feuille de chêne de sinople posée en pal ; écartelé, d'azur, à une croix potencée d'or, cantonnée de quatre croisettes aussi potencées de même.

283. Gaspard de RIQUETY :

Porte comme cy-devant, article 130.

284. Jacques AUPRAT, conseiller du Roy :

D'azur, au chevron d'or, accompagné en chef de deux étoiles de même mal ordonnées, et en pointe d'une colombe d'argent, becquée et membrée de gueules, sur une terrasse au naturel.

285. François ROUX, conseiller du Roy, maire perpétuel de Peypin :

D'argent, à trois barbeaux d'azur, tigés et feuillés de sinople, sur une terrasse de même ; au chef d'azur, chargé d'un soleil d'or.

286. Jean-Jacques REGIS, écrivain du Roy et commis dans le magasin général des galères, faisant fonction de secrétaire de M. de Montmort, intendant général desdites galères (1) :

D'azur, à une aigle d'argent, accompagnée de trois étoiles d'or, rangées en chef.

(1) Jean-Jacques Regis fut nommé plus tard lieutenant de Roi de la ville d'Aubagne ; de lui descend la famille fixée à Marseille. Il fut père de Jean-Pierre de Regis, lieutenant de Roi de la ville d'Aubagne et secrétaire-général de l'intendance, lequel eut Jean de Regis de la Colombière, chargé du contrôle de la marine, et qui épousa Magdeleine de Geoffroy, dont Jean-François-Pierre de Regis de la Colombière, qui servit dans la marine royale, qu'il quitta à l'époque de la Révolution pour se livrer à la navigation du commerce. Il se distingua, en 1810, contre les Anglais, qui avaient fait une entreprise sur les îles de Marseille. Il eut plusieurs enfants, savoir :
1° Jean-François-Augustin-Balthazar de Regis de la Colombière, qui a laissé deux fils, Auguste et Louis, et plusieurs filles, dont une a épousé M. Ferdinand André, sous-archiviste des Bouches-du-Rhône ;

287. A expliquer plus amplement.

288. François LE MAISTRE, escuyer, seigneur de Beaumont :

D'azur, à trois soucis d'or.

289. Christophe de SABATERIS :

D'azur, à un bourdon d'or, posé en bande, au milieu duquel sont perchés deux oiseaux affrontés de même, becqués de gueules et becquetant le bourdon, l'un dessus et l'autre dessous.

290. Jean-François de BLANC :

D'azur, à une fasce d'or, accompagnée en chef de deux masses d'armes passées en sautoir de même, et en pointe d'une palme d'argent posée en pal.

2° Marcel-Blaise de Regis de la Colombière, dont un fils et cinq filles ; deux de ces dernières ont épousé leurs cousins germains ;
3° Antoine-Augustin de Regis de la Colombière, établi à Rio-Janeiro ; ce dernier est père de quatre fils et de deux filles.
Cette famille, originaire du Languedoc, a l'honneur de sortir de la même souche qui a produit saint Jean-François Regis.
Certificat de noblesse donné à Barthélemy-Augustin-Marianne de Regis de la Colombière et à Jean-François-Pierre de Regis de la Colombière frères, tous deux fils de feu noble Jean de Regis de la Colombière et de Magdeleine de Geoffroy ; ce certificat, à la date du 22 janvier 1781, est signé par le marquis de Jarente, Bérenger la Baume et Dalbert, viguier ; certifié, le 17 mars 1783, par Alphonse de Fortia, marquis de Pilles, duc de Baumes, etc., etc., gouverneur, viguier et commandant de la ville de Marseille ; enregistré, le 16 avril 1785, aux minutes de M° Portetassy, notaire à Marseille.
Jugement du tribunal civil de Marseille, en date du 13 juillet 1852, qui ordonne la rectification des actes d'état civil de Marcel-Blaise de Regis de la Colombière, fils de Jean-François-Pierre de Regis de la Colombière et de ses enfants ; ce dernier fils de noble Jean de Regis de la Colombière et de Magdeleine-Anne de Geoffroy.
Devise de cette famille : *A solo ad cœlum.*

291. Annibal-François de MARIN, seigneur de Saint-Michel, capitaine d'une des galères du Roy :

>D'azur, à une fasce d'or, soutenue en pointe d'une mer agitée d'argent.

292. Estienne PELLISSERI, médecin réal des galères :

>Écartelé, aux 1ᵉʳ et 4ᵉ, d'argent, coupé par une mer de sinople, à un poisson au naturel en fasce brochant sur le tout; aux 2ᵉ et 3ᵉ d'azur, à trois fasces ondées d'argent; au chef d'or, chargé d'une rose de gueules.

293. Melchior de GARNIER ROUSSET, chevalier de l'ordre de Saint-Jean de Jérusalem, sous-lieutenant d'une des galères du Roy :

>D'argent, à trois chevrons de gueules ; au chef de même.

294. Louis-Alphonse de CLAPIER de GRÉOULX, chevalier de l'ordre de Saint-Jean-de-Jérusalem, enseigne et sous-ayde-major des galères :

>Fascé d'azur et d'argent de six pièces; au chef d'or.

295. Justinien GRIMOD, marchand :

>D'azur, à une fasce d'or, surmontée d'un croissant

d'argent, accosté de deux étoiles d'or, et soutenue d'une mer d'argent, chargée d'un poisson au naturel ; au chef d'argent, chargé d'une croix potencée de gueules, cantonnée de quatre croisettes de même.

296. Louis GAUTIER, marchand, bourgeois de Marseille, député du commerce :

D'azur, à un coq d'or, crêté, becqué, barbé et onglé de gueules, posé sur un tertre d'argent, et ayant le pied dextre levé.

297. François BORELLY DE BRES (Bras), advocat en la cour :

De gueules, à trois pals d'or ; au chef de gueules chargé de trois besans d'or.

298. Antoine JOURDAN, marchand à Marseille :

D'azur, à un rocher d'or, dans une mer d'argent, et sur le rocher une colombe d'argent, regardant un soleil d'or, naissant de l'angle dextre ; au chef d'or, chargé d'une croix potencée de gueules, cantonnée de quatre croisettes de même.

299. François RIGORD, conseiller, advocat et procureur du Roy au siège de Marseille :

De gueules, au sautoir dentelé d'or, accompagné de quatre roses d'argent.

300. Thomas DE MAOULLE, enseigne de la galère réale :

Coupé de gueules sur or, le gueules chargé d'un oiseau d'argent, mouvant du trait du coupé.

301. Le Chapitre de l'Eglise Collégiale et paroissiale de NOTRE-DAME-DES-ACCOULES, de la ville de Marseille :

> D'azur, à une tour d'argent, maçonnée de sable, sur une montagne d'argent, ombrée de sinople, adextrée d'une étoile d'or et sénestrée d'un croissant d'argent.

302. François ARNOUL de VAUCRESSON, conseiller du Roy, commissaire général des galères de sa majesté :

> D'azur, à une fasce en devise haussée d'or, accompagné en chef de trois roses rangées de même et en pointe de trois croissants d'argent entrelassés.

303. Joseph DIN, marchand :

> D'or, au chevron de gueules, accompagné de trois merlettes de sable ; au chef d'azur, chargé de deux étoiles d'or.

304. Louis d'HEUREUX, lieutenant d'une des galères du Roy :

> D'azur, au sautoir d'or, accompagné en chef et en pointe d'une étoile de même, et à chaque flanc d'un croissant d'argent.

305. Claude de L'ISLE, escuyer :

> D'azur, à deux palmes passées en sautoir d'or, accompagnées en chef d'une étoile de même.

306. Esprit AGNEL, bourgeois de Marseille :

> D'azur, à un agneau pascal d'argent, sa longue croix d'or, la banderolle de même, croisée de gueules, au chef d'or, chargé de trois étoiles de gueules.

307. Aymar AGNEL, marchand à Marseille :

Porte de même.

308. Simon de LORME, prévôt général des galères :

D'azur, à un orme arraché d'or, surmonté d'une étoile de même.

309. Dominique de LUBIÈRE du BRUEIL, lieutenant d'une des galères du Roy :

D'or, à trois têtes de mores de sable, tortillées et accolées d'argent, posées en pairle, celles du chef affrontées, celle de la pointe renversée, et toutes trois enchaînées ensemble par leurs colliers avec trois chaînes aussi d'argent, liées en cœur à un anneau de même.

310. Henry VELLIN, bourgeois, cy-devant officier :

Porte comme cy-devant, article 123.

311. Jean BOMAY, bourgeois :

D'azur, à un renard rampant d'or.

312. Scipion REINAUD, bourgeois :

Porte de même.

313. Jean-Baptiste de MARTIN, de nation espagnole, naturalisé en France :

D'azur, à un arbre d'or, sur une terrasse de même, surmonté de trois étoiles aussi d'or, rangées en chef; parti, de gueules, à une fasce d'hermines.

314. Joseph SIGAUD, marchand :

D'azur, à une gerbe d'or, liée de gueules, sommée d'une colombe d'argent, surmontée de trois étoiles d'or, rangées en chef.

315. Jean-Pierre RIGORD, commissaire de la marine :

Porte comme cy-devant, article, 299.

316. Antoine ROCHEFORT, marchand :

D'azur, à une bande d'or, chargée de trois roses de gueules, accompagnée en chef d'une étoile d'or et en pointe d'une montagne de trois coupeaux d'argent.

317. Jean-Pierre de SAINT-JACQUES, enseigne d'une des galères du Roy :

Porte comme cy-devant, article 148.

318. Nicolas d'HERMITE, seigneur de BELCODÉNE et de FUVEAU :

D'azur, à un pélican avec sa piété d'or, ensanglanté de gueules.

319. Jean-Baptiste ANDRÉ, marchand à Marseille :

D'or, au sautoir d'azur.

320 bis. Charles de BOMBELLES, capitaine et major des galères du Roy, inspecteur de leurs troupes, chevalier de l'ordre militaire de Saint-Louis, et Renée de VIMEUR de ROCHAMBEAU, sa femme :

Ecartelé, d'or et de gueules ; *accolé* : d'azur, au chevron d'or, accompagné de trois molettes de même.

321. Gaspard MARTIN, ancien courtier royal :

D'azur, au mouton d'or, passant sur trois monticules d'argent, mouvants d'une onde de même; au chef cousu de gueules, chargé de trois étoiles d'or.

322. Balthazar de BOURGUIGNON de BOISSIÈRE (de Bussière), S. de la Mûre, escuyer :

Ecartelé, aux 1er et 4e, d'or, au sanglier de sable, percé d'une flèche en barre d'argent, empennée de gueules; au chef d'azur, chargé de trois étoiles d'or; aux 2e et 3e, de gueules, au sautoir d'or, flanqué de deux étoiles de même.

323. Nicolas CAIRE, bourgeois :

D'azur, au levrier rampant d'argent, accolé de sable; au chef d'or, chargé de trois étoiles de sable.

324. Jean RIPERT, docteur en médecine :

D'azur, au chevron d'or, accompagné en chef de deux étoiles de même, et en pointe d'un monde aussi d'or, ceintré et croisé de même.

325. Jean ESTIENNE, escuyer :

D'azur, à trois bandes d'or.

326. Jean ESTIENNE, S. de Beauregard :

Porte de même.

327. Claude COTTEREAU, S. de Nangeville :

> D'argent, à trois lézards de sinople.

328. Pierre de MIRABEL, escuyer de M. le comte de Moncha et lieutenant de sa compagnie dans son régiment de cavalerie :

> Ecartelé, d'or et de gueules, à la bande d'hermines brochant sur le tout.

329. Jean-Baptiste VARAGE, droguiste :

> D'azur, à deux lions affrontés d'or, lampassés de gueules, accompagnés en chef d'une étoile d'or, et en pointe d'un croissant d'argent.

330. Cézar GAUTIER, droguiste :

> D'azur, à un coq d'or, crêté, becqué, barbé et membré de gueules, empiétant un serpent d'argent, dardant son aiguillon de gueules vers la tête du coq, surmonté de trois étoiles d'or, rangées en chef.

331. Charles de MONTEAUX, escuyer :

> D'or, à un lion de sable, lampassé et armé de gueules, à une bande d'argent brochant sur le tout.

332. Jean de CABANES, escuyer :

> De gueules, à une licorne saillante d'argent.

333. Guillaume EON, banquier :

> D'argent, à un lion de sable.

334. Laurent BOULLE, marchand :

> D'or, à une fasce d'azur, chargée de trois boules ou besans d'argent.

335. François GARCIN, bourgeois :

D'azur, au chevron d'or, accompagné de trois colombes d'argent, becquées et membrées de gueules.

336. Jean COCHARDIÈRE, écrivain d'une des galères du Roy :

D'azur, à deux coqs s'essorant d'argent, crêtés, barbés et membrés de gueules, attelés par deux cordons de sable à un char d'or, posé sur une nuée d'argent, le tout accompagné en chef d'une étoile d'or.

337. Estienne MÉRE, bourgeois :

D'or, à un arbre de sinople, terrassé de même, sommé d'un oiseau de sable, le bec à demi-ouvert, surmonté de trois étoiles de gueules, rangées en chef.

338. Claire de CELIER, veuve de Jean-Baptiste d'Impérial, a présenté l'armoirie qui porte :

Tiercé en fasce, au 1er, d'or, à une aigle de sable, au 2e, de sinople, à deux besans d'or, et au 3e, de gueules, à un besan d'or.

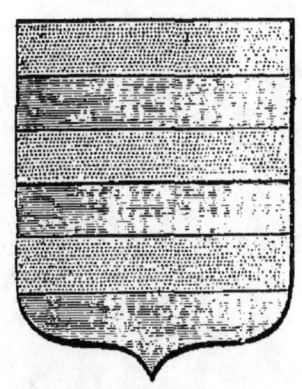

339. Louis-Victor de MONTOLIEU, sous-lieutenant de galères :

Fascé d'or et d'azur de six pièces.

340. François MATALIAN, capitaine de vaisseau marchand :

> D'azur, à une plante de trois lis d'argent, grenés d'or, tigés et feuillés de sinople, mouvants d'une terrasse de même, et surmontés de trois étoiles d'or rangées en chef.

341. Claude BARBIER, marchand :

> De gueules, à une fasce d'argent, chargée d'un croisssant d'azur, accompagnée en chef d'une tête de lion arrachée d'or, et en pointe de trois besans de même, posés deux et un ; au chef cousu d'azur, chargé de trois étoiles d'or.

342. Benoist de MOSNIER (Monier), lieutenant d'une galère du Roy :

> D'azur, au chevron d'or, accompagné en pointe d'une vache passante, sommée entre les deux cornes d'une étoile de même.

343. Pierre de MOSNIER (Monier), lieutenant d'une galère du Roy :

> Porte de même.

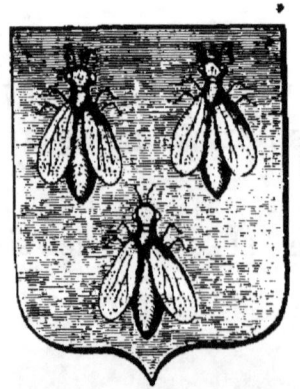

344. Thomas de BARBERIN, advocat :

> D'azur, à trois mouches à miel d'or.

345. Jean-Baptiste COTTA, advocat :

> D'azur, à une foy de carnation, vêtue de gueules, parée d'argent, mouvante des flancs de nuées de même, accompagnée en chef de trois étoiles rangées d'or, et en pointe d'une montagne de trois coupeaux d'argent, mouvante d'une terrasse de sinople, soutenue d'une rivière d'argent, ondée d'azur; la montagne chargée d'une couleuvre rampante de sinople, languée de sable

346. David COULLIETTE, marchand :

> D'azur, au cheval courant d'argent, surmonté de trois étoiles d'or, rangées en chef.

347. Joseph RIMBAUD, marchand :

> D'azur, à un arbre arraché d'or; au chef cousu de gueules, chargé de deux étoiles d'or.

348. François GÉRARD, S. de Benat :

> Porte comme cy-devant, article 215.

349. Jean RIMBAUD, ancien premier échevin de Marseille :

> Porte comme cy-devant, article 347.

350. Antoine RIMBAUD :

> Porte de même.

351. Antoine GRAS, advocat :

> D'azur, à une fasce en devise, haussée d'or, surmontée de trois étoiles de même, rangées en chef, et accompagnée en pointe d'un mouton d'argent.

352. Jean CURET, escuyer :

Porte comme cy-devant, article 224.

353. Anne de SAVOURNIN, veuve de Michel BORELY, S. de Bresc (Bras) :

D'azur, à trois cœurs d'or appointés en cœur.

354. Vincent FABRE, escuyer :

D'azur, à un lion d'or, lampassé et armé de gueules, regardant une étoile d'or, posée au canton sénestre du chef.

355. Jean-Baptiste BOISSELY, advocat en Parlement :

De gueules, au chevron d'or, accompagné de trois besans d'argent.

356. Marc-Aurèle BARRIGUE, négociant :

D'azur, à une tour crénelée d'argent, maçonnée de sable, ajourée d'une porte et de deux fenêtres de gueules, sur une mer d'argent, la tour donjonnée d'une autre tour qui est couverte en dôme, aussi crénelée d'argent, maçonnée de sable, et ajourée d'une porte et de deux fenêtres de gueules, à une bannière de gueules, chargée d'une croisette d'argent et fustée de même, mouvante en bande des créneaux du flanc sénestre de la première tour.

357. Honnoré BARRIGUE, bourgeois :

Porte de même.

358. Gérard-Hilaire BARRIGUE, négociant (1) :

Porte de même.

---

(1) L'auteur de l'*Histoire héroïque et universelle de la Noblesse de Provence*, sous le pseudonyme d'Artefeuil, dit que la famille de Bar-

359. François BOISSELY, advocat en Parlement :

Porte comme cy-devant, article 355.

360. Louis TRUILHARD, ancien eschevin :

D'azur, à deux mains de carnation, mouvantes de nuées d'argent des deux angles de la pointe, chacune empoignant une palme d'or, passées en sautoir ; au chef de gueules, chargé d'une étoile d'or, adextrée d'un soleil, et sénestrée d'une autre étoile de même, le chef soutenu d'un arc-en-ciel au naturel.

361. Denis TRUILHARD :

Porte de même.

rigue est originaire du Portugal, où elle occupait un rang distingué, et que ceux de cette maison qui suivirent la fortune du roi Antoine perdirent tous leurs biens et se réfugièrent avec lui en France, où l'un d'eux, Gérard Barrigue, eut deux fils, Amiel et Mathieu :

1° Amiel Barrigue, l'aîné des deux, eut Gérard-Hilaire Barrigue susmentionné, dont Joseph-Marc Barrigue, sieur de Fontanieu, qui eut Prosper-François-Irénée de Barrigue de Fontainieu, né à Marseille, le 17 juillet 1760. Il fut capitaine de vaisseau et chevalier de Saint-Louis, émigra pendant la révolution, devint un peintre fort distingué, et décéda à Marseille, en 1850, laissant plusieurs enfants de son mariage avec noble demoiselle de Sartous, qu'il avait épousée en 1800. L'un de ces enfants, Adolphe-Joseph de Barrigue de Fontainieu, épousa, en 1828, noble demoiselle de Colla de Pradine, de la ville de Bordeaux, dont il a eu trois fils et deux filles.

2° Mathieu Barrigue, second fils de Gérard Barrigue, fut échevin de Marseille en 1678 ; il eut Honoré Barrigue, sieur de Montvallon, reçu conseiller-secrétaire du Roi le 13 août 1702. Il épousa, en 1677, Claire de la Garde, dont André Barrigue, sieur de Montvallon, reçu conseiller au Parlement de Provence, le 29 octobre 1702. Il fut marié à Julie-Darie de Boyer, des seigneurs d'Eguilles, de laquelle il eut Honoré de Barrigue, seigneur de Montvallon, reçu conseiller au Parlement de Provence, le 17 juin 1729. Il fit ses preuves de noblesse pour les Etats de Provence en 1787. Il épousa Louise-Polixène d'Isnard, des seigneurs d'Esclapon. De ce mariage naquit Joseph-André de Barrigue de Montvallon.

Les armoiries de cette famille sont ainsi peintes et blasonnées, soit dans Artefeuil, soit dans le procès-verbal des preuves de noblesse d'Honoré de Barrigue, en 1787 :

De gueules à la tour donjonnée d'or, maçonnée de sable, sur un rocher d'or dans une mer de sinople à la pointe ; à un drapeau de sable, chargé d'une croix d'argent, posé sur un créneau au côté dextre de la tour.

362. Thomas ESTIENNE, bourgeois :

D'azur, à trois bandes d'or.

363. Claude ESTIENNE, advocat :

Porte de même.

364. Gaspard SIEUVE, courtier royal :

Chevronné d'azur et d'or de six pièces.

365. Balthazard TIRAN, marchand négociant :

Coupé, endenté d'azur sur argent, l'azur chargé d'une flèche couchée en fasce d'or, empennée d'argent, et surmontée de trois étoiles d'or rangées en chef, et l'argent chargé d'un lion morné passant de gueules.

366. Joseph DEAVAGE, advocat :

Coupé au premier, d'azur, à un nom de Jésus d'or, entouré de rayons de même, et au second de gueules, à une bande d'argent, chargée en cœur d'une croisette d'azur.

367. Jean BALTHALLON, marchand :

D'azur, au chevron d'or, accompagné de trois besans d'argent.

368. André de VASSÉ, écrivain du Roy de la galère appelée *la Belle* :

De gueules, à cinq vases d'argent posés en sautoir, et sous le tout une rivière aussi d'argent, ondée d'azur.

369. Joseph SURLE, marchand :

D'azur, à deux guivres ou serpents passés en double

sautoir et affrontés, l'un de gueules et l'autre d'azur, langués de gueules, entre lesquels est une colonne d'or posée en pal, sommée d'un casque de sable taré de front, bordé de gueules, ecimé d'une aigle de sable, couronnée d'or, accosté de deux étoiles d'azur.

370. Joseph BORELLY, ancien premier échevin de Marseille :

Porte comme cy-devant, article 219.

371. Hierosme BERARD, commis au greffe de l'amirauté de Marseille :

D'azur, au chevron d'argent, accompagné en chef de deux étoiles d'or et en pointe d'un croissant d'argent ; au chef d'azur soutenu d'or, chargé d'un rat passant d'argent.

372. François BEAU, docteur ès-droits, advocat en la cour :

D'azur, à trois poissons, posés en fasce l'un sur l'autre d'argent, soutenus en pointe d'une mer de même.

373. Pierre DULARD, marchand :

D'azur, à un lion d'or, lampassé de gueules, rampant contre une croix haussée et fleuronnée d'or, plantée sur une montagne de trois coupeaux d'argent mouvante à dextre de la pointe de l'écu ; au chef cousu de gueules, chargé d'un croissant d'argent, accosté de deux étoiles d'or.

374. A expliquer plus amplement.

375. Joseph ROSSET, marchand :

D'azur, à deux lions d'or, lampassés de gueules, affrontés et rampants contre un rocher d'argent, le tout surmonté de trois croisettes de même mal ordonnées.

376. Jean-Baptiste BLANC, bourgeois :

> D'azur, à un cygne d'argent, becqué et membré de gueules.

377. Joseph JOURDAN, bourgeois :

> D'azur, à un coq d'or, crêté, barbé et membré de gueules, perché sur un tertre d'argent, mouvant d'une rivière de même, ondée d'azur, et surmonté d'une étoile d'or.

378. Nicolas CHARPENTIER, commissaire général des salpêtres et poudres aux départements de Provence, Languedoc et Gascogne :

> D'or, à une fasce d'azur, chargée de deux colombes d'argent.

379. Jean MORIN, écrivain du Roy en la corderie des galères de Sa Majesté :

> D'argent, au chevron de gueules, accompagné de trois têtes de mores de sable, bandées d'argent.

380. Feu Hercule de GARNIER, seigneur de Julians, Saint-André, suivant la déclaration de marquise de FÉLIX, sa veuve :

> De gueules, à une tour crénelée d'argent, donjonnée d'une tourelle crénelée et couverte de même, maçonnée de sable, la tour posée sur un rocher d'argent.

381. François-Bernard de BAUSSET, prieur de Saint-Martin-de-Malignon :

> D'azur, au chevron d'or, accompagné en chef de deux molettes de même, et en pointe d'une mon-

tagne de six coupeaux d'argent ; écartelé, de gueules, à une aigle d'or.

382. Honnoré d'AUDIFFRET, sous-lieutenant d'une des galères du Roy :

Porte comme cy-devant, article 11.

383. Simon-Gomes ALMEIDA, bourgeois :

D'argent, à une tour d'azur, du haut de laquelle se précipite à dextre un homme nud de carnation, la tête en bas, la tour posée sur une terrasse de sinople, et surmontée de trois étoiles d'azur, rangées en chef.

384. Louis SOUCHEIRON, marchand :

D'azur, à une bande d'argent, chargée de trois pals ondés de gueules, et accompagnée de deux feuilles de vigne d'or ; au chef d'or chargé de trois étoiles de gueules.

385. Honnoré CAIRE, archidiacre de l'église cathédrale de Marseille :

Porte comme cy-devant, article 323.

386. Claude de MONIER D'AIGLUN, escuyer :

Porte comme cy-devant, article 342.

387. Jean BERNADDIÉ, bourgeois :

D'azur, à une cygogne d'argent, dans une rivière de même, ondée d'azur, bordée de joncs au naturel, la cygogne tenant en son bec un petit poisson d'argent, et accompagnée (surmontée) de trois étoiles d'or, rangées en chef.

388. Philippe-Joseph de FÉLIX d'OLLIÈRES, enseigne de galères :

> De gueules, à la bande d'argent, chargée de trois F de sable; écartelé, de gueules, au lion d'or, à la bande d'azur brochant sur le tout.

389. Gaspard VITALIS, bourgeois :

> D'azur, à deux lions affrontés d'or, lampassés et armés de gueules, supportant chacun d'une patte une tour d'argent, maçonnée de sable, laquelle est accompagnée (accostée) en chef d'une étoile d'or à dextre, et d'un croissant d'argent à sénestre.

390. Jean VITALIS, marchand négociant :

> Porte de même.

391. Joseph ESTOUPAN, marchand :

> De gueules, à un dextrochère d'or, mouvant du bas du flanc sénestre, tenant cinq épis de blé empoignés aussi d'or, tigés et feuillés de même.

392. Jean-Philippe de CABREROLLES de VILLEPASSANS, chevalier de l'ordre militaire du Roy et officier de ses galères :

> D'azur, à une fasce d'or, accompagnée en chef d'une croix fleuronnée et en pointe d'un besan de même.

393. François THOMAZIN, capitaine de vaisseau marchand :

> Porte comme cy-devant, article 162.

394. François MURAT, marchand :

De gueules, à un arbre d'or, sur une terrasse d'argent, surmonté d'un soleil aussi d'or, mouvant du chef.

395. Jean LA CROIX, marchand :

De gueules, à un cygne d'argent, accompagné en chef (surmonté) de deux croisettes d'or ; au chef d'azur, chargé d'un croissant d'argent, accosté de deux étoiles d'or, le chef soutenu d'or.

396. Jean BOYER, marchand négociant :

D'azur, à un bœuf d'or, passant sur une terrasse de sinople, sommé d'une étoile d'or entre les deux cornes ; au chef cousu de gueules, chargé de trois étoiles d'argent.

397. Jean COUSTAN, marchand :

D'azur, à un lion passant d'or, lampassé de gueules, portant sur son dos un rocher d'argent, sommé d'une colombe de même, becquée et membrée de gueules, tenant en son bec un rameau d'olivier d'or.

398. Charles COUSTAN, marchand :

Porte de même.

399. Pierre DESPUECHES, marchand (1) :

---

(1) La composition de ce blason est évidemment fautive. L'*Armorial général* énonce d'abord dix rochers, puis six en chef, trois de chaque côté et quatre en pointe, ce qui au total fait seize ; donc six en plus. Il y a là un vice de construction ou de transcription ; d'ailleurs les six en chef me paraissent peu dans les règles du blason, puisque le chevron est surmonté d'un chef. A mon avis, ces six rochers sont de trop, et je crois que c'est là une erreur de transcription.

D'azur, au chevron d'or, accompagné de dix rochers d'argent, six en chef, trois de chaque côté, posés deux et un, et quatre en pointe mis en croix; au chef cousu de gueules, chargé d'un croissant d'argent, accosté de deux étoiles d'or.

400. Guillaume ALPHANTY, marchand :

D'or, à un arbre arraché de sinople, contre lequel est appuyé un éléphant d'argent; au chef d'azur, chargé de trois étoiles d'or.

401. Jean-Baptiste ALPHANTY, marchand :

Porte de même.

402. Antoine du PIN, marchand :

D'azur, à un pin d'or sur une terrasse de même; au chef cousu de gueules, chargé de trois étoiles d'or.

403. Jeanne ESPINAS, veuve de Barthélemy CASSAN, marchand, a présenté l'armoirie qui porte :

D'azur, à trois arbres d'or, rangés sur une terrasse au naturel, celui du milieu plus élevé que les autres, et chacun sommé d'une colombe d'argent, celle à dextre contournée, accompagnés d'un chien aussi d'argent passant devant l'arbre, du côté senestre, le tout surmonté d'un soleil d'or, mouvant de l'angle dextre du chef, et d'une étoile de même, posée au canton senestre.

404. A expliquer plus amplement.

405. Jean-Antoine DOT, mesnager :

De gueules, à un fer de charrue posé en pal, la pointe en bas d'argent, accompagné de trois molettes d'or.

406. Honnoré CORNIER, marchand :

De gueules, à une licorne passante d'argent.

407. Jean-Baptiste de VINTIMILLE, seigneur de Figanières, chevalier de l'ordre de Saint-Jean de Jérusalem et lieutenant d'une des galères du Roy (1) :

De gueules, au chef d'or ; écartelé, de gueules, au lion d'or, couronné de même.

408. André SERIES, marchand :

D'or, à une bande d'azur, chargée d'un oiseau volant d'argent, et accompagnée de deux tourteaux de gueules ; au chef de gueules, chargé de deux étoiles d'or.

409. Vincent BOYER, bourgeois :

D'argent, à un bœuf de gueules, passant sur une terrasse de sinople ; au chef d'azur, chargé de trois étoiles d'or.

410. Jean-Antoine LAMBERT, bourgeois :

Echiqueté d'argent et d'azur ; au chef d'or, chargé d'un lambel de deux pendants de sable.

411. François CARRAIRE, courtier :

D'azur, à trois croix d'argent, composées chacune de quatre losanges ; au chef d'or.

---

(1) Il était fils de François de Vintimille, sieur de Seyssons, qui épousa à Marseille, l'an 1652, Marguerite de Tarquet. Il fut reçu chevalier de Malte de minorité. Cette branche hérita de celle de Figanières, qui s'éteignit, vers la fin du XVIIe siècle, en la personne de Gaspard de Vintimille, seigneur de Figanières, marié avec Marguerite de Villeneuve, dont il n'eut point d'enfants.

412. Antoine THERIC, marchand :

> D'or, à une foy de carnation, posée en fasce, vêtue de gueules, mouvante des deux flancs de l'écu, accompagnée de trois scorpions de sable.

413. Gilbert de LA ROCHE-VERNASSAL, chevalier de l'ordre de Saint-Jean de Jérusalem, capitaine de galère :

> De gueules, à un levrier rampant d'argent, accolé de sable; au chef cousu de gueules, chargé d'une croix d'argent.

414. Joseph-Alexandre de TOURNIER, S. de Saint-Victoret :

> De gueules, à un écusson d'or, accosté de deux cornes d'abondance de même, et chargé d'une aigle, le vol abaissé de sable, couronnée de gueules.

415. Jean-Baptiste SIMON, bourgeois :

> D'azur, à une montagne de cinq coupeaux d'argent, deux sur trois, surmontée d'une étoile d'or.

416. Antoine de MONIER, escuyer :

> Porte comme cy-devant, article 342.

417. Barthelemy JUGE, bourgeois :

> D'azur, à trois roses sur une même tige d'or, surmontées d'une étoile de même et soutenues d'un croissant d'argent.

418. Louis de VENTO, escuyer :

Echiqueté d'argent et de gueules.

419. Pierre d'ALBERTAS SAINT-MAYME, chevalier de l'ordre de Saint-Jean de Jérusalem, sous-lieutenant d'une des galères du Roy :

De gueules, à un loup ravissant d'or ; au chef cousu de gueules chargé d'une croix d'argent.

420. André JOUVENE, marchand :

D'azur, à un dextrochère de carnation, vêtu de gueules, paré d'argent, mouvant du flanc sénestre d'une nuée de même, et tenant trois épis de blé d'or empoignés, surmonté de trois roses d'argent, rangées en chef.

421. Nicolas SOUCHOYE, économe de l'hôpital royal des forçats :

D'azur, au chevron d'or, accompagné en chef de deux oyes d'argent, et en pointe d'une cep de vigne arraché d'or, poussant deux rejetons de même.

422. Marguerite d'EPILLY (d'Expilly), veuve de Jacques GIRAUDON, escuyer, a présenté l'armoirie qui porte :

Ecartelé, aux 1ᵉʳ et 4ᵉ, d'azur, au chevron d'or, accompagné en chef de deux étoiles de même, et en pointe d'un croissant d'argent ; aux 2ᵉ et 3ᵉ d'azur, à un coq d'or, crêté, barbé et membré de gueules, perché sur un œuf d'argent, et tenant de son pied dextre une épée d'argent, garnie d'or ; au chef cousu de gueules, chargé d'une étoile de huit rais d'or.

423. Pierre de MONDESIR, écrivain du Roy d'une des galères de Sa Majesté :

Parti de sinople et de gueules, à un cœur d'or, ailé d'argent, brochant sur le tout, surmonté d'une couronne d'or et soutenu d'une montagne de trois coupeaux d'argent, mouvante de la pointe.

424. Joseph DE BAUSSET, chanoine de l'église cathédrale de Marseille :

Porte comme cy-devant, article 252.

425. Jean ROUSTAN VILLET, marchand :

D'azur, à une ville d'argent sur une terrasse de sinople, adextrée en chef de rayons d'or, mouvants du côté dextre du chef et sénestrée aussi en chef d'un chérubin de même, le vol abaissé.

426. Joseph VILLET, courtier royal :

Porte de même.

427. Toussaint DE VENTO DES PENNES, chevalier de l'ordre de Saint-Jean de Jérusalem, sous-lieutenant d'une des galères du Roy :

Porte comme cy-devant, acticle 56.

428. Joseph BARNOIN, escuyer :

Fascé d'azur et d'or de six pièces ; au chef d'argent, chargé de trois étoiles de gueules.

429. Pierre de CARRADET, dit BOURGOGNE :

Porte comme cy-devant, article 108.

430. Jacques de PORRADE, chanoine dans l'église cathédrale de Marseille :

D'azur, à un lion d'or, lampassé et armé de gueules, surmonté de trois étoiles aussi d'or, rangées en chef.

431. Jean-Baptiste GUIEU, capitaine de vaisseau marchand :

D'azur, au chevron d'or, accompagné en pointe d'un croissant d'argent ; au chef cousu d'azur, chargé de trois étoiles d'or.

432. N. des PENNES, chevalier de l'ordre de Saint-Jean de Jérusalem, lieutenant d'une des galères du Roy :

Echiqueté d'argent et de gueules.

433. Jean-Baptiste MANIN, cy-devant commissaire de l'artillerie par terre, à présent artificier des galères du Roy et inspecteur par ordre de Sa Majesté des batteries de la ville, isles et rades de Marseille :

D'azur, à deux épées passées en sautoir d'argent, les poignées d'or, surmontées d'une étoile de même.

434. A expliquer plus amplement.

435 (bis). Gaspard-Bruno de FORESTA et N... de PONTEVÈS, sa femme :

Pallé d'or et de gueules de six pièces, à la bande de gueules brochant sur le tout ; *accolé* : comme cy-devant, article 68.

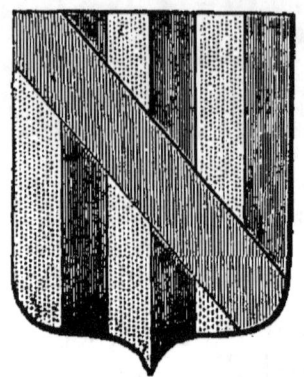

436. François de FORESTA, capiscol de l'Eglise cathédrale major :

> Pallé d'or et de gueules de six pièces ; à la bande de gueules brochant sur le tout.

437. Etienne CORNIER, commissaire des classes :

> De gueules, à une licorne d'argent, passante sur une terrasse de sable, surmontée d'une étoile d'or.

438. Joseph d'AGOULT, officier des galères :

> D'or, au loup ravissant d'azur, lampassé, armé et viléné de gueules.

439. Jean-Baptiste SPERELLY, bourgeois :

> D'azur, à une ancre d'argent, la trabe d'or et la stangue accolée d'un dauphin de même, posé de front, la tête en bas.

440. Pierre SARREBOURSE PONT-LE-ROY, négociant :

> D'azur, à une croix ancrée d'or.

441. Hierosme SOUSSIN, marchand à Marseille :

> D'or, à une fasce d'azur, accompagnée de trois soucis fleuris de gueules, grenés d'or, tigés et feuillés de sinople.

442. Jean-Baptiste EXPILLY, bourgeois :

D'azur, à un coq d'or, crêté, barbé et membré de gueules, son pied dextre levé, tenant une épée d'argent, la garde et la poignée d'or, et le pied sénestre appuyé sur un œuf d'argent; au chef cousu de gueules, chargé d'une étoile à huit rais d'or.

443. Louis LE FEVRE, capitaine de la ville de Marseille :

D'azur, fretté de six bâtons d'argent, enfermant quatre étoiles d'or.

444. Louis VIGNON, marchand, bourgeois :

Coupé : au 1er d'azur, à un lion passant d'or, lampassé de gueules, surmonté de trois étoiles d'or, posées une et deux ; au 2e d'argent, à un cep de vigne à deux branches passées en sautoir de sinople, feuillées de même et fruitées chacune d'un raisin au naturel.

445. Jean-Joseph BAZAN, marchand :

De pourpre, à une base ou pierre carrée d'argent, surmontée d'un soleil d'or.

446. Jean LE FEVRE, bourgeois :

Porte comme cy-devant, article 443.

447. Victor D'ANTOINE, courtier royal :

D'azur, au chevron d'or, surmonté de trois étoiles de même rangées en chef, et accompagné en pointe d'un lion aussi d'or, lampassé de gueules, tenant de sa patte dextre une épée d'argent, la garde et la poignée d'or.

448. Filandre CARRIÈRE, commis dans l'arsenal du Roy :

> D'azur, à trois roses d'argent, tigées et feuillées de même, à un soleil d'or, mouvant du chef.

449. Jacques de GARNIER, prieur de Saint-Zacharie :

> D'azur, au chevron d'or, accompagné de trois molettes de même ; au chef cousu de sinople, chargé de deux bandes d'argent, accompagné de neuf besans de même, posés en bande, trois, trois et trois.

450. Pierre DES ANGLES, écrivain du Roy dans l'arsenal des galères :

> De gueules, à trois annelets d'argent.

451. Gaspard DES ANGLES, commis des vivres des galères :

> Porte de même.

452. Jean FABRE, bourgeois :

> De gueules, à un lion d'or, lampassé et armé de sable, soutenant de sa patte dextre une fleur de lys aussi d'or.

453. Mathieu FABRE, marchand, bourgeois, ancien premier échevin de Marseille :

> Porte de même.

454. François OLLIVIER CHAUTARD, bourgeois :

> D'or, à un arbre de sinople, sur une terrasse de même.

455. Blaize GRANGE, marchand :

D'azur, au chevron d'or, surmonté d'un soleil de même, et accompagné en pointe d'une montagne de trois coupeaux d'argent.

456. Guillaume TROUILHIER, praticien :

D'azur, à une foy de carnation en fasce, mouvante des deux flancs de l'écu, vêtue de gueules et parée d'argent, tenant un rameau de laurier d'or et une palme de même passés en sautoir, le tout accompagné en pointe d'un croissant d'argent.

457. Claude LEMAIRE, ancien consul pour le Roy en Barbarie :

De gueules, à trois merlettes d'argent.

458. Guillaume FABRE, conseiller du Roy, lieutenant particulier, civil et criminel au siége général de Marseille :

Porte comme cy-devant, article 452.

459. Joseph FABRE, ancien consul de Marseille, propriétaire de la manufacture royale que le Roy a fait établir au dit Marseille :

Porte de même.

460. Henry HENNEQUIN, apothicaire réal des galères de France à Marseille :

De gueules, à dix pots de vair (verre) d'or, joints et posés quatre, trois, deux et un, surmontés d'une fasce en devise d'argent, chargée d'un serpent ondoyant de sinople, sous un chef d'azur, chargé d'un lion d'or.

461. A expliquer plus amplement.

462. Pierre DURANT, commis principal des lits des garnisons de Provence :

>De gueules, au chevron d'or, accompagné en chef de deux étoiles de même, et en pointe d'un lion d'argent.

463. Pierre SAUVAIRE, marchand :

>D'azur, au chevron d'or, accompagné en pointe d'un agneau pascal d'argent, dont la longue croix est à double traverse, en forme de croix patriarcale d'or ; au chef cousu de gueules, chargé de trois étoiles d'or.

464. Esprit de GASSENDY CAMPAGNE, enseigne de galère :

>D'azur, à un dauphin d'argent ; au chef d'or, chargé de trois serres d'aigle de sable.

465. Louis GRIMAUD, bourgeois de Marseille :

>Fuselé d'argent et de gueules.

466. Jean-François d'ESPANET, cy-devant lieutenant dans le régiment de Vivonne :

>D'argent, à trois vergettes de gueules, et un burelé de même brochant sur le tout.

467. Barthelemy COTTA, cy-devant capitaine d'infanterie :

>D'azur, à une foy de carnation vêtue de gueules, parée d'argent, mouvante en fasce des flancs de nuées de même ; au chef d'or, chargé de trois étoiles d'azur.

468. François NALLIN, marchand cotonnier :

>D'argent, à un aigle à deux têtes de sable, soutenue en pointe d'une rivière d'azur, ondée d'argent ; au chef d'azur, chargé d'une étoile d'or.

469. François VIGNIER, garde-magasin général des galères de France à Marseille (1) :

D'azur, au cygne d'argent, becqué et membré de gueules, sur une rivière d'argent; écartelé, d'or, à un cep de vigne de sinople, occolé à un eschalas de gueules.

470. Pierre GUILHET, marchand :

D'azur, à cinq œillets d'Inde d'or, les tiges appointées, mouvantes d'une terrasse de même, et surmontés d'un soleil d'or.

471. Estienne CROIZET, maître chirurgien de Marseille, et chirurgien d'une des galères du Roy, dite la *Guerrière* :

D'azur, à une croix recroisettée d'or.

472. Ange TIMON, advocat en parlement, juge royal civil et criminel au tribunal Saint-Louis de la ville de Marseille :

D'argent, à un arbre de sinople sur une terrasse de même; écartelé, de gueules, à une tour crenelée de quatre pièces d'argent, maçonnée et portichée de sable, et posée sur un rocher d'argent ombré de sable.

---

(1) Sa fille Françoise épousa le 29 janvier 1698 Messire Jean-Baptiste de Montgrand qui fut Commissaire Général de la Marine et des Galères de France à Marseille. Il était fils de Messire Simon de Montgrand et de damoiselle Huet de la Coudre et neveu de Messire Dominique de Montgrand de Mazade. Jean-Baptiste de Montgrand mourut à Marseille le 18 novembre 1762, ayant eu de son mariage dix-huit enfants dont plusieurs fils officiers dans les armées du Roi et chevaliers de Saint-Louis. Cette branche s'est éteinte au siècle dernier.

473. Barthélemy SAUVAIRE, marchand mercier :

Porte comme cy-devant article 463.

474. Jean-Baptiste CROZET, marchand :

D'azur, à trois étoiles d'or mal ordonnées, accompagnées de trois croisettes d'argent.

475. Pierre d'ALBERTAS, seigneur de Ners et Peschaure (Pechauris) :

De gueules, au loup ravissant d'or.

476. Pierre SEBOLIN, marchand :

De gueules, à trois oignons arrachés et grenés d'or, posés en pal, deux et un.

477. Ange GARDANE, marchand :

Tranché d'argent sur gueules ; au chef d'azur, chargé d'un lion passant d'or, lampassé de gueules.

478. Joseph BOUGEREL, chanoine de l'église cathédrale de Marseille :

D'azur, au lion d'or ; au chef cousu de gueules, chargé de trois étoiles d'or.

479. Le Corps des Maîtres Orphevres de Marseille :

D'azur, à une fleur de lys d'or, couronnée d'une couronne royale de même.

480. Pierre SOSSIN, notaire royal :

D'azur, à trois soucis tigés et feuillés d'or, les tiges appointées, mouvantes d'une terrasse de même; au chef cousu de gueules, chargé de trois étoiles d'or.

481. Estienne SOSSIN, bourgeois :

Porte de même.

482. La Communauté des Maîtres Chirurgiens jurés de Saint-Cosme de la ville de Marseille :

De gueules, à une église d'argent, accostée de deux boîtes couvertes de même, et surmontée d'une fleur de lys d'or, rayonnée de même, et autour ces mots : *sanat omnia*.

483. Charles-Gaspard-Guillaume de VINTIMILLE, évêque de Marseille (1) :

De gueules, au chef d'or; écartelé, de gueules, au lion d'or, couronné de même.

---

(1) Charles-Gaspard-Guillaume de Vintimille, évêque de Marseille, était fils de François de Vintimille, IIe du nom, des comtes de Vintimille et de Marseille, comte du Luc, seigneur de Gonfaron, du Revest, etc., maréchal des camps et armées du Roi, et d'Anne de Forbin. Il était frère de Charles-François de Vintimille, cité à l'art. 1er

484. Jacques-Gabriel du HAMEL de BOUR SEUILLE, chevalier de Malte, capitaine de la galère appelée la *Couronne* :

>D'argent, à une bande de sable, chargée de trois sautoirs alaisés d'or.

485. Jean ADMIRAT, bourgeois :

>D'azur, à un lion d'or, lampassé et armé de gueules, regardant un soleil d'or, naissant de l'angle dextre du chef.

486. Philippe TROUILHIER, capitaine de le ville de Marseille :

>Porte comme cy-devant, article 456.

487. Jean FOUQUIER, marchand :

>D'or, à un faucon de sable, becqué, onglé et grilleté de gueules, la tête contournée et perché sur un bâton écoté et alaisé de sinople ; au chef d'azur, chargé de trois étoiles d'or.

488. François BOULLE, marchand :

>Porte comme cy-devant, article 334.

489. Pierre FERRAND, marchand :

>D'azur, au chevron d'or, accompagné en chef de deux étoiles et en pointe d'une croix pâtée de même.

490. Felix DAVID, marchand :

---

de cet ouvrage. Il fut nommé archevêque d'Aix en 1708, commandeur de l'ordre du Saint-Esprit en 1724, et archevêque de Paris en 1729. Il mourut à Paris, le 13 mars 1746, dans la quatre-vingt-onzième année de son âge.

De gueules, à deux triangles vidés et entrelacés d'or, les pointes pommetées de même, enfermant un cœur d'argent posé en abîme; au chef cousu d'azur, chargé de trois étoiles d'argent.

491. Joseph-Ignace d'ESPINASSY :

D'or, à une rose de gueules, pointée de sinople, accompagnée de trois boutons de roses, tigés et feuillés au naturel.

492. François de COLONNIA, avocat au parlement :

De gueules, à une colonne d'or.

493. Aymard, François, MAGALLON, marchand :

D'azur, à un arbre arraché d'or, surmonté de trois étoiles de même rangées en chef, et soutenu d'un croissant d'argent.

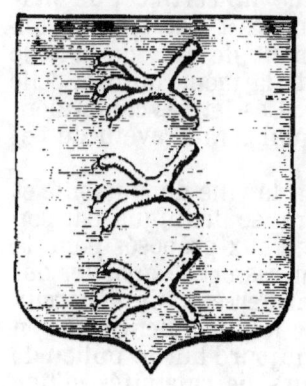

494. Michel SERRE, peintre du Roy, professeur du dessin à l'Académie des officiers des galères du Roy (1) :

D'azur, à trois serres d'aigles d'or, posées l'une sur l'autre.

Michel Serre naquit à Tarragone en Catalogne en 1658. Il était fils de Jacques Serre et de Marie Barbos. Il arriva à Marseille en 1676, à l'âge de dix-sept ans, et habita depuis cette ville où il s'y livra entièrement à la peinture. D'un génie supérieur, doué d'une facilité étonnante pour son art, Serre s'est placé au premier rang des peintres de la Provence, son pays d'adoption. Il a laissé un grand nombre d'œuvres fort remarquables et très-recherchées par les connaisseurs. Le martyre de Saint-Pierre Dominicain, qui figure au Musée de Marseille,

495. Bernard MORGAN, gentilhomme Irlandais, chevalier du Saint-Sépulcre, et enseigne de la compagnie des gardes de l'étendart royal des galères de France :

> De gueules, à un griffon d'or, tenant de sa serre dextre un sabre d'argent, la garde et la poignée d'or ; au chef d'argent, chargé d'une croix potencée de gueules, cantonnée de quatre croisettes de même.

496. Claude ALBY, marchand :

> D'azur, à deux chevrons alaisés, l'un renversé et entrelassés d'or, accompagnés de trois étoiles de même.

est une de ses œuvres capitales, ainsi que l'apothéose de la Magdeleine qui décore l'église des Chartreux.

En 1704, Serre fit un voyage à Paris et y fut admis dans l'Académie royale de peinture. Déjà il avait obtenu les brevets de dessinateur et de peintre du Roi pour les galères de Marseille. Le 1er mai 1685, il avait épousé à Marseille demoiselle Florie Regimonde (*a*) ; il eut de ce mariage plusieurs enfants dont un seul a laissé postérité. En 1690, Serre réclama et obtint des Consuls de Marseille un certificat de citadinage (*b*). Louis XIV, par lettres patentes données à Marly, le 22 janvier 1712, conféra à Serre la charge de lieutenant de Roy de la ville de Salon, et par autres lettres du 22 octobre de la même année, celle de major pour le Roy de la ville de Gardanne. Ces lettres conféraient aussi à Serre les priviléges de noblesse tant qu'il serait revêtu de ces offices (*c*).

Durant la terrible peste de 1720, qui ravagea la ville de Marseille et qui fit périr cinquante mille personnes, Serre se distingua par son dévouement. Il fut un des Commissaires généraux préposés pour la désinfection générale en 1722, et avait dans son ressort le quartier des Carmes-Déchaussés dans la paroisse de Saint-Ferréol. Ce généreux citoyen, dont le nom a mérité d'être inscrit sur le monument élevé en l'honneur des héros de la peste et qui décore aujourd'hui le milieu de la place Saint-Ferréol, fit preuve, dans ces jours de calamités, d'une libéralité sans bornes, en prodiguant, pour secourir ses malheureux concitoyens, la fortune qu'il avait su acquérir si noblement par son travail et son remarquable talent. C'était reconnaître généreusement l'honneur qui lui avait été fait d'être reçu citoyen de Marseille. La mémoire de son nom sera toujours en honneur dans l'ancienne cité des Phocéens.

Serre, ruiné, mais plein des souvenirs de ce qu'il avait vu, employa toute la chaleur de son imagination à rendre les scènes horribles au milieu desquelles il avait joué un si grand rôle. On peut voir dans le Musée de Marseille ses deux magnifiques tableaux de la peste de 1720. L'un est une vue du Cours, l'autre, la place de l'Hôtel-de-Ville. L'au-

497. Jacques LIONY, marchand :

De gueules, à un lion d'or ; au chef cousu d'azur, chargé de trois étoiles d'or.

498. Estienne BONNET, courtier royal :

D'azur, au chevron d'or, accompagné de trois salades ou casques d'argent, posés en profil.

499. Les Religieuses de l'Ordre de saint Bernard de la ville de Marseille :

D'azur, à un saint Bernard de carnation, vêtu de son habit de religieux d'argent, sa tête entourée d'un

---

teur s'est représenté dans ce dernier. Ce Musée possède aussi, parmi un grand nombre d'œuvres de ce même maître, le portrait de sa femme Florie Regimonde entourée de ses quatre enfants. Ce tableau a été offert au Musée de la ville par les descendants de la famille Serre. Michel Serre mourut à Marseille le 10 octobre 1733 âgé de septante-cinq ans (d).

(a) *Paroisse de Notre-Dame-des-Accoules, du 1ᵉʳ mai* 1685.
Après trois publications moi sousⁿᵉ nayant descouvert aucun enpechement veu le decret de monseigʳ de Marseille quil porte que lepoux cy bas nommé est libre sans pere et mere et quil est catholique apostoliq ; romain ay marié par paroles de presant Michel Serre fils a feux Jacques et Marie Barbos de la ville de Tarragonne en Cathalougne habitant en cette ville depuis neuf ans agé de vingt sept dune part et honneste fille demois^lle Florie Regimonde fille de Jean et de Jeanne Montaignon native de Sᵗ Estienne en Forés habitant en cette ville depuis vingt ans agée de vingt et trois et de nostre paroisse d'autre en presance de leurs parans et temoins cy nommes a scavoir Sʳ Pierre Croizier peintre Sʳ Claude Fort bourgeois Sʳ Jean Pujol orfevre Sʳ Vincent Boullier peintre Jean Jacquin forbisseur.
Signés : Serre. Fleurie Regimond. J Regimond. Crozier. Fort. Bollier. Jean Poujeaud. Jean Jacquin. Montagnon. Regimond.
                                                               Cardini Vic.

(b) *Cour des comptes de Provence. registre militia. fol.* 257.
(c) *Cour des comptes de Provence. registre confusio. fol.* 277 V°.
(d) *Paroisse St ferreol.*
Michel Jacques Gaspard Serre peintre epoux de feue Flore Regimond agé de 75 ans mort le dix 8ᵇʳᵉ 1733 enseveli le 10 du dit dans l'église des Carmes déchaussés accompagné par la paroisse pris à la rue de l'academie. temoins Joseph Chaulan et François Arnaud illiterés
                                Signé : Reynaud pretre.

cercle d'or, et tenant embrassé la croix, et les autres instruments de la passion de Notre Seigneur, de même, et autour ces mots : *Saint Bernard de Marseille.*

500. Clément LE PUNEX du PLESSY, maréchal des logis de la compagnie des gardes de l'étendard royal des galères de France :

D'or, à un hérisson de sable sur une terrasse de sinople.

501. Gilles de FAUDRAN, gentilhomme :

D'azur, chapé d'or.

502. Antoine SALADE, bourgeois :

De gueules, à une aigle à deux têtes d'argent, accompagnée en pointe d'une mer de même.

503. André SALLADE, marchand :

Porte de même.

504. Sebastien FORT, bourgeois :

D'azur, à un lion d'or, lampassé d'argent, tenant de sa patte dextre une massue aussi d'argent, levée en barre.

505. Antoine MOLIERE, marchand :

De gueules, à un lion d'or, à une fasce d'azur brochant sur le tout, chargée de trois molettes d'argent.

506. Claude BAGUET, négociant :

De gueules, à deux lances passées en sautoir d'or, accompagnées de quatre annelets ou bagues de même.

507. Jérémie BAGUET, négociant :

Porte de même.

508. Louis BEZAUDIN, notaire royal :

D'azur, à deux bandes d'argent, chargées chacune de deux flammes de gueules, posées dans le sens des bandes, accompagnées d'un crocodille d'or, montant sur la seconde bande ; au chef d'or, chargé de trois étoiles de gueules.

509. André PORRY, marchand et ancien échevin de Marseille :

D'azur, à la fasce d'hermines.

510. Sebastien SAUVAIRE, capitaine de vaisseau marchand :

De gueules, à un agneau sautant d'argent, diademé d'or ; au chef cousu d'azur, chargé d'une étoile d'or.

511. Jean FORT, ancien échevin de la ville de Marseille :

Porte comme cy-devant, article 77.

512. François GAUTIER, marchand :

De gueules, à un coq d'or, perché sur un cœur de même ; au chef cousu d'azur, chargé de trois étoiles d'or.

513. Jean-Baptiste GARRAVAQUE, conducteur des ouvrages de menuiserie des galères et des bâtiments de l'arsenal de Marseille :

De sable, à une croix patriarcale d'argent, autrement dite croix de Caravaque.

514. Nicolas FERRARY, bourgeois :

D'azur, à une grille ou treillis d'argent, occupant la moitié dextre de l'écu, senestré d'un lion d'or, lampassé et armé de gueules.

515. Estienne BIZAUDIN, praticien :

D'azur, à un vol d'argent; au chef cousu de gueules, chargé de trois besans d'or.

516. Guillaume VIOLET, commis au contrôle du magasin général des galères à Marseille :

D'azur, à une montagne d'argent, surmontée de deux croissants de même ; au chef cousu de gueules, chargé de trois étoiles d'or.

517. Jacques LE NOIR, receveur des droits d'enregistrement des armoiries à Marseille :

D'azur, au chevron d'or, surmonté d'une branche de laurier couchée en fasce, aussi d'or, feuillée et grenée de même, le chevron chargé sur la pointe d'un écusson de sable.

518. A expliquer plus amplement.

519. Jean NATTE, marchand :

De gueules, à une montagne de trois coupeaux d'argent, posés dans une onde de même; au chef cousu d'azur, chargé d'un soleil d'or.

520. Jean-Jacques de BRICARD, escuyer :

D'or, à une montagne de six coupeaux d'azur, accostée de deux couleuvres de gueules, mouvantes des flancs de cette montagne, chacune ployée en demi-cercle et affrontées, surmontées de trois fleurs de lys d'azur, rangées sous un lambel de quatre pendants de gueules.

521. Pierre LAUGIER, ingénieur du Roy :

D'azur, au chevron d'or, accompagné de trois pennes d'argent.

522. Jacques PORRY, marchand :

D'azur, au chevron d'argent, surmonté d'un soleil d'or, mouvant du chef, et accompagné en pointe d'un oignon arraché d'or, montant en graine.

523. Bruno GRANIER, marchand :

D'azur, à une tour d'argent, maçonnée de sable, sur une terrasse aussi d'argent; au chef cousu de gueules, chargé de trois étoiles d'or.

524. Germain GRANIER, marchand :

Porte de même.

525. Antoine de BIONNEAU D'AYRAGUES, escuyer :

D'azur, à la fasce d'or, chargée de deux croissants de gueules, accompagnée en chef de trois étoiles rangées d'or, et en pointe d'un vol d'argent.

526. Thomas BIN, marchand :

D'azur, à trois têtes de bélier d'or, posées de profil.

527. Louis GUIGONIS, marchand :

D'azur, au chevron d'or.

528. Pierre MONIER, marchand :

D'azur, au chevron d'or, accompagné en pointe d'une vache passante d'argent, sommée entre les deux cornes d'une étoile d'or.

529. François GARNIER, écrivain du Roy dans l'arsenal des galères :

D'or, à un vase d'azur, garni de deux branches de rosier de sinople, fleuries au naturel ; au chef d'azur, chargé de trois étoiles d'or.

530. François MONIER, marchand :

Porte comme cy-devant, article 528.

531. Joseph THEUS, marchand tanneur :

D'azur, à un agneau pascal d'argent, diadémé d'or, sur une terrasse de sinople, sa croix aussi d'or, et la banderole de gueules, surmonté de trois étoiles d'or, rangées en chef.

532. Martin MALAVAL, bourgeois :

D'argent, à un cœur de gueules, chargé d'une foy de carnation, mouvante en fasce de deux nuées d'argent, et soutenue d'une boucle ou fermail d'or, l'ardillon en pal, le cœur surmonté d'une étoile d'azur, et supporté sur la pointe d'un triangle vidé de même.

533. François de BERMOND, escuyer :

D'argent, au lion de gueules.

534. Jean BERAUD de LA TOUR, bourgeois :

Parti : au premier d'azur, à une tour crenelée d'argent, maçonnée de sable ; au chef cousu de gueules, chargé de trois croissants d'argent ; au second, aussi d'azur, au chevron d'argent, accompagné en chef de deux étoiles d'or, et en pointe d'un lion de même, lampassé de gueules, tenant de sa patte dextre une branche de laurier de sinople.

535. Louis BELLIZEN, marchand :

D'azur, à un bélier d'argent, passant sur une terrasse de sinople, surmonté d'une étoile d'or, posée au milieu du chef.

536. Anne de LAMBERT, veuve de Joseph BOYER, marchand à Marseille, a présenté l'armoirie qui porte :

Coupé : au premier, échiqueté d'argent et de gueules ; au second, d'or, à un lion passant d'azur, lampassé de gueules, surmonté d'une fasce en devise abaissée de gueules, en forme de chef, chargée de trois croissants d'argent.

537. Feu Jean-Baptiste de BOUSQUET, suivant la déclaration de Catherine d'ARNAUD, sa veuve :

Portait comme cy-devant, article 202.

538. Pierre RAVEL, marchand, bourgeois de la ville de Marseille :

D'azur, au chevron d'or, accompagné en chef de deux roses de même, et en pointe d'un chien passant d'argent.

539. Jean-Baptiste GARNIER, bourgeois :

De gueules, à une tour crénelée de quatre pièces d'argent, maçonnée et ouverte de sable, sur une montagne de sinople, et accostée de deux croissants d'argent.

540. Jean PLEZENT, courtier royal :

D'azur, à un arbre d'or, terrassé de même ; au chef cousu de gueules, chargé de trois étoiles d'or.

541. François ROLLAND, marchand :

De gueules, à un monde d'azur, cintré d'or, sommé d'une croix fleuronnée de même ; au chef cousu d'azur, chargé de trois molettes d'or.

542. Estienne ROLLAND, marchand :

Porte de même.

543. Estienne ROLLAND, marchand et ancien échevin de Marseille :

Porte de même.

544. Jean RAMBAUD, bourgeois :

D'azur, à un lion d'or, lampassé de gueules, rampant contre un rocher d'argent, et regardant un soleil d'or, mouvant de l'angle dextre du chef.

545. Jean-Baptiste CHAMBON, cy-devant garde du Roy :

De gueules, à une gerbe d'or, accostée de deux épis courbés du côté des flancs, tigés et feuillés de même ; au chef cousu d'azur, chargé de trois étoiles d'or.

546. Thomas ROME, garnisseur de chapeaux :

De gueules, à une louve d'or, allaitant deux petits enfants de carnation, assis sur une terrasse de sinople ; au chef cousu d'azur, chargé de trois étoiles d'or.

547. Antoine REYNAUD, bourgeois :

D'azur, au chevron d'argent, accompagné en chef de deux flammes d'or, et en pointe d'un cœur aussi d'or, sommé d'une croix de même, au pied fiché dans le cœur ; au chef cousu de gueules, chargé de trois étoiles d'or.

548. Joseph REBOUL, bourgeois :

D'azur, au chevron d'or, accompagné en chef de trois étoiles de même, posées une et deux, et en pointe d'une agneau pascal d'argent, la longue croix d'or, l'étendart de même, croisé de gueules.

549. Melchior DÉSIDERY, escuyer, sous-lieutenant d'une des galères du Roy :

D'azur, à un paon rouant d'argent.

550. A expliquer plus amplement :

551. Jacques GUZAN, aubergiste des Deux-Indes :

D'azur, à un arbre d'or, sur une terrasse d'argent, accosté en pointe de deux croissants de même, et surmonté d'un soleil d'or, entre deux étoiles de même.

552. Jean-Bernard COUSINERY, bourgeois :

D'azur, à la fasce d'argent, chargée de trois roses

de gueules, tigées et feuillées de sinople, surmontée d'un soleil d'or, mouvant du chef, et accompagnée en pointe d'un cœur de même.

553. Joseph PICHON, trésorier de l'extraordinaire des guerres et des galères :

Coupé d'azur sur gueules, à deux épées d'argent passées en sautoir, brochantes sur le tout, surmontées d'une colombe de même, tenant en son bec un rameau d'olivier d'or.

554. L'Abbaye des Religieuses de Saint-Sauveur :

D'azur, à une tour d'argent sur une montagne de même, la tour maçonnée et ajourée d'une porte et de deux fenêtres de sable, adextrée d'une étoile à six rayons d'or, et sénestrée d'un croissant d'argent.

555. Constance REQUIERE, marchande mercière, veuve d'Antoine VAULAIRE, a présenté l'armoirie qui porte :

D'azur, à un oiseau volant en bande d'or, accompagné en pointe d'une rose d'argent ; au chef cousu de gueules, chargé de trois étoiles d'or.

556. Le Corps des Maîtres Cordonniers de Marseille :

De gueules, à un couteau à pied d'argent, posé en pal, adextré d'un tranchet et senestré d'une alène de même.

557. Joseph GRASSY, écrivain du Roy dans l'arsenal de ses galères :

Echiqueté d'argent et de gueules; au chef d'or, chargé d'un aigle de sable.

558. Jean BON, bourgeois :

D'azur, à un agneau d'argent, passant sur une terrasse de sinople, surmonté de trois étoiles d'or, rangées en chef, soutenues d'un arc-en-ciel au naturel, formant un chef abaissé.

559. Claude GROS, marchand :

D'azur, à un lion d'or, lampassé de gueules, surmonté d'une croisette d'argent, accostée de deux étoiles d'or.

560. Alexandre CHOMEL, marchand de Marseille :

D'azur, à trois billettes d'or, rangées en fasce.

561. Jean CORAIL, capitaine de vaisseau marchand :

D'or, à une tige de corail de trois branches de gueules, mouvante d'une montagne de sinople, éclairée d'argent, et accompagnée en chef de deux cœurs de gueules, enflammés de même.

562. Gilles LANDRIN, cabaretier :

D'argent, à une rose de gueules, tigée et feuillée de sinople, accompagnée en pointe d'un G et d'une L de sable, le tout entouré de deux branches de laurier, jointes en forme de couronne de sinople, grenées de gueules.

563. Jean de COLOMBI LA BASTINE, ancien lieutenant réformé d'une des galères du Roy, dite la *Mercure* :

De gueules, fretté d'argent; au chef cousu d'azur. chargé de trois colombes d'argent, becquées et membrées de gueules.

564. François THEUS, capitaine de vaisseau marchand :

Porte comme cy-devant, article 531.

565. Louis CHAMBON, ancien échevin :

D'azur, à cinq épis d'or, tigés et feuillés de même, mouvants d'une terrasse d'argent, et surmontés d'un soleil d'or.

566. Victor ARTAUD, marchand :

D'azur, à une montagne de trois coupeaux d'argent, mouvante de la pointe, surmontée d'un soleil d'or, chargé d'un cœur de gueules; au chef cousu de gueules, chargé de trois étoiles d'or.

567. Pascal CORBIERRE, marchand de vin à l'enseigne des *Deux-Palmes* :

D'argent, à deux palmes de sinople passées en sautoir, surmontées d'une rose de gueules, soutenues d'un croissant de même et flanquées d'un P à dextre de sable, et d'un C à sénestre de même.

568. Estienne BESSON, marchand de vin à l'enseigne de *Saint-Victor* :

D'argent, à un saint Victor armé de toutes pièces au naturel, chargé sur la poitrine d'une croix de gueules, monté sur un cheval de sable, et tenant en sa main dextre une lance d'or, avec laquelle il perce la gueule d'un dragon de sinople, sur une terrasse de sable.

569. Feu Jean BOURBON, aubergiste, suivant la déclaration d'Honnorée GUARETTE, sa veuve :

> D'azur, au chevron d'argent, accompagné en pointe d'un cœur d'or, enflammé de même ; au chef cousu d'azur, chargé de trois étoiles d'or.

570. André BEAUSSIER, chevalier du Saint-Sépulcre, bourgeois :

> D'azur, à trois bandes d'or ; au chef abaissé de gueules, chargé d'un croissant d'argent, accosté de deux étoiles d'or, sous un autre chef d'argent, chargé d'une croix potencée de gueules, cantonnée de quatre croisettes de même.

571. Lazare BRUNET, bourgeois :

> D'or, à un levrier rampant de gueules, accolé d'or ; à la bordure denticulée de sable.

572. Alexandre HOU, bourgeois :

> D'or, au chevron d'azur, accompagné de trois branches de houx, chacune de trois feuilles de sinople, grenées de gueules.

573. Jean FAILHON MONGIN, capitaine de vaisseau marchand :

> D'argent, à un oignon de gueules, arraché de sable et feuillé de sinople.

574. Jean PORRY, marchand :

> D'azur, à la fasce d'hermines.

575. Pierre EYDINS, coraillier :

Fascé d'or et d'azur de six pièces; au chef d'azur, chargé de trois étoiles d'or.

576. Charles POULIN, gentilhomme, S. du Clos, commissaire de la marine, départi par Sa Majesté au département de Marseille, Martigues, pour l'inspection des classes :

D'azur, au chevron d'or, accompagné en pointe d'un poulain issant et contourné d'argent; au chef cousu de gueules, chargé d'un croissant d'argent, accosté de deux étoiles de même.

577. François SEBOLIN, marchand :

Porte comme cy-devant, article 476.

578. Jean ESMIEU, hoste :

D'azur, à un puit d'argent, maçonné de sable, duquel sort un arbre d'or, accosté à dextre d'un J de même, et à sénestre d'un E aussi d'or.

579. Jean ACHARD, hoste :

D'argent, à deux croissants entrelacés, l'un tourné et l'autre contourné de sinople, surmontés d'un J et d'un A de sable, posés sous une étoile de gueules.

580. François DE PAUL, escuyer :

D'azur, à un lion passant d'or, lampassé et armé de gueules, accolé de sable et lié d'une chaîne de même, à un tronc d'arbre de sinople, planté sur une terrasse d'argent; au chef d'or, chargé d'une étoile de gueules.

581. Jean GAUTIER, bourgeois :

D'azur, à un coq d'or, crêté, barbé et membré de

gueules, empiétant un serpent d'or, qui lance son aiguillon de sable contre le coq et relève sa queue tortillée, sur une terrasse de sinople; au chef cousu d'azur, chargé de trois étoiles d'argent.

582. Just-Pasteur RICARD, marchand droguiste :

D'or, à un pin de sinople, sur une terrasse de même, accolé d'un cep de vigne, fruité d'un raisin, le tout au naturel.

583. Antoine AGNEAU, hoste :

D'or, à un rosier de sinople, fleuri de quatre roses de gueules, disposées en croix, accompagné en chef de deux A de sable.

584. Catherine BESSONE, hostesse :

D'azur, à un Saint Michel de carnation ailé d'argent et de gueules, vêtu à la romaine d'argent, avec des ornements d'or, tenant de sa main dextre une épée d'or, et de sa sénestre une balance d'argent, cordonnée de sable, combattant et précipitant un diable miraillé d'argent et de gueules, de sinople et de sable.

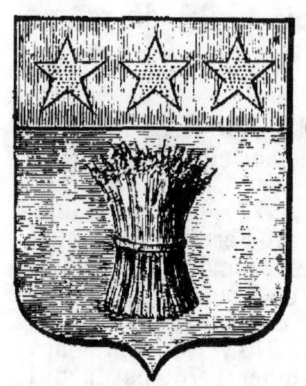

585. François MICHEL, marchand, bourgeois (1) :

D'azur, à une gerbe d'or, liée de gueules; au chef cousu de gueules, chargé de trois étoiles d'or.

---

(1) François Michel fut marié à demoiselle Chrétienne Jourdan, dont il eut :
Jean-Joseph Michel, qui épousa, le 29 octobre 1722 (paroisse Saint-

586. Pierre JOURDAN, marchand :

D'azur, à un rocher d'or, ouvert en arc, en forme de pont, sur des ondes d'argent, sur lequel est perchée une colombe d'argent, becquée et membrée de gueules, regardant un soleil d'or naissant de l'angle dextre du chef.

587. Jozias GOULLON, marchand :

D'azur, au chevron d'or, accompagné en chef d'une étoile de même à dextre et d'un croissant d'argent à sénestre, et en pointe d'une gerbe d'or.

388. Alexandre IMBERT, hoste :

D'or, à deux bourdons de gueules, passés en sautoir, accompagnés aux flancs d'un A à dextre et d'un J. à sénestre de sable, et en pointe d'un lézard passant de sinople ; au chef de gueules, chargé de trois coquilles d'argent.

589. Jean-Baptiste DERBES, bourgeois :

D'azur, à un lis d'argent, grené de gueules, sortant du milieu d'un feuillage aussi d'argent, mouvant d'une terrasse de même, surmonté d'une fasce en devise haussée d'or, et de trois étoiles de même rangées en chef.

Martin), demoiselle Marie-Anne Borely, fille de sieur Joseph Borely, ancien premier échevin de Marseille, et de demoiselle Claire Rimbaud. De ce mariage naquit :

François Michel de Leon, né le 1er février 1727 (paroisse Saint-Martin), marié le 15 juillet 1755 (paroisse Saint-Ferréol), à demoiselle Anne Mille, fille de Balthazar Mille, ancien échevin, et de dame Claire Borely. Il fut nommé conseiller trésorier de France, général de ses finances en Provence, par lettres-patentes du 9 mai 1777 (cour des comptes de Provence, registre *lætitia*, folio 376 v°) et commença à ajouter à son nom, par acte passé le 11 janvier 1776, pardevant maître Olivier, notaire royal à Marseille, le nom de de Leon, qui était celui de noble Joseph-Louis de Leon, écuyer, son cousin germain, dont il était devenu héritier. Il eut de son mariage :

Paul-François-Marie Michel de Leon, avocat en la cour, qui épousa, le 30 prairial an VII, Marie-Antoinette-Joséphine Barbarin, dont : Léon Michel de Leon.

590. Antoine BORELLY, bourgeois :

Porte comme cy-devant, article 219.

591. Estienne GUILHERMY, marchand :

Coupé de gueules sur azur, l'azur chargé d'un dextrochère de carnation, vêtu de gueules, paré d'argent, mouvant du flanc d'une nuée de même, et empoignant une croix haussée, fleuronnée, au pied fiché d'or, brochant en pal sur le tout, avec deux branches de laurier de même passées en sautoir, brochant aussi sur le tout.

592. Jean LONG, bourgeois :

D'azur, à trois barres d'argent.

593. Laurent GRANIER, bourgeois :

D'azur, à une bande bretessée d'une pièce d'or, et chargée de trois tourteaux de gueules, la bande accompagnée de six besans d'argent, posés en orle, trois en chef et trois en pointe; au chef d'argent, chargé de trois étoiles de gueules.

594. Michel PAYEN, marchand de vins :

D'azur, à un navire équipé, dont le corps du vaisseau d'or, les mâts et les cordages de sable, les voiles d'argent, les embrasures pour les canons de gueules, et les bannières de même, le grand mât accosté en chef d'un B et d'un P. d'or.

595. François LAURENT, marchand :

D'azur, à un laurier d'or, mouvant d'un croissant d'argent, accompagné en chef de deux étoiles d'or, le croissant accosté de deux vents d'argent, mouvants des angles de la pointe et soufflants contre le laurier.

596. Antoine MICHEL, marchand :

D'azur, à un dextrochère de carnation, vêtu de gueules, paré d'argent, mouvant du flanc d'une nuée de même, tenant suspendue une balance d'or, cordonnée de gueules, à une étoile d'or posée entre les deux bassins de la balance.

597. Joseph BAULME, bourgeois :

D'or, à un baume arraché de sinople.

598. A expliquer plus amplement.

599. Jean-François ROBERT, marchand :

D'or, à un chêne de sinople sur une terrasse de même, accompagné en chef de deux étoiles de gueules.

600. Scipion de FELIX LA REYNARDE, chevalier de l'ordre de Saint-Jean-de-Jérusalem :

De gueules, à la bande d'argent, chargée de trois F de sable ; écartelé, de gueules, au lion d'or, à la bande d'azur brochant sur le tout ; au chef de gueules, chargé d'une croix d'argent.

601. Antoine LA FONT, hoste du logis d'Aubagne :

D'argent, à un raisin de sable, accosté de deux lettres A et F de même ; au chef d'azur, chargé de trois étoiles d'or.

602. Joseph de SAINT-JACQUES :

Porte comme cy-devant, article 148.

603. Joseph REYNIER, escuyer :

D'azur, au chef d'or ; au lion d'argent, lampassé de gueules, brochant sur le tout.

604. Le Couvent des Grands Carmes de Marseille :

De sable, chapé d'argent.

605. Vincent MANENC, marchand :

D'azur, à une tour d'argent, donjonnée d'une autre tour de même, maçonnée de sable, sur une terrasse de sinople.

606. Remond REISON, bourgeois :

D'azur, à une ancre à quatre branches d'argent sans trabe, accompagnée en chef de deux étoiles d'or.

607. Louis BAGARRY, capitaine de vaisseau marchand :

D'or, à un lion d'azur, lampassé et armé de gueules ; écartelé, de gueules, à une croix d'argent.

608. Les Religieuses de la Présentation de Notre-Dame, dites Présentines :

D'azur, à une jeune Sainte-Vierge de carnation, vêtue de gueules et d'argent, sa tête entourée d'une gloire d'or, tenant de sa main dextre une flèche en pal d'or, empennée de gueules, la pointe en haut d'argent, et de sa sénestre tenant une longue croix d'or, à laquelle est attachée une banderole d'argent, croisée de gueules, le tout sur une terrasse de sinople, au naturel, et une bordure d'or, avec cette légende en caractère de sable : *Le Monastère de la Présentation de Notre-Dame.*

609. Pierre ARNOUX, avocat à Marseille :

De gueules, à une tour d'argent, maçonnée de sable ; au chef cousu d'azur, chargé d'une étoile d'or.

610. Estienne DESCAMPS, écrivain du Roy sur la galère appelée la *Forte* :

D'azur, à un croissant d'or entre deux tours d'argent posées en fasce, trois étoiles d'or rangées en chef et trois canettes aussi d'or rangées en pointe, nageant sur une rivière d'argent.

611. François D'EYGUESIER, bourgeois :

D'azur, à un cœur d'or, surmonté d'une comète de même, et soutenu d'un croissant d'argent.

612. Jean GERAERS, bourgeois :

D'azur, à un écureuil assis d'or, mangeant une pomme de même ; coupé d'or, à trois glands de sinople, les tiges en bas.

613. François de LEON, escuyer (1) :

D'azur, à une tête de léopard arrachée d'or, lampassée de gueules.

---

(1) Henry de Leon vivait noblement à Paris l'an 1342, et :
1° Rolin de Leon vivait en l'an 1442 (d'après une note manuscrite

614. Feu Henry DUPUY, consul pour le Roy à Smyrne, suivant la déclaration de marquise de VELLIN, sa veuve, portait :

> D'or, à un puit de gueules, maçonné de sable, soutenu par deux dragons affrontés de même, leurs queues passées trois fois en sautoir vers la pointe.

615. Valentine DUPUY, veuve de Jean-Joseph de RIANS, avocat en la cour :

> Porte de même.

616. François MOUSTIÉ (Moustiers), écrivain d'une des galères du Roy :

> D'azur, à deux dauphins adossés d'argent.

---

du xviie siècle, intitulée : *Mémoire de nos ancêtres*, qui se trouve en tête de l'exemplaire de la *Fauconnerie* de Jacques de Leon, appartenant à M. le comte de Clapiers).

II° Jacques de Leon, son fils, en l'an 1508 (d'après la même note). C'est l'auteur de la *Fauconnerie*, dédiée au Roi, par Gaspard de Leon, son fils.

III° Gaspard de Leon, fils de Jacques, vivait en l'an 1534. Il est qualifié noble dans une transaction passée entre lui et M. Me François Sommaty et autres, le 23 mars 1542, pardevant François Berard, notaire de la ville de Marseille. Il était marié avec damoiselle Marguerite Dehuc.

IV° Antoine de Leon, fils de Gaspard et de damoiselle Marguerite Dehuc, épousa damoiselle Marguerite de Margaillet, par contrat du 23 janvier 1585, notaire Hugolens, de la ville d'Aix, dans lequel contrat il est qualifié noble.

V° Cornelio de Leon, fils dudit, vivait en 1666, âgé de 76 ans. Il fit son testament le 24 janvier 1633, notaire Carlon, de Marseille, dans lequel il est qualifié escuyer de la ville de Marseille, fils de défunt Antoine, aussi escuyer, et de damoiselle Marguerite de Margaillet, par lequel, entre autres choses, il fait plusieurs légats à sieurs Antoine et Louis de Leon, ses enfants, et institue son héritière universelle damoiselle Anne de Paul, sa femme.

VI° Noble Antoine de Leon, II° du nom, fils dudit Cornelio, vivait en 1666, âgé de 44 ans. Il avait épousé, le 11 avril 1655, damoiselle Thérèse de Maunier, par contrat passé chez Sossin, notaire de la ville de Marseille, dans lequel contrat il est qualifié fils de noble Cornelio de Leon et de feue damoiselle Anne de Paul, dudit Marseille.

VII° Noble François de Leon (mentionné ici à l'article 613), escuyer

617. Jean-Baptiste ZIMILLIER, bourgeois :

D'azur, à trois branches de laurier d'or, mouvantes d'un croissant d'argent ; à la fasce de gueules, brochant sur le tout, chargée de trois étoiles d'or.

618. Noel BONOCHÈRE, bourgeois :

De gueules, à une cygogne volante d'or, portant en son bec un serpent de même, accompagnée en pointe d'une rivière d'argent ; au chef cousu d'azur, chargé de trois étoiles d'or.

619. André AUDIBERT, architecte :

D'azur, à un arbre d'or, sur une terrasse de même, à un lion rampant contre l'arbre aussi d'or, lampassé de gueules ; au chef cousu de gueules, chargé de trois étoiles d'or.

620. Ignace GUIEU, bourgeois de Marseille :

D'azur, au chevron abaissé d'or, surmonté d'une fasce en devise de même, et accompagné en pointe d'un croissant d'argent ; à trois étoiles d'or, rangées en chef.

621. Jacques PORRY, marchand de Marseille :

D'azur, à la fasce d'hermines.

de la ville de Marseille, épouse, le 18 avril 1693, damoiselle Thérèse de Michel, par contrat passé chez Piscatory, notaire dudit Marseille. Acte de mariage du 19 avril 1693, paroisse Saint-Martin. Il fut maintenu dans sa noblesse par jugement de M. Lebret, du 25 juillet 1699.

VIII° Messire Joseph-Louis de Leon, né le 5 août 1699, baptisé le même jour, paroisse Saint-Ferréol, mort le 27 décembre 1775, âgé d'environ 76 ans, enseveli le lendemain dans la paroisse Saint-Martin. Il était le dernier de sa famille et fit hériter son cousin germain, François Michel, qui commença à ajouter à son nom celui de de Leon, par acte passé le 11 janvier 1776, pardevant maître Olivier, notaire royal à Marseille.

622. Le premier Monastère de la Visitation Sainte-Marie :

D'or, à un cœur de gueules, chargé d'un nom de Jésus d'or, et percé de deux flèches d'argent passées en sautoir, à une croix patée de sable, au pied fiché dans l'oreille du cœur, le tout enfermé dans une couronne d'épine de sinople, les pointes ensanglantées de gueules.

623. Le second Monastère de la Visitation Sainte-Marie :

Porte de même.

624. Jean-Baptiste BARTHÉLEMY, marchand, négociant :

De gueules, au chevron d'or, accompagné en chef de deux croissants d'argent, et en pointe d'une pierre carrée de même; au chef cousu d'azur, chargé de trois étoiles d'or.

625. Louis GERMAIN, marchand :

D'azur, à une croix fleuronnée d'or.

626. François GERMAIN, marchand :

Porte de même.

627. Claude GEOFFROY, bourgeois :

Tranché d'or sur azur.

628. Pierre-Estienne FAURE, commis de vivres :

D'argent, à une bande d'azur, enfilée de trois couronnes d'or.

629. Jean CARRAIRE, advocat en la cour :

> D'azur, à trois croix, chacune composée de quatre losanges d'or.

630. Joseph de LEVI, chevalier de l'ordre de Saint-Jean de Jérusalem, capitaine d'une des galères du Roy :

> D'or, à trois chevrons de sable ; au chef de gueules, chargé d'une croix d'argent.

631. Alexis de LEVI GAUDIER, chevalier de l'ordre de Saint-Jean de Jérusalem, lieutenant d'une des galères du Roy :

> Porte de même.

632. Jean MASSE, comite réal des galères et maître d'équipage à Marseille :

> D'azur, à deux massues passées en sautoir d'or, accompagnées en chef d'une étoile de même, et en pointe d'un croissant d'argent.

633. Claude COULOMB, conseiller du Roy, médecin ordinaire de Sa Majesté et de l'hôpital de ses galères :

> Tiercé en fasce, le premier de gueules, le second d'argent, chargé de trois merlettes d'azur, et le troisième de sable.

634. Louis AUBERT, négociant :

> D'azur, à quatre chaînes d'or, mouvantes des quatre angles de l'écu, et liées en cœur à un anneau de même.

635. Pierre ROUVIERRE, courtier royal :

D'argent, à un chêne arraché de sinople ; au chef d'azur, chargé de trois étoiles d'or.

636 Honnoré MEYNARD, courtier royal :

D'or, à un arbre de sinople, planté sur une montagne de cinq coupeaux de même, à un arc de gueules, cordé de sable, passé en bande dans le pied de l'arbre ; au chef d'azur, chargé de trois étoiles d'or, celle du milieu cometée.

637. Marc-Antoine LE ROY, capitaine de vaisseau :

De gueules, à une aigle d'or ; au chef d'argent, chargé d'une croix potencée de gueules, cantonnée de quatre croisettes aussi potencées de même.

638. Joseph ROMAN, courtier royal :

D'azur, à un dextrochère de pourpre, sortant de la fenêtre d'une tour ou guérite d'argent, maçonnée de sable, mouvante du flanc sénestre, ce bras tenant empoigné un arbre en pal arraché d'or, accompagné en chef de deux étoiles de même, et en pointe d'une rivière d'argent.

639. Joseph BESSON, courtier royal héréditaire en la ville de Marseille :

D'azur, à une croix patée, alaisée d'or ; au chef cousu de gueules, chargé de trois étoiles d'or.

640. Guillaume SELLON, marchand à Marseille :

D'azur, à quatre cornets d'or, posés en fasce les uns sur les autres, chacun enguiché de gueules et pendus à un anneau d'argent.

641. Robert du PUY, marchand, bourgeois de Marseille :

D'azur, à trois roses d'argent, tigées et feuillées de même, mouvantes d'un puit d'or, maçonné de sable, plein de gueules.

642. Boniface CAUVET, advocat :

D'azur, à une grue d'argent avec sa vigilance d'or, surmontée d'une étoile de même.

643. Meyfrin COMTE, peintre entretenu par le Roy à Marseille :

D'azur, à un coq d'or, posé sur un rocher de même et surmonté de trois étoiles d'or rangées en chef.

644. Antoine GÉRARD, advocat à Aix :

D'or, à un arc de gueules, cordé de même, posé en pal ; au chef d'azur, chargé d'une étoile d'or, accostée de deux besans d'argent.

645. François GAIL, marchand, bourgeois :

Coupé d'azur et de gueules par une fasce d'or, l'azur chargé d'un coq d'argent, et le gueules chargé d'un croissant aussi d'argent.

646. Jean ROMAN, marchand, navigant :

Porte comme cy-devant, article 638.

647. Marc-Antoine TAMBEURIN, S. de Pierrefeu :

D'azur, à une bande d'argent, chargée en cœur d'une étoile de six rais de gueules.

648. Jean-Baptiste LE BOIS, bourgeois :

D'argent, à trois cyprès de sinople, rangés sur une terrasse de même, et fruités d'or.

649. Jean RAULET, concierge et économe de l'hôpital royal des équipages des galères :

Coupé d'azur sur argent, l'azur chargé d'un soleil d'or posé en chef, et l'argent chargé de deux rosiers de sinople passés en sautoir, mouvants de la pointe d'une terrasse de même et fleuris chacun de cinq roses de gueules, supportant au milieu de leurs branches une tige de lis de sinople, fleurie de trois pièces d'argent brochant sur l'azur.

650. Jacques GROS, mercier et quincaillier de la ville de Marseille :

D'azur, à une montagne de six coupeaux d'argent, surmontée d'un soleil d'or.

651. Antoine DE LIALBISSI, prêtre, docteur en théologie :

De sable à deux vires d'or l'une dans l'autre.

652. Pierre NATTI, cy-devant courtier royal :

Porte comme cy-devant, article 519.

653. Pierre DE CAUX, chanoine en l'église cathédrale de Marseille :

D'azur, à un agneau d'argent, passant sur une terrasse de sinople, accompagné en chef de deux étoiles d'or.

654. Joseph ARNAUD, marchand :

D'azur, au chevron d'argent, accompagné en chef

de deux étoiles d'or, et en pointe d'une montagne de six coupeaux de même.

655. Pierre de PEIRUYS, docteur en médecine :

D'azur, à deux chevrons d'or, accompagnés en pointe d'une poire tigée et feuillée de même.

656. Catherine RICARDE MARTIN, veuve d'Antoine MARTIN AUFFIÈRE, a présenté l'armoirie qui porte :

D'azur, à un rocher d'argent sur une mer de même, à une colombe aussi d'argent perchée sur le rocher ; au chef d'or, chargé d'une étoile de gueules.

657. Jeanne de RIQUETTY, veuve de N. GERENTON, seigneur de Chateauneuf (1) :

Porte comme cy-devant article 130.

658. Jean BONIFAY, maître maçon :

D'azur, à une foy de carnation en fasce, vêtue de gueules, soutenue d'une mer d'argent ; au chef d'azur, chargé de trois étoiles d'or, soutenu de même.

659. Jean-Baptiste SEREN, bourgeois :

D'azur, à une sirène au naturel sur une mer d'argent, tenant de sa main dextre un miroir rond d'argent, bordé d'or, et de sa sénestre un peigne d'or, avec lequel elle peigne ses cheveux qui sont aussi d'or ; au chef cousu de gueules, chargé de trois étoiles d'or.

---

(1) Jeanne de Riquety était sœur de l'aïeul d'Honoré de Riquety, marquis de Mirabeau, et par conséquent sa grand'tante (Robert de Briançon).
La Chenaye-Desbois la fait fille d'Antoine, frère de l'aïeul d'Honoré.

660. Jean BUECH, fille :

D'azur, à une vache d'or, passante sur une terrasse de sinople, surmontée de trois étoiles d'or, rangées en chef.

661. Honnoré MULCHY, marchand :

D'azur, à une bande d'or, chargée de trois mouches de sable, et accompagnée de deux croissants d'argent.

662. Joseph de BOUTASSY :

Coupé : au premier, d'azur, à un château donjonné de trois tours d'argent, maçonné de sable, et au second, de gueules, à trois bandes d'or.

663. Pierre CROISET :

D'azur, au chevron d'or, accompagné de trois roses de même.

664. Jacques REBUTY :

D'or, à un lion de sable, lampassé de gueules ; au chef d'azur, chargé de trois étoiles d'or.

665. Balthazard REBUTY :

Porte de même.

666. Thomas BAUDEU, commis de M. ARNOUL de VAUCRESSON, commissaire général des galères du Roy :

D'azur, au chevron haussé d'or, accompagné en chef de deux étoiles de même, et en pointe d'un rocher aussi d'or dans une mer d'argent, et sur le rocher un duc ou chat-huant s'essorant de sable.

667. Jean-Baptiste BOYER, officier dans l'arsenal des galères :

D'azur, à un bœuf passant d'or, surmonté d'une étoile de même.

668. Joseph de CAMBIS, capitaine d'une des galères du Roy :

D'azur, à une montagne de six coupeaux d'or, sommée d'un arbre de même, soutenu par deux lions affrontés aussi d'or, lampassés de gueules, posant leurs pattes de derrière sur la montagne.

669. Jerosme THOMASSIN, capitaine de vaisseau marchand :

D'azur, à une tour d'argent, maçonnée de sable, sur une terrasse de sinople, la tour sommée d'un arbre d'or et soutenue par deux lions affrontés d'or, lampassés de gueules.

670. Antoine de CLAPIER, baron de Gréoux (1) :

Fascé d'azur et d'argent de six pièces ; au chef d'or.

---

(1) Antoine de Clapiers, baron de Gréoux, fut marié à Thérèse de Foresta. Cette branche est aujourd'hui éteinte.
Artefeuil, dans son *Histoire héroïque et universelle de la noblesse de Provence*, dit que le premier de cette famille dont il est fait mention

671. Françoise de GRIMAUD, veuve de Jean CURIOL, conseiller du Roy, trésorier général de France :

Losangé d'argent et de gueules.

672. Claude BLANCON, marchand navigant :

D'azur, à une tour d'argent, maçonnée de sable, dans une mer d'argent, la tour couverte en dôme, sommée d'un globe d'or, croisé de même et surmonté d'un soleil aussi d'or naissant du chef.

673. Le Couvent des Pères Servites, dit de Notre-Dame-de-Lorette de Marseille :

D'argent, à un M en lettre gothique de sable, la jambe du milieu accolée de la lettre S de même.

dans l'histoire de ce pays est Jean de Clapiers, originaire d'Andalousie, qui est qualifié lieutenant-général des armées du Roi Robert, premier écuyer de ce prince, gouverneur de la ville et citadelle d'Hyères, dans le testament qu'il fit à Hyères, reçu par Dracon, notaire de cette ville, le 2 août 1330, par lequel il fait un legs à Marguerite de Castellane, sa femme, et institue pour héritiers ses deux fils. Son frère, Etienne de Clapiers, gouverna pendant dix ans l'abbaye de Saint-Victor en qualité d'abbé et eut pour successeur Guillaume de Grimoard de Grisac, qui fut ensuite Souverain Pontife sous le nom d'Urbain V.

Cette famille a formé plusieurs branches, entre autres celle des seigneurs de Vauvenargues, de laquelle était Joseph de Clapiers, premier consul d'Aix et procureur du pays de Provence aux années 1720 et 1721. En récompense des grands services qu'il rendit à cette ville, dont il était commandant pour le Roi pendant la grande peste de 1720, Sa Majesté érigea la terre de Vauvenargues en marquisat, en 1722, et lui donna une pension de 3,000 livres. Il épousa, le 6 septembre 1713, Marguerite de Bermond, dont il eut Luc de Clapiers, marquis de Vauvenargues, né à Aix en 1715, capitaine au régiment du Roi et auteur du livre intitulé : *Introduction à la connaissance de l'esprit humain, suivie de réflexions et maximes*. Cet ouvrage parut pour la première fois en 1746. Les cruelles maladies et les souffrances qu'il endura après la retraite de Prague, à travers trente lieues de glaces, lui firent perdre la vue et amenèrent sa mort en 1747.

Par l'extinction de la branche de Vauvenargues, le titre de marquis a passé dans celle de Collongue, la seule qui subsiste encore aujourd'hui. Cette branche est représentée par Jacques-Balthazar, marquis de Clapiers Collongue, et par Lazare-Alfred, comte de Clapiers Collongue, qui, de son mariage avec Jenny Lombardon, d'une très-ancienne famille de Marseille, a deux garçons et deux filles.

674. Jean VILLENEUVE :

> De gueules, à une bande abaissée d'or, sur laquelle est passant un loup de même ; au chef cousu d'azur, chargé de trois étoiles d'or.

675. Joseph-Laurent ALLEMAND :

> D'azur, à une main de carnation, parée d'argent, vêtue de gueules, mouvante du flanc sénestre d'une nuée d'argent, tenant un demi vol d'or en pal, accompagnée en chef de trois étoiles rangées d'or, et en pointe d'un croissant d'argent.

676. Jean FOURNIER, écrivain d'une des galères du Roy :

> Tiercé en chevron, le premier d'azur, à deux étoiles d'or, le second de gueules, et le troisième d'argent, à un cygne de sable sur une terrasse de même.

677. Paul de GUIBERT, S. de Château-Follet :

> De gueules, à une bande d'argent, chargée de trois merlettes de sable, et accostée de quatre croisettes patées d'or, deux dessus et deux dessous.

678. Pierre RIGON, bourgeois :

> D'azur, au chevron d'or, accompagné en chef de deux étoiles de même, et en pointe d'un croissant d'argent.

679. Jacques SAURON, courtier royal :

> D'azur, à une montagne d'or dans des eaux d'argent, surmontée d'un soleil d'or mouvant du chef.

680. Le Couvent des Frères prêcheurs de Marseille :

D'argent, chapé arrondi de sable, l'argent chargé d'une chien couché de sable, tenant en sa gueule un flambeau de même, allumé de gueules, surmonté d'une étoile de même.

684. Victor SOUCHEIRON, maître chirurgien :

D'or, à un sénestrochère mouvant du flanc dextre d'une nuée de sinople, tenant une poignée de sarments de vigne, feuillés et fruités de même, accompagné en chef de trois étoiles rangées d'azur, et en pointe d'un croissant de gueules.

682. Jean-Jacques AVRIL, marchand ciergier :

D'azur, au chevron d'or, accompagné en chef de deux roses tigées et feuillées, et en pointe d'une tête de taureau posée de profil de même; au chef d'argent, chargé de trois étoiles de gueules.

683. Louis TARON, bourgeois :

D'azur, à un taureau passant d'or, surmonté de trois étoiles de même, rangées en chef.

684. Jean-François TOURNEZY, médecin agrégé à Marseille :

De sable, à trois tours crénelées chacune de quatre pièces d'argent.

685. Jean-Antoine SIMON, prêtre, religieux conventuel de l'ordre de Saint-Jean de Jérusalem, commandeur de Bayonne :

D'azur, à une montagne de six coupeaux d'or, surmontée d'une étoile à queue étincelante de même; au chef cousu de gueules, chargé d'une croix d'argent.

686. Jean-Pierre BARTHELEMY, bourgeois :

D'azur, à une montagne de six coupeaux d'argent, des flancs de laquelle sortent deux branches de laurier au naturel, la montagne surmontée d'une étoile d'or, accompagnée en chef d'un croissant d'argent, accosté de deux autres étoiles d'or.

687. Pierre ANSELME, marchand :

D'azur, au chevron d'or, accompagné en chef de deux roses d'argent, tigées et feuillées de même, et en pointe d'un croissant aussi d'argent ; au chef cousu de gueules, chargé de trois étoiles d'or.

688. Anne BERARD, veuve de Jacques BLANC, a présenté l'armoirie qui porte :

D'azur, à une montagne de trois coupeaux d'argent, mouvante de la pointe, à une colombe aussi d'argent, becquée et membrée de gueules, perchée sur le plus haut coupeau, tenant en son bec un rameau d'olivier d'or, et accompagnée d'une étoile de même, posée au canton sénestre du chef.

689. Alexandre FORT, officier d'infanterie :

D'azur, à un lion d'or, lampassé de gueules, tenant de sa patte dextre une massue d'argent.

690. Les Religieuses de Sainte-Elisabeth du tiers ordre de Saint-François :

D'azur, à une Sainte-Elisabeth vêtue en religieuse de Sainte-Claire, ayant sur sa tête une couronne d'or à l'antique et une autre couronne de même sur sa main sénestre qu'elle tient sur son estomac, et tenant de sa main dextre un pain d'or qu'elle présente à un pauvre qui est à son côté dextre ; l'écu semé d'étoiles d'or.

691. François AGNEAU, escuyer :

D'azur, au chevron haussé d'or, accompagné en pointe d'un agneau passsant d'argent sur une terrasse de même.

692. Jean-André TEISSÈRE, marchand navigant :

Ecartelé, aux 1er et 4e, de gueules, à trois mitres d'évêque d'or ; aux 2e et 3e, d'azur, à trois puits d'argent, maçonnés de sable, accompagnés en chef (surmontés) d'une colombe volante d'argent, becquée et membrée de gueules, portant en son bec un rameau d'or.

693. André TEISSÈRE, capitaine de vaisseau marchand :

Porte de même.

694. Barthelemy de BEAULIEU-RUZET, S. de Razac :

D'or, à trois corneilles de sable, becquées et membrées de gueules, posées une et deux (mal ordonnées).

695. Le Couvent des Religieuses Carmelites de Marseille :

De sable, mantelé arrondi d'argent, la pointe de sable terminée en une croix patée de même, accompagnée de trois étoiles deux en fasce et une en pointe de l'un en l'autre.

696. Joseph FAISAN, bourgeois :

D'argent, à un faisan contourné de sable, perché sur un tronc mouvant en barre d'une terrasse de même.

697. Esprit de MOUTTON, escuyer :

D'azur, à un château de trois tours crénelées d'argent, maçonnées de sable, posées sur des rochers d'or, celle du milieu plus élevée que les deux autres et chacune surmontée d'une étoile aussi d'or.

698. Louis-Lazare FOUQUIER, escuyer :

D'or, à un faucon de sable, becqué et membré de gueules, longé de même et grilleté d'or, perché sur un tronc d'arbre peri en bande, poussant un rameau de sinople; au chef cousu d'azur, chargé de trois molettes d'argent.

699. Ignace LATYL, advocat en la cour :

D'azur, à une barre abaissée d'argent, sur laquelle est posé un perroquet contourné d'or, portant en son bec une palme de même, accompagnée en chef de deux étoiles rangées aussi d'or.

700. Antoine MARIN, écrivain du Roy, commis au magasin de retour des galères pour le contrôle d'icelles :

D'or, à un rocher d'argent au milieu d'une mer de sinople, sur lequel est perché une aigle s'essorant de sable; au chef d'azur, chargé d'une soleil d'or.

701. André MARIN, écrivain du Roy, préposé au radoub général des galères :

D'argent, à une bande d'azur, chargée de trois coquilles d'or, et accompagnée de deux têtes de poissons appelés chiens marins de sinople contournées.

702. Raymond ROUSSON, bourgeois :

D'azur, à une tour d'argent, maçonnée de sable, posée sur un rocher d'or, et accostée de deux étoiles de même : écartelé, de gueules, à trois bandes d'or ; au chef d'azur, chargé d'un lion d'or, lampassé de gueules : sur le tout d'azur, à un soleil d'or, coupé d'or, à un ours de sable passant sur une terrasse de sinople.

703. Joseph ROUSSON, bourgeois :

Porte de même.

704. Michel COLOMB, marchand de bois :

D'argent, à une fontaine, à deux bassins l'un sur l'autre de sinople, à un pigeon de sable posé sur le bord du bassin inférieur, buvant de l'eau qui tombe du bassin supérieur, la fontaine posée sur un tertre de sable, et accompagnée en chef de deux étoiles d'azur.

705. Robert SABAYN, marchand, bourgeois :

De gueules, au chevron d'or, coupé d'argent, à un cerf contourné et courant de sable

706. Michel LE BOIS, bourgeois :

Porte comme cy-devant, article 648.

707. N... ARTAUD, bourgeois :

D'argent, à un cœur enflammé de gueules ; au chef de même, chargé de trois étoiles d'or.

708. Henri de LASCOURS, prêtre :

D'azur, à un dextrochère armé d'argent, mouvant d'une nuée du flanc sénestre de même, tenant une épée en pal aussi d'argent, la garde et la poignée d'or, et sommée d'un soleil de même.

709. Michel CHAILLET, ancien chanoine de l'église paroissiale Notre-Dame-des-Accoules :

D'or, à une bande d'azur, chargée d'un chat d'or.

710. Annibal-Antoine MARTIGNON, chanoine et sacristain de l'église cathédrale de Marseille :

D'or, à un dextrochère de carnation, vêtu de gueules, mouvant du flanc et tenant une épée d'argent en pal, accompagné en chef de trois oignons de lis couchés de sable, deux à dextre l'un sur l'autre et un à sénestre.

711. Marguerite de MORLAN, veuve de Benoit MURET :

D'or, au chevron de gueules, accompagné de trois têtes de mores de sable.

712. Louis ICARD, écrivain du Roy de la galère appelée la *France* :

D'azur, à une fortune d'argent, posant un pied sur une boule d'or.

713. Charles SOLLIER, maître chirurgien :

D'azur, à un taureau passant, la queue entre les jambes remontant sur sa croupe d'or, sur une terrasse de sinople, surmonté de trois étoiles d'or rangées en chef.

714. Charles MICHEL, bourgeois :

D'azur, à une brebis d'argent, passante sur une terrasse de sinople ; au chef d'argent, chargé d'une croix potencée de gueules, cantonnée de quatre croisettes aussi potencées de même.

715. Geneviève d'ARNOUX, femme de Pierre-Dominique de RAPHAELIS de SOISSANS, seigneur de Saint-Sauveur, gouverneur du Buy et capitaine d'une des galères du Roy :

> D'azur, à une fasce en devise haussée d'or, accompagnée en chef de trois roses de même rangées et en pointe de trois croissants d'argent entrelacés.

716. Joseph de BILLON, advocat en la cour :

> D'azur, à trois billots ou bâtons écotés d'or, posés en bande l'un sur l'autre.

717. Henry BREBION, imprimeur du Roy, de Mgr l'Evêque de la ville de Marseille et marchand libraire :

> D'azur, au chevron d'or, accompagné en pointe d'une brebis d'argent passante sur une terrasse d'or ; au chef cousu de gueules, chargé de trois croissants d'argent.

718. Balthazard CHEILADET de DIENE, capitaine en second d'une des galères du Roy :

> D'azur, au chevron d'argent, accompagné de trois croissants d'or.

719. François AUBERT, courtier à Marseille :

> Porte comme cy-devant, article 634.

720. Antoine GIRAUD, curé de la paroisse Saint-Laurent :

> D'azur, à deux triangles d'argent, appointés en fasce, accompagnés de trois étoiles rangées aussi d'argent, et en pointe d'un cœur de même.

721. Estienne de SAINT-JACQUES :

Porte comme cy-devant, article 148.

722. Jean OLIVE, auffier :

D'azur, à un olivier d'or sur une terrasse de même, sommé d'une colombe d'argent, becquée et membrée de gueules, tenant en son bec un rameau d'olivier d'or.

723. Jean d'ALBISSY, bourgeois du lieu de Cassis :

De sable, à deux vivres d'or, une dans l'autre.

724. Gaspard SOULLILES, bourgeois :

D'azur, à un coq d'or, becqué, crêté, barbé et membré de gueules, le pied dextre levé.

725. Jean-Baptiste de LASCOURS, conseiller du Roy, commissaire des inventaires :

Porte comme cy-devant, article 708.

726. Elizabeth de TUZEL, veuve de Gaspard d'AGOULT, lieutenant des galères :

D'argent, à trois épis de blé de sinople, les tiges appointées et mouvantes d'un croissant de gueules.

727. Charles d'ALARD :

De gueules, à trois bandes d'argent ; au chef de gueules, chargé de trois fleurs de lis d'or.

728. Françoise de CAPEL, fille :

D'azur, à une ancre d'argent, la trabe d'or, sommée de trois branches de laurier de même.

729. Jean-Baptiste AMOUREUX, notaire de Marseille :

D'argent, à un cœur de gueules, enflammé de même, percé d'une flèche de sable en bande, accompagné en chef de deux étoiles d'azur, et en pointe d'un croissant de même.

730. Jean CORAIL, canonnier réal des galères de France :

D'or, à une mer de sinople, ondée d'argent, du milieu de laquelle sort une grande branche de corail de gueules, entre deux petites branches de même ; au chef d'azur, chargé d'un croissant d'or, accosté de deux étoiles d'argent.

731. Joseph JEAN, peseur au bureau des poids et casse :

D'argent, à un arbre de sinople sur une terrasse de même, soutenu de deux lions affrontés de gueules ; au chef d'azur.

732. François-Marie LE NOIR, commissaire provincial de l'artillerie au département de Provence :

D'argent, à une croix de sable, cantonnée de quatre têtes de mores de même.

733. René MONGIN, présentement commissaire ordinaire de l'artillerie à Marseille :

D'azur, à deux épées d'argent, passées en sautoir, les gardes et les poignées d'or.

734. Jean-François RAYOLLE, marchand chaudronnier :

> D'azur, à un soleil d'or, naissant du chef, deux étoiles aussi d'or, posées en fasce, et en pointe un arbre d'argent sur une terrasse de même.

735. François VALLENTIN, marchand magasinier :

> D'azur, à deux lions affrontés d'or, lampassés de gueules ; au chef cousu de gueules, chargé de trois étoiles d'or.

736. Honnorade TETIN, veuve de Tadée BEUF, maître maçon, a présenté l'armoirie qui porte :

> D'azur, à un bœuf d'argent, couché sur une terrasse de sinople ; au chef d'azur, chargé de trois étoiles d'or, soutenu de même.

737. Jean-Baptiste BERARDY, marchand :

> D'or, à un arbre de sinople au pied fiché dans un cœur de gueules, surmonté de trois étoiles de même rangées en chef.

738. Jean-Baptiste JAUBERT, notaire royal à Marseille :

> D'argent, au chevron d'azur, accompagné en pointe d'une croix potencée de gueules, cantonnée de quatre croisettes aussi potencées de même ; au chef d'azur, chargé de trois étoiles d'or.

739. Honnoré MARTIN, bourgeois :

> D'azur, à un mouton d'argent passant sur un terrain d'or, soutenu en pointe d'un croissant d'argent ; au chef cousu de gueules, chargé de trois étoiles d'or.

740. François BERGIER, ménager :

D'azur, à une bande d'or, accompagnée en chef d'une étoile et en pointe d'un croissant de même.

741. Jacques ROUSSEAU, marchand :

D'azur, au chevron d'or, accompagné de trois colombes s'essorants d'argent; au chef cousu de gueules, chargé d'une coquille d'argent, accostée de deux étoiles d'or.

742. Michel BOURGUIGNON, marchand :

D'argent, à un sanglier de sable, deffendu d'argent, percé sur l'épaule sénestre d'une flèche d'or empennée de gueules, passant sur une terrasse de sinople; au chef d'azur, chargé de trois roses d'or.

743. Jean BORRELLY, bourgeois :

De gueules, au chevron d'or, accompagné de trois molettes de même.

* 744. Joseph GUESSY, marchand :

D'azur, à un arbre d'or, sur une terrasse de sinople, sommé d'une colombe s'essorant d'argent; au chef cousu d'azur, chargé de trois étoiles d'or.

745. Mathieu MARTIN, marchand :

De gueules, à un rocher d'argent, duquel sortent trois petits arbres de sinople, soutenu d'une mer de même, surmonté d'un soleil d'or, mouvant du chef et de deux nuées d'argent, mouvantes des deux côtés de l'écu, desquelles sortent deux souffles de vents de même vers le rocher.

746. Antoine PATAC, ancien échevin :

D'argent, à une croix potencée de gueules, cantonnée de quatre croisettes aussi potencées de même, le tout enfermé dans un cercle ausssi de gueules.

747. Vincent de VIGUIER :

D'or, à une bande d'azur, chargée en cœur d'une rose d'argent et accompagnée de trois étoiles aussi d'azur, deux en chef rangées et une en pointe.

748. A expliquer plus amplement :

749. Antoine MARROT, marchand cotonnier :

D'azur, à un rocher d'or dans une mer d'argent ; au chef cousu de gueules, chargé de trois étoiles d'or.

750. A expliquer plus amplement :

751. Mathieu de LAGUE, marchand :

D'azur, à une aigle d'or, surmontée de trois étoiles de même rangées en chef.

752. Jacques MARION, marchand :

De gueules, au chevron d'argent, accompagné en chef de deux rameaux d'olivier d'or posés en pal, chacun soutenu d'un croissant d'argent, et en pointe d'un autre rameau d'or couché en fasce, surmonté d'une levrette courante d'argent.

753. Pierre BARDON, bourgeois :

D'or, au chevron d'azur, accompagné en pointe d'un cœur de gueules ; au chef de gueules, chargé de trois étoiles d'or.

754. Antoine RIGAUD, marchand drapier :

D'azur, au chevron d'or, accompagné de trois cœurs de même.

755. Joseph DEYDIER :

De gueules, à un lion d'or, tenant de sa patte dextre un coutelas d'argent, la garde et la poignée d'or.

756. Secret des ALRICS de ROUSSET, chevalier de l'ordre de Saint-Jean de Jérusalem, lieutenant d'une des galères du Roy :

De gueules, au chevron d'or, accompagné de trois croisettes de même ; au chef d'argent, chargé d'un soleil de gueules.

757. Ceris ARCERE, exigeant la perte des assurances :

D'azur, à un arc d'argent, cordé de gueules et couché en fasce, accompagné de trois étoiles d'or.

758. Antoine DUMOND, marchand :

D'azur, à un chat-huant d'argent, le pied dextre levé et l'autre appuyé sur une montagne de même ; au chef cousu de gueules, chargé de trois étoiles d'or.

759. Donnat BOUTHIER, capitaine de vaisseau marchand :

D'azur, à une bande ondée d'argent, accompagnée de deux tours d'or ; au chef cousu de gueules, chargé de trois étoiles d'or.

760. A expliquer plus amplement :

761. Jean-Pierre DURAND, bourgeois :

    D'azur, au lion d'or, lampassé de gueules, à la cotice de même brochant sur le tout ; au chef cousu de gueules, chargé de trois étoiles d'argent.

762. Jean-Baptiste POUITTIER, bourgeois :

    De gueules, à une ancre de quatre branches sans trabe d'argent, la stangue empoignée par un dextrochère vêtu et paré aussi d'argent, mouvant d'une nuée du flanc sénestre de même ; au chef cousu d'azur, chargé d'un croissant d'argent, accosté de deux étoiles d'or.

763. Jacques GUIRARD, cy-devant consul :

    Coupé, au 1er d'or, à une aigle de sable, et au second, d'azur, au chevron d'argent, accompagné de trois étoiles de six rais d'or.

764. Scipion-Antoine LATYL, bourgeois :

    D'azur, à une colombe d'argent, becquée et membrée de gueules, portant en son bec un rameau d'or, posée sur une trangle abaissée d'or et accompagnée de deux étoiles de même, l'une en chef et l'autre en pointe.

765. Christophe FOGASSE, ancien capitaine de vaisseau, et à présent commis pour les affaires de la compagnie du Bastion de France :

    De gueules, à cinq pals d'or ; au chef d'azur, chargé de trois roses d'argent.

766. Louis ARCÉRE, artisan :

    D'azur, à un arc d'argent, cordé de même, posé en fasce.

767. Luc MARTIN, marchand à Marseille :

D'azur, à un arbre d'or, mouvant d'un croissant d'argent, à un cerf d'or rampant contre l'arbre, et appuyant son pied dextre de derrière sur le croissant ; au chef cousu de gueules, chargé de trois étoiles d'or.

768. Jean DAIGNAN, bourgeois :

D'or, à un arbre de sinople sur une terrasse de même.

769. Claude REYNAUD, marchand, bourgeois de la ville de Marseille :

D'azur, au chevron d'argent, accompagné de trois fers de dards de même, les pointes en bas.

770. Barthélemy DURAND, bourgeois :

D'azur, à un arbre d'or, planté sur une montagne ou rocher de plusieurs coupeaux d'argent.

771. Esprit-Iacinthe DE BLANC, prieur de Saint-Nicolas de l'Abbaye de Saint-Victor :

D'azur, à une massue d'argent, soutenue d'un croissant de même, le tout entouré de deux palmes d'or passées en sautoir.

772. Jean-Baptiste LAURE, notaire royal :

D'azur, à un soleil d'or posé en cœur, accompagné de trois vents d'argent, deux mouvants des angles du chef et l'autre de la pointe de l'écu, et soufflant en pairle contre le soleil.

773. Mathieu COISSINIER, bourgeois :

D'azur, à une foy d'argent, mouvante des flancs de

deux nuées de même, surmontée de trois étoiles d'or rangées en chef, et soutenue en pointe d'un croissant d'argent.

774. Gabriel du BOSQUET (de Bousquet), religieux de l'abbaye Saint-Victor de Marseille :

Porte comme cy-devant, article 202.

775 (bis). Feu Honoré DE RIQUETY, marquis de Mirabeau, suivant la déclaration d'Elizabeth de ROCHEMORE, sa veuve (1) ;

Portait comme cy-devant, article 130 ; accolé : d'azur, à trois rocs d'échiquier d'argent.

776. Jean-François DE RIQUETY DE MIRABEAU, prieur de Saint-Gervais de Beaumont (2) :

Porte de même que cy-devant, article 130.

777. Philipe RAYNAUD, cy-devant marchand de soie :

D'argent, à un P. et une R. de sable.

778. Vincent MARTIN, marchand à Marseille :

Porte comme cy-devant, article 767.

(1) Honoré de Riquety, marquis de Mirabeau, était le père de Jean-Antoine de Riquety, marquis de Mirabeau, ci-devant nommé à l'article 130. Il porta les armes avec distinction pendant sa jeunesse et devint ensuite premier consul d'Aix, premier procureur du pays de Provence et syndic de la noblesse. Il avait épousé, en 1660, Isabeau (ou Elisabeth) de Rochemore, fille de François de Rochemore, premier président de la Chambre des comptes de Montpellier.

(2) Jean-François de Riquety de Mirabeau était frère d'Honoré de Riquety, marquis de Mirabeau.

779. Joseph REYNIER, notaire Royal à Marseille :

> D'azur, au chevron d'argent, accompagné en chef de deux roses tigées et feuillées d'or, et en pointe d'un renard rampant de même.

780. Louis LE GENDRE, escuyer, S. de Montmol, chevalier de l'ordre militaire de Saint-Louis et major de la citadelle Saint-Jean de la ville de Marseille :

> D'azur, au chevron d'or, accompagné en chef de deux molettes et en pointe d'un massacre de cerf de même.

781. Antoine RUBANTEL MOLLINIERES (Molinière), ayde-major du fort Saint-Jean de Marseille :

> D'or, à trois trèfles de gueules.

782. Jean-Paul DE CIPRIANY, escuyer, seigneur de Cabriès :

> D'azur, à trois triangles d'or, pointés en bas.

783. Gabriel DURRANC :

> De gueules, au chevron d'or, accompagné en pointe d'un monde d'azur, ceintré d'or, et sommé d'une croix trèflée de même ; au chef cousu d'azur, chargé de trois étoiles d'or.

784. André DE VENTURE :

> Ecartelé, au premier, d'azur, à une tour couverte d'argent, maçonnée de sable ; au second, d'azur, à une bande d'argent, chargée de trois canettes de sable ; au troisième, d'argent, à une vache passante de gueules sur une terrasse de sinople, sur-

montée d'une croix ancrée de gueules, et au quatrième, de gueules, à une chèvre saillante d'argent, surmontée d'une fleur de lys d'or.

785. ANDRÉ DE VENTURE :

Porte de même.

786. GABRIELLE DE SABRAN DE MOUSTIER :

D'azur, à deux dauphins addossés d'or.

787. PHILIBERT ARENE, marchand :

D'azur, à trois étoiles d'or, soutenues d'une mer d'argent en fasce, sur une terrasse de sinople.

788. A expliquer plus amplement :

789. JOSEPH RICHELME, notaire royal :

De gueules, à un heaume d'argent, ouvert de cinq grilles et enrichi d'or, couronné de même, et orné de trois plumes deux d'or et une d'argent.

790. JEAN COTELLE, peintre du Roy en son académie royale :

D'azur, à un lion d'or contourné, tenant de ses deux pattes une tour d'argent.

791. ISNARD MOREL, bourgeois :

D'azur, à un arbre d'or, sur une terrasse de sinople, sénestré d'un lion d'or, lampassé de gueules, rampant contre le tronc de l'arbre ; au chef cousu de gueules, chargé d'un croissant d'argent, accosté de deux étoiles d'or.

792. Jacques GILLET, commis au contrôle de la marine à Toulon :

> De sinople, à un casque ouvert de trois grilles d'argent, couché en fasce.

793. Louis BARBIER, batteur d'or pour le Roy dans l'arsenal de Marseille :

> D'azur, à trois poissons d'argent en fasce, un sur l'autre, celui du milieu contourné ; au chef cousu de gueules, chargé d'une rose d'argent accostée de deux étoiles d'or.

794. Anne PASTOUREL, veuve de Jean LANDRY, écrivain du Roy dans l'arsenal, a présenté l'armoirie qui porte :

> D'azur, au chevron d'or, surmonté d'un croissant d'argent, accompagné en chef de deux palmes addossées d'or, et en pointe d'une fontaine d'argent, jaillissante dans son bassin de même, duquel l'eau retombe par deux tuyaux, l'un de chaque côté.

795. Jean-Louis CHERIMOT, marchand :

> D'azur, à un rosier de sinople, fleuri de trois roses d'argent, mouvant en pointe d'une rivière d'azur, ondée d'argent ; au chef d'azur, chargé d'un cœur d'or, accosté de deux croissants d'argent, le chef soutenu cousu de gueules.

796. Guillaume RAMPAL, notaire royal :

> D'azur, à un rocher de six coupeaux d'argent, et une tourterelle de même perchée sur le plus haut coupeau, surmonté de trois étoiles d'or rangées en chef.

797. Le Grand Couvent des Religieux de la Sainte-Trinité à Marseille :

> D'argent, à une croix patée, alaisée, dont la traverse est d'azur et le montant de gueules ; à une bordure d'azur chargée de huit fleurs de lis d'or.

798. Alexandre MAURE, avocat en la Cour :

> D'argent, à un arbre de sinople, accosté de quatre épis de blé tigés et feuillés de même, deux de chaque côté, accompagné d'une étoile de gueules posée au premier canton, et d'un quart de soleil de même, mouvant de l'angle sénestre du chef.

799. Balthazard de LORME, bourgeois :

> D'or, à un arbre de sinople fusté au naturel sur une terrasse de même.

800. André GIRARD, notaire royal, apostolique, à Marseille :

> D'azur, à trois tours d'argent, maçonnées de sable, rangées sur une terrasse de sinople, celle du milieu plus élevée sommée d'un léopard d'or.

801. A expliquer plus amplement :

802. Jean-Antoine-Joseph d'ANFOSSY, chevalier et comte Palatin de notre Saint Père le Pape :

> Ecartelé, au premier, de gueules, à une fasce d'or surmontée d'une quintefeuille d'argent ; au second, d'azur, à trois couronnes d'or ; au troisième, d'azur, à un dragon d'or surmonté de trois étoiles de même rangées en chef, contre-écartelé de gueules, à un lion d'argent ; au quatrième, de sinople, à trois bandes d'or ; au chef cousu d'azur, chargé d'un moine à grande barbe à demi corps, posé de profil d'argent, ses mains jointes, tenant un chapelet de même.

803. Honnoré MERENTIER, courtier royal :

> D'or, au chevron d'azur, accompagné en chef de deux étoiles de gueules et en pointe d'un arbre de sinople terrassé de sable.

804. Jean AMY, courtier royal :

> D'azur, à un chien d'argent assis sur une terrasse de même, levant sa patte dextre et regardant une étoile d'or surmontée d'un soleil de même qui est mouvant de l'angle dextre du chef.

805. A expliquer plus amplement :

806. Charles de LORME, bourgeois :

> Porte comme cy-devant article 799.

807. Esprit de CROISET, advocat :

> D'azur, au chevron d'or, accompagné de trois roses d'argent.

808. Jean-Baptiste ESPANET, courtier royal :

> D'azur, à un arbre d'argent sur une terrasse de même, sommé d'une colombe aussi d'argent, portant en son bec un rameau d'or, accompagné en chef d'un soleil d'or à dextre et d'une lune d'argent à sénestre.

809. Elzeard TARON, bourgeois :

> D'azur, à un taureau contre-passant d'or, sur une terrasse d'argent, surmonté de trois étoiles de même rangées en chef.

810. Thomas BOYER, courtier royal :

De gueules, à un bœuf passant d'or, la queue passant entre ses jambes et remontant sur son dos, surmontée de trois étoiles de même rangées en chef.

811. Pierre SEGUIN, notaire royal à Marseille :

D'azur, à deux cigognes affrontées d'argent, ayant leurs cols entrelacés en double sautoir, leurs têtes contournées, sur une terrasse de sinople, accompagnées en chef de deux roses d'or.

812. Gaspard MARTIN, cy-devant courtier royal :

D'or, à une montagne de six coupeaux de pourpre, sommée d'un arbre de sinople, sur une mer d'argent; au chef d'azur, chargé de trois étoiles d'or.

813. Léon ALAMEL, marchand :

D'azur, au chevron d'or, surmonté d'une étoile de même, accompagné en chef de deux roses d'argent et en pointe d'un cœur d'or.

814. François OLLIVIER, marchand boutiquier :

D'azur, à un olivier d'or, soutenu par deux lions rampants et affrontés de même sur une terrasse de sinople.

815. Gaspard ESPANET, courtier royal :

Porte comme cy-devant, article 808.

816. Claude de BOURGUIGNON, religieux profès de l'abbaye Saint-Victor de Marseille, prieur de Notre-Dame du Plan, hors les murs de Castelanne

et de Notre-Dame-de-Valvere-de-Lameure (La Mure) :

> D'or, à un sanglier de sable, passant sur une terrasse de sinople, percé d'une flèche en barre d'argent empennée de gueules ; au chef d'azur chargé de trois étoiles d'or.

817. François REYNARD, magasinier :

> D'azur, à un renard d'or passant sur une terrasse de sinople, surmonté de trois étoiles d'or rangées chef.

818. Joseph TARON, bourgeois :

> D'azur, à un taureau d'or passant sur une terrasse de sinople ; au chef cousu de gueules chargé de trois étoiles d'or.

819. Joseph DE BOURGUIGNON DE LA MEURE (La Mure) :

Porte comme cy-devant, article 816.

820. Isabeau DE BOURGUIGNON DE LA MEURE (La Mure), veuve de Honoré DE MARTIN :

Porte de même.

821. André DE GANAY, escuyer :

> D'argent, à la fasce de gueules chargée de trois roses mal ordonnées d'or, accostées de deux coquilles de même.

822. Catherine MARIN, veuve de Jean-Joseph LE CAMUS, noble :

> D'argent, à trois bandes ondées, entées de sable :

823. François-Ignace de SIMIANE, chevalier de l'ordre de St-Jean de Jérusalem et lieutenant d'une des galères du Roy :

>D'or, semé de tours et de fleurs de lis d'azur.

824. Théodore de FAISAN, veuve de Jérosme d'ANTOINE :

>D'or, à un faisan au naturel sur une terrasse de sinople, surmonté en chef d'une étoile à six rais de gueules.

825. Jacques CHARPUIS, ancien échevin :

>D'azur, à trois bandes d'argent; écartelé de gueules, à un lion d'or.

826. Jean-Jacques CHARPUIS, négociant :

>Porte de même.

827. Feu Jean ABEILLE, conseiller secrétaire du Roy, maison couronne de France en la chancelerie de Provence, suivant la déclaration d'Anne MALLAVAL, sa veuve :

>D'azur, au chevron d'or, accompagné de trois abeilles de même.

828. Feu Jean DROUET, marchand, suivant la déclaration de Thérése GRIMAUD, sa veuve :

> De gueules, au chevron d'or, accompagné en chef de deux coquilles d'argent et en pointe d'une aigle de même.

829. Nicolas BERAUD, courtier royal :

> D'azur, au chevron d'or, accompagné en chef de deux étoiles de même et en pointe d'une montagne d'argent, surmontée d'une aigle le vol abbaissé de même.

830. N... de SERIGNAN, capitaine d'une des galères du Roy :

> Ecartelé, aux 1ᵉʳ et 4ᵉ d'azur, à trois fasces ondées d'argent ; aux 2ᵉ et 3ᵉ, d'azur, à une arche de Noë d'argent, flottante sur une mer de même, sur le haut de laquelle est posée une colombe portant en son bec un rameau d'olivier de même ; sur le tout, d'azur, à un lion d'or, lampassé et armé de gueules, regardant une étoile d'or, posée au canton dextre du chef.

831. Pierre LAMBERT, lieutenant du Roy du fort Saint-Jean de la ville de Marseille :

> D'argent ; à la fasce d'azur, chargée de deux têtes de de lion arrachées d'or.

832. Etienne ARENNE, charcutier :

> De sable, au chef de gueules, chargé de trois étoiles d'or, soutenu d'argent.

833. Louis DESCROST du CHON, sous-lieutenant d'une des galères du Roy :

D'azur, à la bande d'or, chargée de trois écrevisses de gueules, accompagnée de trois molettes d'or, deux en chef rangées et une en pointe.

834. Aymard REYMONDIN, cy-devant secrétaire des Intendants de la santé :

Une mer d'argent dans laquelle nagent trois dauphins d'azur, les deux du chef affrontés ; au chef de gueules, chargé d'un monde d'or, ceintré et croisé de même, ce chef abbaissé sous un autre d'azur, chargé de trois étoiles d'or.

835. Jean-André GUEYDON, capitaine réformé dans le régiment de Provence :

D'azur, à un lion d'or, lampassé et armé de gueules, tenant de ses deux pattes une lance en pal de même, à laquelle est attaché un guidon d'argent flottant à sénestre.

836. Pierre REBOUL, écrivain du Roy dans l'arsenal de ses galères :

De gueules, à une licorne saillante d'argent ; au chef d'argent chargé de trois tourteaux de gueules.

837. Jean-Baptiste PONSIN, commissaire ordinaire des galères du Roy :

D'azur, au chevron d'or, accompagné en pointe d'un poussin ou poulet d'argent sur une terrasse de même.

838. Jerosme REMUSAT, marchand :

> D'azur, au chevron d'or, accompagné en chef de deux roses d'argent et en pointe d'une hure de sanglier de même.

839. Claude LA FONT, bourgeois :

> D'azur, à une fontaine d'argent.

840. Clere BAULME, veuve de Gaspard de ROMAN, marchand, a présenté l'armoirie qui porte :

> D'azur, à une louve rampante d'or.

841. Louis ESTIENNE, bourgeois de Marseille :

> D'azur, à trois bandes d'or.

842. Pierre GEOFFROY, droguiste :

> D'azur, à une foy d'argent en fasce, accompagnée en pointe d'un croissant d'or ; au chef cousu de gueules chargé de trois étoiles d'or.

843. Jean LUET BESCONTIN, escrivain de vaisseau :

> De gueules, au chevron d'or, accompagné de trois croissants d'argent ; au chef cousu d'azur, chargé de trois étoiles d'or.

844. Antoine AUBERT, marchand :

> D'or, à un arbre de sinople sur une terrasse de même, accompagné de trois étoiles de gueules mal ordonnées.

845. Jacques COUDONNEAU, Maître chirurgien :

D'argent, à un cognassier de sinople chargé de deux de ses coings d'or, et de quatre autres encore en fleurs d'argent pointées d'or, le cognassier mouvant d'une terrasse élevée en montagne aussi de sinople, chargée d'un agneau passant d'argent; au chef cousu d'or chargé d'un tau d'azur.

846. Louis FEAU, maître apothicaire :

D'azur, à un chien d'argent, assis sur une terrasse de sinople, ayant sa patte dextre levée, avec laquelle il touche dans une main de carnation posée en bande, vêtue de gueules, parée d'argent, mouvant de l'angle dextre et sortant d'une nuée de même; au chef de gueules chargé de trois étoiles d'or.

847. Roland FRÉJUS, escuyer :

D'azur, à un croissant d'argent, surmonté en chef d'un lambel de trois pendants de même.

848. Elizabeth de FRÉJUS, veuve de N.... de L'ISLE :

Porte de même.

849. Jean GAUTIER, marchand de fer à Marseille :

D'azur, à un coq d'or, crêté, becqué, barbé et onglé de gueules, levant le pied dextre et l'autre étant appuyé sur un mont d'argent.

850. François LAMBERT, marchand :

D'azur, à trois barres d'or.

851. Pierre BOULLE, marchand :

Porte comme cy-devant, article 334.

852. Honnoré OLLIVE, marchand :

D'azur, à un olivier d'or, sur une terrasse d'argent, ombrée de sable, l'arbre sommé d'une colombe s'essorant d'argent, becquée et membrée de gueules, portant en son bec un rameau d'olivier d'or et accosté de deux étoiles de même.

853. Michel de BAUSSET de ROQUEFORT, cadet :

Porte comme cy-devant, article 252.

854. Jacques MOTTET, marchand drapier :

D'azur, à une tour d'argent, accompagnée en chef de deux étoiles d'or, et en pointe d'un agneau passant de même.

855 Claud GRANOT, courtier royal :

D'or, à une couronne de laurier de sinople, grenée de sable et liée en pointe de gueules.

856. Augustin BOUTIÉ, maître tanneur :

D'azur, à une bande ondée d'or, accompagnée de deux tours d'argent; au chef de gueules chargé de trois étoiles d'or.

857. Jean-Baptiste MARTIN, capitaine de vaisseau marchand :

De gueules, à un rocher d'or, duquel sortent trois petits arbres de sinople, soutenu d'une mer de même, surmonté d'un soleil d'or, naissant du chef et de deux nuées d'argent mouvantes des deux côtés de l'écu, desquelles sortent deux souffles de vents de même vers le rocher.

858. Jean-André BOURELLY, courtier :

D'azur, à trois pals d'or ; au chef de gueules chargé de trois besans d'or.

859. Jeanne de BRICARD, veuve de Jean-Baptiste FRANCHISCOU, ancien premier échevin :

Porte comme cy-devant article 520.

860. Pierre AUMERAT, marchand drapier :

D'azur, à un mur crenelé de six pièces d'argent, maçonné de sable sur une rivière de sinople, surmonté d'une étoile d'or, accostée de deux roses d'argent.

861. André BROQUERY, marchand drapier :

De gueules, à deux épées d'argent passées en sautoir, à un arbre de sinople posé sur une terrasse d'argent brochant sur le tout.

862. Honnoré GUITTON, marchand :

D'azur, à deux bras armés d'argent, mouvants des deux flancs de l'écu, les mains jointes en foy, tenant un guidon en pal de gueules flottant à dextre, chargé d'une fleur de lis d'or, et accompagné en pointe d'un casque d'argent posé de profil.

863. Le Grand Couvent des Augustins de Marseille :

D'argent, à une aigle de sable, couronnée d'or, chargée sur l'estomac d'un écusson d'or, surchargé d'un cœur enflammé de gueules, percé d'une flèche en bande aussi de gueules et ferrée d'argent, ce petit écusson sommé d'une mitre d'or et d'une crosse de même.

864. Jacques PEIRIER, agent des affaires de M. le général Fouquier:

> D'azur, à un arbre d'or, sur un rocher de plusieurs coupeaux d'argent, cotoyé (accosté) de deux flèches d'or posées en pal, les pointes en bas, ferrées d'argent, empennées de gueules; au chef cousu de gueules, chargé de trois étoiles d'or.

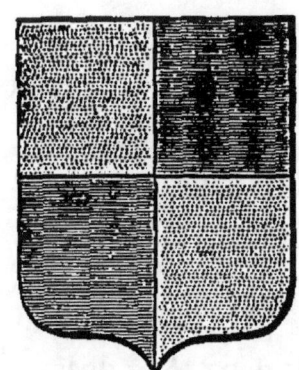

865. Jean de CANDOLLE, escuyer :

> Ecartelé d'or et d'azur.

866. Mathieu BERAUD, marchand drapier :

> D'azur, au chevron haussé d'argent, accompagné en chef de deux étoiles d'or et en pointe d'une montagne de trois coupeaux d'argent, surmontée d'une aiglette d'or, le vol abaissé.

867. Louis MOUSSIER, marchand :

> Tiercé en fasce, le premier d'or, à deux branches, une de laurier et l'autre de palme de sinople passées en sautoir; le second, d'azur, à une montagne de trois coupeaux d'argent, accostée de deux étoiles d'or; le troisième, de gueules, à un agneau pascal d'argent, la croix et la banderole d'or, passant sur une terrasse de sinople.

868. Toussaint DAVID, marchand mercier :

> D'azur, à un cœur enflammé d'or, percé de deux flèches passées en sautoir de gueules, ferrées d'argent, et surmonté de deux étoiles d'or, le tout entouré d'une fronde d'argent.

869. Claude BARTHALON, marchand :

D'azur, à une tour d'argent maçonnée de sable, sur une montagne d'argent ombrée de sable, et une traverse de gueules brochant sur le tout, accompagnée d'une étoile d'or, posée au canton dextre du chef.

870. François OLLIVIER, le jeune, marchand mercier :

D'or, à un olivier de sinople sur une terrasse de sable, surmonté de trois étoiles de gueules rangées en chef.

871. Barthelemy GIRAUD, marchand mercier :

De gueules, à un pal d'or, accosté de deux têtes de levriers arrachées d'argent et accolées d'azur.

872. Pierre ARTAUD, marchand mercier :

D'azur, à une aigle s'essorant d'argent, languée et onglée de gueules, regardant un soleil d'or, mouvant de l'angle dextre du chef.

873. A expliquer plus amplement :

874. Claude SARMET, courtier royal :

D'azur, à un croissant d'argent, accompagné en chef de trois étoiles d'or rangées et en pointe de deux poissons de même posés en fasce et affrontés sur une mer d'argent.

875. Gaspard MAURIN, marchand :

D'azur, à un arbre d'or sur une terrasse d'argent ombrée de sable, l'arbre sommé d'une colombe d'argent, becquée et onglée de gueules et surmontée de trois étoiles d'or rangées en chef.

876. Pierre TARDIVY, marchand drapier :

D'or, à un cœur enflammé de gueules, chargé d'une étoile d'or.

877. François ISSERIC, marchand mercier :

D'or, à un cerisier de sinople, fruité de gueules sur une terrasse de sable, éclairée d'argent, le cerisier sommé d'un oiseau de pourpre et surmonté de trois étoiles de gueules rangées en chef.

878. Antoine OLLIVIER, marchand drapier :

D'azur, à une colombe d'argent becquée et membrée de gueules, tenant en son bec un rameau d'olivier d'or, surmontée de trois étoiles de même rangées en chef.

879. Joseph PONS, marchand chaussetier :

D'azur, à un pont d'une arche d'argent, maçonné de sable, surmonté de trois étoiles d'or rangées en chef.

880. Hélène MAURE, veuve de Jean BONNET, orfèvre, a présenté l'armoirie qui porte :

Coupé au premier, d'azur, à une trangle d'or, accompagnée en chef d'un monde d'azur ceintré et croisé d'or, accosté de deux étoiles de même, et en pointe d'un mouton passant d'argent, et au second, d'argent, à un arbre de sinople sur une terrasse de même.

881. Jacques BOISSON, advocat :

D'argent, à un chêne de sinople sur une terrasse de même ; au chef d'azur, chargé d'un croissant d'argent, accosté de deux étoiles d'or.

882. A expliquer plus amplement :

883. Claude de PEIS, marchand :

D'azur, à un poisson d'argent en fasce ; au chef cousu de gueules, chargé de trois étoiles d'or.

884. Zacharie ARTAUD, marchand drapier :

D'azur, à une montagne de trois coupeaux d'argent surmontée d'un soleil d'or, chargé d'un cœur de gueules ; au chef cousu de gueules chargé de trois étoiles d'or.

885. Pierre PEILLON, marchand mercier :

D'azur, à un palmier arraché d'or, accosté de deux serpents tortillés en pal et affrontés de même, et sommé d'une colombe d'argent, accostée de deux étoiles d'or.

886. Jean MOUTTET, marchand mercier :

D'azur, à un mouton passant d'argent sur une montagne de même, surmonté de trois étoiles d'or rangées en chef.

887. Pierre BESSODES, marchand drapier :

D'azur, à un croissant d'argent, surmonté d'une rose de même et soutenu de deux palmes d'or, les tiges passées en sautoir ; au chef cousu de gueules chargé de trois étoiles d'or.

888. Claude BOYER, marchand, bourgeois :

Porte comme cy-devant article 409.

889. Henri BOISSON, maître apothicaire :

D'azur, à un buisson d'or, ardent de gueules sur une montagne d'argent, surmonté de trois étoiles d'or rangées en chef.

890. Joseph ISOUARD, marchand magasinier sur le port :

D'argent, à un cochon de sable passant sur une terrasse de même, adextré d'un lis d'or, tigé et feuillé de sinople; au chef d'azur, chargé de trois étoiles d'or.

891. François CLARY, marchand chaussetier :

D'or, à une aigle le vol abaissé de sable, becquée et membrée de gueules; au chef d'azur chargé d'un soleil d'or que l'aigle regarde.

892. André RÉQUIER, marchand mercier :

D'azur, à une croix haussée et potencée d'argent, soutenue d'un croissant de même et surmontée de trois étoiles d'or rangées en chef.

893. Louis LA VIGNE, marchand mercier :

D'argent, au chevron de gueules, accompagné en chef de deux feuilles de vigne de sinople, et en pointe d'un serpent tortillé en pal aussi de sinople, tenant en sa gueule un trèfle renversé de sable.

894. Gaspard BERAUD, marchand drapier :

Porte comme cy-devant article 866.

895. Ignace CLÉMENT, écrivain d'une des galères du Roy :

D'azur, à une colombe volante d'argent, becquée et membrée de gueules, portant en son bec un rameau d'or.

896. Vincent ROUX, maître apothicaire :

D'azur, à trois fleurs de safran d'argent tigées et feuillées de même, boutonnées d'or, mouvantes d'une terrasse de sable et surmontées d'un soleil d'or.

897. La Maison de l'Oratoire de Marseille :

D'azur, aux deux mots *Jésus Maria* d'or, posés l'un sur l'autre, enfermés dans une couronne d'épines de même.

898. André AURELLY, mercier :

D'or, à un tronc d'arbre écoté et posé en pal de pourpre sur une terrasse de sable, accompagné de quatre feuilles de chêne de sinople, posées aux quatre angles de l'écu et confrontées.

899. Antoine BEURLAN, mercier :

D'azur, à un bœuf ailé, marchant sur une terrasse d'argent, surmonté d'un croissant d'argent supportant une croix haussée et potencée d'or.

900. Jean BERAUD, marchand drapier :

Porte comme cy-devant article 866.

901. Charles OLLIVIER, marchand boutiquier :

D'azur, à un olivier d'or sur une terrasse de sinople, sommé d'une colombe s'essorant d'argent, becquée et membrée de gueules, tenant en son bec un rameau d'or et accompagné en chef de deux étoiles de même.

902. Jean JAYNE, marchand, bourgeois :

D'or, à un arbre de sinople sur une terrasse de même : au chef d'azur chargé de trois étoiles d'or.

903. Jean-Baptiste GAROUTTE, marchand :

> D'azur, à une colombe d'argent, becquée et membrée de gueules, portant en son bec un rameau d'or; au chef cousu de gueules chargé de trois étoiles d'or.

904. Jean-Baptiste REYNAUD, marchand mercier :

> D'azur, à un renard rampant d'or, lampassé et armé de gueules; au chef cousu de gueules chargé de trois étoiles d'or.

905. Noel de LA VIGNE, marchand boutiquier :

> D'azur, au chevron d'or, accompagné en chef de deux cailloux d'argent et en pointe d'un agneau pascal aussi d'argent sur une terrasse de même, la croix et la banderolle d'or croisée de sable; au chef cousu de gueules chargé de trois étoiles d'or.

906. François GILLY, marchand :

> D'azur, au chevron d'argent, accompagné en chef de deux étoiles d'or et en pointe de deux lions de même affrontés et rampants contre un lis d'argent tigé et feuillé de même, mouvant d'une motte d'or.

907. Alphonse CAMOIN, marchand drapier :

> D'azur, à un chameau d'or, passant sur une terrasse de sinople, surmonté d'une étoile à six rais aussi d'or, posée au milieu du chef.

908. La Communauté des Religieux de l'Ordre de la Mercy, Rédemption des Captifs à Marseille :

> D'or, à quatre pals de gueules; au chef de gueules chargé d'une croix pattée et alaisée d'argent.

909. La Maison de la Mission-de-France :

D'argent, à un sauveur de carnation vêtu d'azur et de gueules, ayant ses deux bras étendus et la tête entourée de rayons d'or, avec cette inscription autour : *Sup. Dom. Massiliens. Congr. Missionies.*

910. Pierre BLANC, notaire royal à Marseille :

D'azur, à un cygne d'argent becqué et membré de gueules, nageant dans des ondes d'argent.

911. La Commanderie Saint-Antoine de la ville de Marseille :

D'or, à une aigle à deux têtes de sable, diadémée, becquée et membrée de gueules, ayant une couronne d'or enfilée en son col de laquelle pendent deux chaînettes en chevron renversé aussi d'or, auxquelles est attaché un écusson de même chargé d'un T d'azur.

912. Pierre-Raymond LANGERET, bourgeois :

D'azur, au chevron d'argent, accompagné de trois têtes de lions arrachées d'or, lampassées de gueules.

913. Jean FABRE, mercier :

D'azur, à un lion d'or, lampassé et armé de gueules, tenant de sa patte dextre un trèfle d'argent et surmonté d'une étoile d'or posée au milieu du chef.

914. Dominique TRUC, bourgeois :

D'or, à un arbre de sinople sur une terrasse au naturel et un griffon de gueules rampant contre l'arbre.

915. Henry CHALON, marchand :

De gueules, à trois pieux alaisés au pied fiché d'argent ; au chef cousu d'azur chargé de trois molettes d'or.

916. Pierre FROTTON, marchand :

D'or, à une tour de gueules, maçonnée de sable sur une mer de sinople qui est chargée d'un poisson appelé ton d'argent.

917. Jean-Baptiste AUBANY, marchand mercier :

D'azur, à une montagne de trois coupeaux d'argent, surmontée de trois étoiles d'or rangées en fasce et d'un lambel de deux pendants d'argent posé en chef.

918. Pierre GOURDAN, notaire royal :

De gueules, à sept épis de blé d'or tigés et feuillés de même, mouvants d'un croissant d'argent, surmonté de trois nuées d'argent, la première mouvante du chef et les deux autres du haut des flancs, desquelles sortent deux souffles de vents de même sur les épis.

919. Le Monastère des Religieuses Sainte-Claire aux Curateries :

D'azur, à une croix haussée et alaisée d'or, et deux bras de carnation mouvants du bas des flancs de nuées d'argent, l'un vêtu de l'habit de Saint-François et l'autre nu passés en sautoir et brochant sur la croix, les mains percées ou marquées des stigmates ensanglantées de gueules.

920. Charles ROUSSIN, marchand magasinier :

D'azur, à un cheval effrayé d'argent, bridé d'or, les rennes de gueules, tenues par un bras de carnation paré d'argent et vêtu de gueules, mouvant du haut du flanc sénestre de l'écu ; au chef d'or chargé de trois roses de gueules.

921. JACQUES VASSAL, marchand magasinier :

D'azur, à un vol d'argent sur lequel est brochant un cœur de gueules, surmonté de deux étoiles d'or, le tout accompagné en chef d'une croisette pattée d'or, et en pointe d'un croissant d'argent.

922. JOSEPH GAUTIER, marchand à Marseille :

De gueules, à un soleil d'or en chef, une fleur de soucis d'argent tigée et feuillée de même en pointe, et deux étoiles d'or posées une à chaque flanc de l'écu.

923. BALTHAZARD VACQUE, marchand mercier :

D'azur, aux deux lettres B et V d'or, rangées en fasce et séparées par une petite losange d'argent en forme de point, surmontées d'une étoile d'or, posée au milieu du chef et soutenues d'une mer agitée, formant des vagues d'argent mouvante de la pointe.

924. JEAN OLLIVE, marchand magasinier à Marseille :

D'azur, à une montagne de trois coupeaux d'argent, celui du milieu plus élevé que les deux autres, chacun sommé d'un arbre d'or, surmontés de trois étoiles de même, rangées en chef.

925. JACQUES REBOUL, marchand à Marseille :

D'azur, au chevron d'or, accompagné de trois roses d'argent les tiges en haut ou renversées, feuillées de même.

926. Joseph LAGET, marchand drapier :

D'azur, à une fasce en devise haussée d'argent, surmontée de trois étoiles d'or rangées en chef et soutenue d'un chevron abaissé d'or.

927. Joseph ESTIENNE, marchand drapier :

De gueules, à cinq cailloux d'argent posés en sautoir ; au chef cousu d'azur chargé de trois étoiles d'or.

928. Jean d'AMPHOUX, marchand drapier :

De gueules, fretté d'or et semé de petits écussons d'argent dans les voies.

929. Barthélemy MONIER, capitaine de vaisseau :

D'azur, à un arbre arraché d'or, sommé d'une colombe s'essorant d'argent, membrée de gueules et surmontée de trois étoiles d'or rangées en chef.

930. Jean-Baptiste NÈGRE, capitaine de vaisseau marchand :

D'or, à trois têtes de mores de sable, liées d'argent.

931. Les Pénitents Gris sous le titre de Saint-Antoine :

D'argent, à un Saint-Antoine de carnation, vêtu d'argent et de sable comme un Jacobin, marqué sur l'épaule sénestre d'un tau d'azur, tenant de sa main dextre une clochette d'argent et un baton au naturel sur lequel il s'appuye et de sa main sénestre un livre ouvert de gueules, ayant derrière lui un cochon de sable qui montre seulement la tête, le saint accosté de deux hommes à genoux affrontés et les mains jointes de carnation, vêtus et affublés d'habits de pénitents de couleur grise, le tout posé sur une terrasse de sinople.

932. Pierre SIMEON, marchand mercier :

D'azur, à une montagne de six coupeaux d'argent, accompagnée de trois étoiles d'or mal ordonnées.

933. Reyne BARNE, magasinier :

D'azur, à une fasce ondée et abaissée d'argent, sur laquelle est perchée une colombe s'essorant de même, accompagnée en pointe d'un nid aussi d'argent dans lequel il y a deux œufs de même; au chef cousu de gueules, chargé d'une étoile d'or, accostée de deux quarts de soleil de même, naissants des angles.

934. Dominique MICHEL, mercier :

D'azur, à un Saint-Michel de carnation, vêtu d'un habillement à la romaine d'or, ceint et orné de bandes pendantes de gueules, la tête contournée, armée d'un morion à la grecque d'argent et entourée d'un cercle d'or, tenant de sa main sénestre une balance de même et de sa dextre une croix haussée en pal aussi d'or, dont le pied terminé en fer de flèche est fiché dans la gueule d'un dragon d'argent qu'il terrasse et foule aux pieds.

935. La Communauté des Prêtres Missionnaires du Saint-Sacrement de Marseille, vulgairement appelée la Mission de Provence :

De gueules, à un Saint-Sacrement d'argent dans un soleil d'or.

936. Claude BREMOND, marchand :

De gueules, au chevron d'or, accompagné en chef de deux têtes de lions arrachées de même, et en pointe d'un lion aussi d'or.

937. Jean DONAT, marchand :

> Coupé, au 1ᵉʳ, d'argent, à deux fasces d'azur surmontées de trois roses de gueules rangées en chef; au 2ᵉ, d'azur, à un agneau d'argent, sautant contre un rocher de même.

938. Jean AMPHOUX, marchand magasinier :

> D'azur, à une montagne d'argent, sur laquelle est un phenix s'essorant d'or sur son bucher enflammé au naturel et regardant un soleil d'or naissant de l'angle dextre du chef, sénestré d'un sautoir alaisé d'argent posé au second canton.

939. Barthélemy VALLETTE, marchand mercier :

> D'or, à une montagne de sinople mouvante en barre du flanc sénestre, sur le bord de laquelle sont plantés trois arbres de même et un chien d'argent descendant aussi en barre dans le vallon de cette montagne.

940. Pierre MESNIER, imprimeur et marchand libraire à Marseille :

> D'azur, à une gerbe d'or, liée de gueules, à une colombe d'argent, becquée et membrée de gueules, fondant en barre vers la gerbe.

941. Aymard MAGALLON, marchand :

> D'azur, à un chêne arraché d'or, surmonté de trois étoiles rangées de même et soutenu d'un croissant d'argent.

942. Mathieu DE LEON :

> Ecartelé, au 1ᵉʳ, d'azur, à une tête de léopard d'or, lampassée de gueules; au 2ᵉ d'argent, à un

lion de gueules, couronné d'or, parti d'or, à quatre pals de gueules, à une bordure de gueules chargée de huit écussons d'or, surchargés chacun d'une fasce d'azur; au 3° bandé d'argent et de gueules de six pièces; au 4° de sinople, parti de gueules, à une couronne d'or brochant sur le parti; sur le tout d'or, à un lion morné de sable.

943. Philibert GROUGNARD, marchand :

De sinople, à trois grues d'argent avec leurs vigilances d'or.

944. Henry LAUGIER, marchand cottonier :

D'azur, au lion d'or, lampassé et armé de gueules.

945. Joseph-Charles BOISSIER, marchand drapier :

D'azur, à quatre étoiles d'or cantonnées; au chef cousu de gueules chargé d'une étoile d'or.

946. Antoine SIMIAN, capitaine de vaisseau marchand :

D'azur, à une montagne d'argent, ombrée de sable, parsemée de plantes ou herbes de sinople, surmontée de trois étoiles d'or rangées en chef.

947. Vincent ESMIOL, maître chapelier :

D'or, à un chiffre, composé d'un V et d'un E joints ensemble de gueules.

948. Les Pénitents Blancs sous le titre de Sainte-Catherine :

> D'azur, à une Sainte-Catherine de carnation couronnée d'or, à l'antique, vêtue de gueules et d'azur, tenant de sa main dextre une palme de sinople et de sa sénestre une épée d'argent, la garde et la poignée d'or, la pointe en bas, ayant derrière elle une moitié de roue d'argent, garnie de pointes de même et à ses côtés deux hommes affublés chacun de son habit de pénitent d'argent, à genoux, affrontés et tenant chacun son chapeau de même, dont la croix est de sable, le tout sur une terrasse de sinople un peu élevée en montagne vers le milieu.

949. JOSEPH DE VIRELLE :

> Ecartelé au premier et quatrième, de gueules, à un mont d'argent sur lequel est posé un loup rampant d'or, tenant une lance de même guidonnée d'argent ; au second et troisième, d'azur, à un léopard assis en fasce et ailé d'or, étendant ses deux pattes de devant en forme de croix, le bout de sa queue paraissant au haut de sa tête.

950. JEAN BOMPAR, commis des Prud'hommes des patrons pêcheurs :

> De gueules, au lion d'or ; au chef cousu d'azur chargé d'une étoile d'or.

951. FRANÇOIS DURAND, bourgeois :

> D'azur, à un arbre d'or planté sur une montagne de trois coupeaux d'argent ombrée de sable.

952. GASPARD BRÉMOND, docteur en médecine :

> De gueules, à une tour d'argent sur un rocher de

même, la tour maçonnée de sable, surmontée d'un monde d'azur, ceintré et croisé d'or.

953. Claude BARROT, marchand mercier :

D'azur, à trois barres d'or.

954. Charles BARROT, marchand mercier :

Porte de même.

955. La Communauté de Maîtres Calfats :

D'azur, à un dextrochère de carnation, vêtu de gueules, paré d'argent et mouvant du flanc d'une nuée de même, tenant une tarière de charpentier d'or, surmontée d'une couronne de même, le dextrochère adextré d'un ciseau d'argent posé en pal; au chef d'or, soutenu d'une nuée en feston d'argent et chargé d'une Notre-Dame de pitié de carnation vêtue de gueules sous un manteau d'azur, assise et tenant sur ses genoux le corps mort de son fils, nu et de carnation.

956. Les Pénitents Blancs fondés sous le titre de Saint-Lazare :

D'azur, à un Saint-Lazare de carnation vêtu pontificalement d'un aube d'argent sous une chape de gueules bordée d'or et doublée de sinople, la tête couverte d'une mitre d'argent ornée d'or et entourée d'une gloire de même, donnant la bénédiction de sa main dextre et tenant de sa sénestre une crosse d'or, accosté de deux hommes à genoux et affrontés de carnation, vêtus et affublés d'habits de pénitents d'argent, l'un ayant les mains croisées ou passées en sautoir sur son estomac et l'autre les joignant devant lui, le tout posé sur une terrasse de sable.

957. Les Pénitents Blancs de Notre-Dame-d'Aide, dits de la Trinité Vieille et Rédemption des Pauvres Captifs :

D'azur, à une vierge de carnation couronnée d'or, sa tête entourée de sept étoiles de même et un croissant d'argent sous ses pieds supporté par deux têtes de chérubins, l'un ailé d'azur et l'autre de gueules, vêtue de gueules et d'azur, tenant de sa main sénestre un sceptre d'or fleurdelisé au bout et sur son bras dextre l'enfant Jésus aussi de carnation, vêtu d'une tunique de gueules, ceint d'une ceinture d'or, ayant sa main dextre levée en haut et de sa sénestre tenant un monde d'or croisé de sable ; aux deux côtés de la Vierge deux hommes affrontés à genoux, sur une terrasse de sable, vêtus et affublés de leurs habits de pénitents d'argent, leurs mains de carnation jointes et tenant chacun un chapelet d'argent.

958. Joseph-François FRESQUIÉRE, escuyer :

D'azur, à une fasce d'or, accompagnée de trois coquilles d'argent.

959. Dominique PELLISSIER, commis au greffe de M. le juge du Palais :

Coupé de gueules et d'azur par une trangle d'or brochante sur le tout, le gueules chargé d'un pélican avec sa piété d'argent, ensanglanté de gueules et l'azur chargé de trois équerres d'or deux en chef confrontées et une en pointe.

960. André MICHEL, ancien capitaine de vaisseau :

D'azur, à un dextrochère de carnation paré d'argent et vêtu de gueules, mouvant du flanc d'une nuée d'argent, et tenant suspendue une balance d'or, les cordons de gueules, le tout surmonté d'une croisette d'argent, accostée de deux étoiles d'or.

961. Clément LOBET, escuyer :

De gueules, à un bélier sautant d'argent; au chef cousu d'azur chargé de trois molettes d'argent.

962. Gaspard ALPHÉRAN, bourgeois :

D'argent, au chevron de gueules, accompagné en chef de deux étoiles d'azur et en pointe d'un croissant de même.

963. Nicolas MANCEAU, médecin de l'hôpital royal des forçats à Marseille :

D'azur, à un dextrochère de carnation vêtu d'or, mouvant du flanc sénestre et tenant une massue d'or apointée, posée en pal.

964. Jean-François d'ARMAND, seigneur de Garcinière :

Fascé d'argent et de gueules de six pièces; écartelé d'or, à une aigle de sable becquée et membrée de gueules, chargée sur l'estomac d'un écusson d'argent, surchargé d'un arbre arraché de sinople sous un chef d'azur chargé de trois étoiles d'or.

965. Barthélemy ODOU, capitaine de vaisseau marchand :

D'azur, au chevron d'or, accompagné de trois colombes d'argent, celle de la pointe soutenue d'une rivière de même.

966. Michel ROCQUE, courtier royal :

D'azur, à une colombe d'argent perchée sur une roche ou montagne de trois coupeaux de même et surmontée de trois étoiles d'or, rangées en chef.

967. J. PELLEGRIN, marchand :

D'azur, à quatre bourdons de pélerins d'argent, passés en sautoir, deux à deux, à côté les uns des autres, ceux qui penchent du côté des flancs garnis chacun d'une callebasse d'or, le tout surmonté d'un rayon d'or de cinq pointes mouvant du chef, accosté de deux étoiles de même.

968. Le Monastère des Feuillans de Marseille :

D'argent, à une Ste-Vierge à demi-corps, le visage et les mains de carnation, vêtue de gueules et d'azur, tenant sur son bras dextre le petit Jésus de carnation, leurs têtes entourées d'un cercle d'or et accostés de deux branches de laurier de sinople avec cette inscription autour : *Monasterium Fuliens Massiliens*.

969. Salomon-Marseille BARBAROUX, advocat en la cour :

De gueules, au lion d'or, à la fasce d'azur brochant sur le tout chargée de trois roses d'argent.

970. Pierre BESSON, escuyer :

D'azur, à une croix alaisée d'argent, cantonnée dans les angles de quatre besans de même et chargée de deux anneaux ovales passés en sautoir et entravaillés de gueules, formant quatre cœurs vidés et équipolés en pairle et contrepairle l'un dans l'autre et brochant sur le tout.

971. Guillaume de SAINT-JACQUES, bourgeois (1) :

Porte comme cy-devant, article 148 ; brisé en chef d'un lambel d'argent.

---

(1) Guillaume de Saint-Jacques était fils de Louis de Saint-Jacques, premier consul de Marseille, en 1689, et de dame Louise de Grimaud. Il fut marié deux fois : 1° le 6 mars 1713, avec demoiselle Magdeleine Lioncy ; 2° le 30 novembre 1722, avec demoiselle Marie-Thérèse Marseille de Bazan.

Le 13 janvier 1720 il fut reçu trésorier général de France. Il fut aussi premier consul de Marseille en 1730. De son mariage avec demoiselle Lioncy il eut :

Pierre-Louis de Saint-Jacques, chevalier, conseiller du Roi, reçu trésorier général de France en la généralité de Provence, le 28 août 1734, âgé de 19 ans, qui épousa, le 26 novembre 1742, demoiselle Catherine Achy, dont :

Joseph-Louis de Saint-Jacques, chevalier, marié, le 12 septembre 1767, à demoiselle Rose-Gabrielle de Raymond, lequel eut :

Pierre-Louis de Saint-Jacques, marié, le 10 mai 1815, à demoiselle Marie-Joséphine Meyier, dont il a eu deux fils :

1° Joseph-Louis-Auguste de Saint-Jacques, qui a épousé, le 22 mars 1848, Anne-Julie de Laget ;

2° Gustave-Marie de Saint-Jacques.

Guillaume de Saint-Jacques, ci-dessus-nommé, formait le 5me degré depuis Etienne de Saint-Jacques, dont le frère, Guillaume de Saint-Jacques, se distingua parmi les principaux citoyens qui prirent le parti du Roi, en 1596, lorsque Cazaulx voulait livrer la ville de Marseille aux Espagnols.

Cette famille, une des plus anciennes de Marseille, a eu plusieurs de ses membres revêtus des premières charges du pays. En 1213, Pierre de Saint-Jacques était viguier de Marseille et acheta pour la ville une partie de la vicomté. On compte parmi les premiers syndics de cette ville, en 1254, Paul de Saint-Jacques, et en 1336, Pierre de Saint-Jacques. En 1318, lors du passage à Marseille de Clémence de Hongrie, femme du roi Louis le Hutin, vingt gentilshommes des plus qualifiés furent députés pour aller la saluer ; parmi eux figurait un Pierre de Saint-Jacques.

972. Joseph de SAINT-JACQUES, bourgeois :

Porte de même.

973. Le Corps des Passementiers de Marseille :

D'azur, à une aune d'or marquée de sable, couchée en chef, soutenue d'un bâton raccourci d'argent, auquel sont enfilées et suspendues deux pièces de rubans de gueules, et une chaudière d'argent posée en pointe, de laquelle sort de la fumée de même, adextrée d'une bobine d'or, garnie de sa broche d'argent, et chargée de soie de gueules, posée en pal et sénestrée d'une navette d'or, chargée de laine de gueules aussi posée en pal.

974. Mathieu AMALRIC, bourgeois de Marseille :

D'azur, à un dextrochère de carnation paré d'argent, vêtu de gueules, mouvant du flanc d'une nuée d'argent, empoignant une branche de laurier de sinople et une palme de même surmontées de trois étoiles d'or rangées en chef.

Au siècle dernier la famille de Saint-Jacques a donné à Marseille et à la France une illustration en la personne de Guillaume de Saint-Jacques Silvabelle, le savant astronome, directeur de l'observatoire de Marseille, et dont la réputation s'étendit dans l'Italie, l'Allemagne et l'Angleterre. Cette dernière puissance chercha même à attirer et à fixer chez elle l'astronome français, chez qui l'amour de la patrie l'emporta sur les offres flatteuses et brillantes qui lui furent faites. Guillaume de Saint-Jacques naquit à Marseille le 19 janvier 1722 et était fils de noble Joseph de Saint-Jacques et de dame Marie-Anne de Fort, lequel Joseph était frère de Guillaume de Saint-Jacques, mentionné ici à l'article 971. Le 18 juin 1764 il succéda au père Pézenas, jésuite, dans la place de directeur de l'observatoire. En 1749, il fit paraître le traité des variations célestes. Il a laissé un grand nombre d'écrits très-remarquables et un manuscrit sur les rapports du corps avec l'âme et de l'âme avec Dieu.

Ce savant distingué, dont la vie fut partagée entre l'amour de la science et celui du bien et de la vérité, eut encore le mérite d'être sincèrement religieux dans le siècle de la philosophie et de l'incrédulité. Il mourut à Marseille le 22 pluviôse an ix (11 février 1801), âgé de 79 ans.

975. Laurent de BON, employé dans l'art et noble science des verres :

> D'azur, à une ancre d'argent ; au chef cousu de gueules chargé de trois étoiles d'or.

976. La Communauté des Chapeliers, Bonnetiers et Garnisseurs de Chapeaux de Marseille :

> D'azur, à une Sainte-Catherine de Sienne de carnation, vêtue de l'habit de son ordre qui est d'argent et de sable, la tête couronnée d'épines de sinople et entourée d'une gloire d'or, tenant de sa main dextre un cœur de gueules, et de sa sénestre un crucifix d'argent sur une croix d'or et un lis au naturel, et posée sur une terrasse de sinople.

977. Jean DRIVET, cy-devant notaire :

> D'azur, à un arbre arraché d'or, sommé d'une colombe s'essorant d'argent, accostée en chef de deux étoiles d'or.

978. Jean PRUNIER, courtier :

> D'azur, à un arbre d'or mouvant d'une tour d'argent, soutenue d'un croissant de même, le tout surmonté de trois étoiles d'or rangées en chef.

979. Reymond LEVENY, commis au greffe des juges consuls :

> Tranché au premier, de gueules, à un lion d'or ; au second, d'or, à quatre fasces vivrées d'azur ; au chef d'or chargé d'une croix de gueules.

980. Le Corps des Maîtres Tisseurs de Toiles, Cotonniers, Tapissiers et Futaniers de Marseille :

> D'azur, à un Saint-Esprit en forme de colombe d'argent, becquée et membrée de gueules, posée en

fasce, le vol étendu et abaissé, soutenue d'une navette de tisseran d'or posée en fasce, la bobine d'argent garnie de fil de sable.

981. Jean-Baptiste JUST, bourgeois :

Tiercé en fasce, le premier d'argent, à une aigle s'essorant de sable, couronnée d'or ; le second de gueules, à un lion passant d'or, couronné de même ; le troisième, fascé, ondé, enté d'azur et d'argent.

982. La Communauté des Apothicaires de Marseille :

D'argent, à un palmier de sinople sur une terrasse de même, le palmier accolé de deux serpents affrontés d'or, langués de sable, adextré d'une tige de corail de gueules et sénestré d'une coquille en nacre de perles d'azur, dans laquelle sont deux rangées de perles d'argent et sous la terrasse une mer d'argent dans laquelle nage un poisson au naturel.

983. Joseph BRÉMOND, maître apothicaire :

Porte comme cy-devant, article 952.

984. Jean ROUBAULD, marchand de blé :

D'azur, à un pélican d'argent posé sur un rocher de même, accompagné en chef de deux étoiles d'or.

985. Dominique MATARON, marchand de fer :

D'azur, à trois voiles enflées d'argent, chacune surmontée d'une étoile d'or.

986. Jean COUSTON, clerc de courtier royal :

D'azur, au chevron d'or, accompagné en chef de trois étoiles rangées de même et en pointe d'un croissant d'argent.

987. Honoré GUEZ, maître chapelier :

D'azur, à un arbre d'or sur une terrasse de sinople, sommé d'une colombe s'essorant d'argent, surmontée de trois étoiles d'or rangées en chef.

988. Annibal REQUIER, marchand mercier :

D'azur, à une croix haussée d'or, surmontée de trois étoiles de même mal ordonnées et soutenue d'un croissant d'argent.

989. Jean-Louis GARDANE :

D'azur; au chef cousu de gueules, chargé d'un lion passant d'or.

990. Les Jésuites de Saint-Jaume à Marseille :

D'azur, à un nom de Jésus d'or soutenu de trois clous de la passion de même, le tout enfermé dans un cercle rayonnant aussi d'or avec cette légende autour : *Superior Residentiæ Massiliensia Sancti Jacobi Societatis Jesu.*

991. Les Jésuites de Sainte-Croix :

Portent de même avec cette inscription autour : † *Sup. Résid. Massil. S.* † *Societatis Jesu.*

992. Balthazard de VIAS, S. de Valombres :

De gueules, à une croix doublement potencée d'argent; au chef d'or, chargé de trois coquilles de sable.

993. Jean de BLANC, théologal de Marseille :

D'azur, à un demi vol d'argent.

994. Les Pénitents Blancs sous le titre du Triomphant Saint-Esprit :

De sable, à deux hommes vêtus d'habits de pénitents d'argent étant à genoux sur une terrasse de sable, à côté l'un de l'autre et ayant les mains de carnation, le premier posant sa dextre sur son estomac et levant la sénestre, le second joignant les siennes en forme de chevron, surmontés d'une nuée d'argent, divisée au milieu par un rayon de lumière d'or, s'élargissant vers la pointe de l'écu et naissant d'une gloire de même, sur laquelle paraît un Saint-Esprit en forme de colombe, le vol étendu au naturel.

995. La Communauté des Maîtres Tailleurs d'habits de Marseille :

D'argent, à un Saint-Evêque de carnation, vêtu d'une aube d'argent sous une chape de gueules enrichie d'or, coiffé d'une mitre d'argent bordée d'or, croisée de gueules et entourée d'une gloire d'or, ayant ses mains gantées aussi d'or, la dextre levée comme pour donner la bénédiction et tenant de sa sénestre une crosse de même ; l'évêque posé sur une terrasse de sable et accosté de deux ciseaux de même surmontés chacun d'un œil au naturel.

996. Pierre BIGARON, maître apothicaire :

De gueules, au lion d'or surmonté d'une étoile de même, le tout enfermé dans un cercle aussi d'or.

997. Nicolas ICARD, maître pâtissier :

D'argent, à un cœur de gueules, sommé d'une croix haussée d'azur fichée dans le cœur et accostée en flanc d'une N et d'un I. de sable, adextrés d'un couteau à hâcher de même et sénestrés d'un pâté couvert aussi de sable, la croix surmontée en chef de trois étoiles de gueules posées une et deux.

998. Antoine BONNEAU, maître pâtissier :

D'azur, à un agneau d'argent passant sur une montagne de même, surmonté de trois étoiles d'or rangées en chef.

999. François AMY, maître bonnetier :

D'azur, à un chien rampant et contourné à dextre d'argent, sénestré d'une étoile d'or et regardant des rayons de même, mouvants de l'angle sénestre du chef.

1000. Claude MARON, maître pâtissier :

D'azur, à un arbre d'or sur une terrasse de sinople, adextré d'un pâté d'argent et sénestré d'une main de carnation vêtue de gueules mouvante du flanc sénestre et montrant avec les doigts l'arbre qui est accompagné en chef de deux étoiles d'or ; la terrasse soutenue d'une mer d'argent, chargée d'un poisson au naturel.

1001. La Communauté des Maîtres Savetiers de Marseille :

D'azur, à un couteau à pied d'argent adextré d'un tranchet et sénestré d'une alène de même, ces trois pièces emmanchées d'or et rangées en pal.

1002. Jean ESCUYER, maître pâtissier :

D'azur, à un sénestrochère de carnation paré d'argent, vêtu de gueules, mouvant du flanc dextre d'une nuée d'argent, tenant un couteau à hâcher d'argent, emmanché d'or, surmonté d'un pâté d'argent, et accompagné de trois étoiles d'or rangées en chef.

1003. Honoré SURIAN, maître pâtissier :

D'azur, à une sirène au naturel sur une mer agitée d'argent, la sirène tenant de sa main dextre son miroir rond d'argent, bordé d'or et emmanché de même, et de sa sénestre un peigne d'or avec lequel elle peigne ses cheveux de même, adextrée d'un pâté d'argent et sénestrée d'un couteau à hacher de même emmanché d'or, et surmontée de trois étoiles d'or rangées en chef.

1004. La Communauté des Maîtres Maçons de Marseille :

D'azur, à un marteau, une truelle et un compas ouvert, le tout rangé en pointe d'argent, surmontés d'un Christ montant au ciel, supporté d'une nuée d'argent, dans une gloire d'or, le Christ de carnation, ses mains étendues, percées de gueules, ses pieds percés de même et vêtu d'azur et de gueules.

1005. Louis CAMPOU, courtier royal à Marseille :

D'or, à trois arbres de sinople rangés sur une terrasse de même, celui du milieu plus haut que les deux autres, surmontés de trois étoiles de gueules rangées en chef.

1006. La Communauté des Maîtres Menuisiers de Marseille :

De sable, à un Saint-Joseph de carnation a demi corps, vêtu d'azur et d'or, tenant à sa main dextre une équerre d'or et de sa sénestre une tige de lis de plusieurs fleurs au naturel.

1007. Joseph de BOUTASSY, bourgeois :

D'azur, à un château donjonné de trois tours d'argent, maçonné de sable ; coupé de gueules à trois bandes d'or.

1008. Le Couvent des Minimes de Marseille :

D'azur, au mot *Charitas* d'or, dont les trois syllabes sont posées l'une sur l'autre, entouré d'un cercle rayonné de même.

1009. La Communauté des Maîtres Boulangers de Marseille :

D'azur, à un Saint-Honoré vêtu pontificalement sur une terrasse d'argent marquetée ou maçonnée de sable, le saint ayant le visage et les mains de carnation, la tête couverte d'une mitre de gueules entourée d'une gloire d'or, vêtu d'une aube d'argent, revêtu d'une tunique de gueules frangée d'or, sous une chape aussi de gueules, doublée de sinople, bordée d'or, tenant de sa main sénestre une crosse d'or et une pelle de four de sable chargée de trois pains d'argent, et de sa main dextre levée donnant la bénédiction à un four mouvant du flanc dextre d'argent, maçonné de sable et brûlant de gueules.

1010. François FOREST, hoste du logis du *Coq d'Inde* :

D'argent, à un coq d'Inde de sable, crêté et becqué de gueules, surmonté de deux lettres FF de gueules, séparées par un point de même.

1011. Le Corps des Notaires royaux de la ville de Marseille :

D'or, à une Vierge de carnation vêtue de gueules et d'azur, tenant sur son bras droit son enfant Jésus aussi de carnation, et de sa gauche un sceptre d'or, ayant sa tête entourée d'un cercle d'étoiles de gueules et sous ses pieds un croissant d'argent supporté par une nuée au naturel mouvante des flancs et chargée d'une foi de carnation parée d'argent et vêtue de gueules, mouvante en fasce, abaissée de la même nuée, laquelle est soutenue d'azur jusqu'à la pointe de l'écu.

1012. Dominique de MONTGRAND de MAZADE (1) :

D'azur, à une haute montagne d'or, mouvante de la pointe, à une nuée d'argent brochant sur le tout en fasce.

(1) Dominique de Montgrand, seigneur de Mazade, qui vint s'établir en Provence vers la fin du xviie siècle, descendait en ligne directe, comme il est prouvé par les titres de cette maison, de Guillaume de Montgrand, seigneur de Montgrand en Vivarais, qualifié damoiseau dans un titre du 5 mars 1301, et dans un autre acte du 9 juillet 1336, passé par Pierre, son fils. Guillaume de Montgrand vivait dès l'an 1275 avec Heliette de Saint-Ferréol, sa femme, avec laquelle il fut inhumé dans l'église de Saint-Martin de Vals ;
II. Pierre de Montgrand, chevalier, seigneur de Montgrand, épousa Estiennette de Morges et testa l'an 1340, ordonnant d'être inhumé au tombeau de son père ;
III. Estienne de Montgrand, escuyer, seigneur de Montgrand, homme d'armes des ordonnances du Roi en 1342 et 1343, avait épousé Agnès de La Grange, avec laquelle il fit vente de quelques rentes à Jacques de Ledre, par contrat du 9 juillet 1358, passé par-devant Me Jean Felgon, notaire à Aubenas (bibliothèque impériale) ;
IV. Helion de Montgrand, escuyer, seigneur de Montgrand, servit les rois Jean II, Charles V et Charles VI ; il fut marié à Jeanne de Peloux et fit son testament l'an 1390 ;
V. Estienne de Montgrand, IIe du nom, chevalier, seigneur de Montgrand, servait dans l'armée royale en Poitou contre les Anglais,

1013. Gaspard TERSNIEL, plumassier :

D'azur, à deux épées d'argent passées en sautoir à travers un cœur de carnation enflammé de gueules, accompagné de trois couronnes d'or, une en chef et deux aux flancs.

en 1411. Il fut tué en 1429 à la bataille de Patay ; il avait épousé Claudine de Fay ;

VI. Jean de Montgrand, escuyer, seigneur de Montgrand, accorda avec ses frères et sœurs, l'an 1430. Il rendit de notables services au roi Charles VII contre les Anglais dont il fut fait prisonnier en 1454 ; il était marié à Guillemette de Berard depuis l'an 1436, et la fit exécutrice de son testament l'an 1464, dans lequel il ordonne d'être inhumé au tombeau de ses ancêtres dans l'église de Saint-Martin de Vals ;

VII. Antoine de Montgrand, escuyer, co-seigneur de Montgrand, épousa en 1470, damoiselle Françoise Faure, veuve le 4 septembre 1492, et qui obtint la même année une commission du Parlement en qualité de gardienne noble de ses enfants ;

VIII. Louis de Montgrand, escuyer, seigneur de Meysonnières, fut marié : 1° à damoiselle Jeanne de Meysonnières ; 2° en 1530, à Philippine Barbier ;

IX. Estienne de Montgrand, III° du nom, escuyer, épousa en 1533, Marguerite de Serres ;

X. Antoine de Montgrand, II° du nom, escuyer, épousa en 1571, Suzanne Raoulx ;

XI. Charles de Montgrand, escuyer, fut marié : 1° à N*** Julien de la Baume ; 2° le dernier octobre 1613, à Anno de Rivière ;

XII. Claude de Montgrand, escuyer, épousa le 20 décembre 1637, Gabrielle Mège de la Palud ;

XIII. Dominique de Montgrand, escuyer, seigneur de Mazade, sus mentionné, avait épousé, le 4 février 1697, Marguerite de Bionneau, fille de Jean-Baptiste de Bionneau, baron d'Ayragues, gentilhomme de la ville de Marseille et d'Anne-Marie de Scanavel, de la ville de Paris. Le 21 mars 1719, il acquit de messire Pierre-Jean de Villeneuve, chevalier, marquis de Trans, comte de Tourretes et autres lieux, la terre et seigneurie de la Napoule, que cette maison avait reçues en don le 7 juillet 1387, de la reine Marie, comtesse de Provence. Il mourut le 22 septembre 1728, ayant eu seize enfants, dont sept officiers dans les armées du Roi et six chevaliers de Saint-Louis, savoir :

1° Jean-Baptiste qui suit ;

2° Dominique, major du régiment de Boulonnais, chevalier de Saint-Louis, mort dans la campagne de Bohême, en 1742 ;

3° Joseph, servit avec son frère Jean-Baptiste, dans la première compagnie des mousquetaires du Roi, sous les ordres de leur oncle, Louis-Charles de Montgrand, ancien capitaine au régiment de Castres et chevalier de l'ordre royal et militaire de Saint-Louis, lequel devint sous-brigadier de la première compagnie des mousquetaires du roi Louis XIV et ensuite maréchal-des-logis, et mourut à Paris le 22 janvier 1727, à l'hôtel des mousquetaires, rue du Bac, âgé de 63 ans. Joseph fut ensuite capitaine dans le régiment de Saintonge et mourut à Lisle (comtat Venaissin), le 12 avril 1729, âgé de 22 ans ;

1014. Jacques TURC, marchand confiseur :

D'azur, à un croissant d'argent ; au chef cousu de gueules chargé de trois étoiles d'or.

4° Gabriel-André, major du régiment de Saintonge, chevalier de Saint-Louis, tué au combat de l'Assiette en 1747 ;
5° Honoré, capitaine de grenadiers au régiment de Boulonnais, chevalier de Saint-Louis, tué à la bataille de Rocoux en 1747 ;
6° François-Charles, capitaine au régiment de la Tour du Pin, blessé à la bataille de Lauffeld, le 2 juillet 1747, chevalier de Saint-Louis le 3 septembre suivant, devint major de Dunkerque en 1757 ;
7° Jean-Baptiste-Jacques-Benjamin, dit le chevalier de Montgrand, capitaine aide-major au régiment de la Tour-du-Pin, reçut deux blessures à la bataille de Lauffeld, le 2 juillet 1747, dont l'une lui estropia le bras droit ; il fut nommé chevalier de Saint-Louis le 24 août suivant, et major de l'île Sainte-Marguerite en 1778. Il se trouva à 14 sièges et 4 batailles : Dettingue, Fontenoy, Lauffeld et Mesle.

XIV. Jean-Baptiste, marquis de Montgrand de Mazade, chevalier, seigneur de la Napoule, brigadier des armées du Roi, inspecteur et commandant général des milices gardes-côtes de Provence, chevalier de l'ordre royal et militaire de Saint-Louis, défendit en 1746 la ville d'Antibes contre les armées alliées et donna des marques signalées de sa valeur pendant le siège de cette place que les ennemis furent forcés de lever après un mois de tranchée ouverte. Il avait épousé, le 28 novembre 1724, Marie-Anne de Carfeuil, fille de noble Joseph de Carfeuil, conseiller secrétaire du Roi, et de dame Engratie de Nogaret. Il mourut le 17 octobre 1780, ayant eu de son mariage treize enfants, dont quatre fils :

1° Joseph-Jean-Baptiste qui suit ;
2° André-César, prieur de la Faye, diocèse de Périgueux, avec une pension sur l'évêché de Castres et vicaire-général du diocèse de Fréjus ;
3° Jean-François-Joseph, mentionné ci-après ;
4° Jean-Paul-François, prieur de la Roncière en Languedoc.

XV. Joseph-Jean-Baptiste, marquis de Montgrand, chevalier, seigneur de la Napoule, mestre de camp général, brigadier de dragons, maréchal des camps et armées du Roi, chevalier de l'ordre royal et militaire de Saint-Louis, épousa le 27 juin 1770, Marie-Philippine le Coigneux de Bélabre, fille de Louis-Jacques le Coigneux, chevalier, marquis de Bélabre, et de dame Françoise-Victoire Thomé. Il mourut le 13 janvier 1789, n'ayant eu qu'un seul fils ;

XVI. Jean-Baptiste-Jacques-Guy-Thérèse, marquis de Montgrand de la Napoule, gentilhomme honoraire de la chambre de S. M. le roi Charles X, maire de la ville de Marseille, officier de la Légion d'Honneur, chevalier de l'ordre royal Constantinien des Deux-Siciles, épousa à Vérone, le 31 juillet 1796, Marie-Thérèse-Dominique Mosconi, fille du comte Jacques Mosconi et d'Elisabeth Contarini. Il mourut le 20 août 1847, laissant un fils ;

XVII. Jean-Baptiste-Auguste, marquis de Montgrand, ancien lieutenant au 2e régiment d'infanterie de la garde royale, chevalier de l'ordre royal et militaire de Charles III d'Espagne, épousa le 21 avril 1824, Marie-Henri-Céline de Panisse, fille du comte Pierre-Léandre

1015. Le Couvent des Chartreux :

> D'azur, à deux clefs d'argent passées en sautoir et une boîte couverte d'or brochant en cœur sur les deux clefs.

1016. A expliquer plus amplement :

1017. Louis DUPUIS, bourgeois :

> D'azur, à une branche de trois roses d'or, tigées et feuillées de même, mouvantes du milieu d'un puits d'argent maçonné de sable.

1018. Le Monastère des Religieuses de Notre-Dame-de-la-Miséricorde de Marseille :

> D'argent, à une croix de sable au-devant de laquelle

de Mark, Tripoli de Panisse-Passis, pair de France, chevalier de l'ordre royal et militaire de Saint-Louis et de l'ordre de Saint-Jean de Jérusalem, et de Louise-Jeanne-Marie de Borely ;

XV. Jean-François-Joseph, comte de Montgrand, troisième fils de Jean-Baptiste de Montgrand de Mazade, et de Marie-Anne de Carfeuil, chevalier, chef de division des armées navales de France, chevalier de l'ordre royal et militaire de Saint-Louis, épousa le 1er novembre 1779, Henriette-Françoise-Baptistine Lasalle, fille de Jean-Baptiste Lasalle, et de dame Marie-Magdeleine-Marseille de Saint-Jacques. Il mourut le 31 octobre 1809, ayant eu six enfants, dont deux seulement lui survécurent, savoir :

1° Benjamine-Adelaïde de Montgrand, mariée le 30 août 1806, à Pierre-Joseph Hypolite comte de Ruffo-Bonneval, des comtes de Sinopoli de Calabre, capitaine de frégate, chevalier de l'ordre royal et militaire de Saint-Louis, fils de Pierre-René-Benigne-Mériadec, comte de Ruffo-Bonneval, des comtes de Sinopoli de Calabre, ancien chef de division des armées navales de France, major général de la marine et des escadres au port de Toulon, chevalier de l'ordre royal et militaire de Saint-Louis, et de dame Magdeleine-Elisabeth de Saint-Jacques ;

2° Alphonse-André de Montgrand qui suit :

XVI. Alphonse-André, comte de Montgrand, ancien officier de dragons, épousa le 26 novembre 1821, Marie-Rosalie-Philippine Rougier de Mille, fille de Anne-Joseph Rougier et de Anne-Rosalie de Mille. Il mourut le 5 juin 1853, ne laissant qu'un fils :

XVII. Marie-Joseph-Godefroy, comte de Montgrand.

Services militaires de la famille de Montgrand au xviiie siècle seulement : Seize officiers au service de la France et douze chevaliers de Saint-Louis, tous du nom de Montgrand.

est une figure à demi-corps de la Sainte-Vierge de carnation, vêtue d'azur et de gueules, la tête entourée d'un cercle d'or, les mains jointes devant sa poitrine, où va aboutir la pointe d'une épée de sable posée en barre avec cette légende autour : *P. Le Mo. de la Miséricorde de Marseille.*

1019. La communauté des maîtres Tonneliers et Barillats de Marseille :

De sable, à un saint Albert de carnation vêtu d'un habit de Carme, sa tête entourée d'une gloire d'or, tenant de sa main dextre une tige de lis au naturel, et de sa sénestre un Crucifix d'argent, le saint posé sur une terrasse de sinople, adextré d'un baril d'argent et sénestré d'un tonneau de même, l'un et l'autre dressé sur son fond, accompagné d'une lampe d'argent allumée de gueules, mouvante du chef et sénestrée de la figure d'un diable d'argent qui, avec un soufflet d'or, veut éteindre cette lampe, et une bordure d'or.

1020. La communauté des maîtres Auffiers de la ville de Marseille :

D'azur, à un ange gardien de carnation, ailé d'argent, vêtu d'or, conduisant par la main une jeune personne de carnation, les cheveux d'or, vêtue de gueules, vers un autel d'argent, sur lequel est posée une custode du Saint-Sacrement d'or, l'hostie d'argent, marquée d'une croix de sable.

1021. Jean BERTHE, marchand libraire :

D'azur, à une brebis d'argent passante sur une terrasse de même; au chef cousu de gueules chargé de trois étoiles d'or.

1022. Pierre BLAINVILLE, peintre :

D'azur, à trois croissants d'or, à une étoile d'argent

en abime ; au chef d'or chargé d'un écusson d'azur, surchargé de trois petits écussons d'argent, accosté de deux oiseaux s'essorant et affrontés de sable.

1023. Lazare AUBERT, commis du bureau du commerce et vingt pour cent :

D'or, à un corbeau volant en bande de sable, becqué et membré de gueules, surmonté de trois roses de gueules, pointées de sinople, rangées en chef.

1024. Pierre VICARD, maître cordier :

De gueules, au chevron d'argent entrelacé d'un croissant d'or passant entre les deux branches du chevron, accompagné en chef de deux étoiles aussi d'or, et en pointe d'une colombe d'argent.

1025. A expliquer plus amplement :

1026. Honnoré BRUN, capitaine de vaisseau marchand :

D'azur, à une traverse d'argent, accompagnée en chef d'une tête d'homme de carnation chevelée au naturel et posée de front, et en pointe d'une tête de More mahométan posée de front, aussi au naturel, et sommée d'un houpet de cheveux en forme de flamme.

1027. Gaspard MARON, maître pâtissier :

De gueules, à un monde d'azur, ceintré d'or et sommé d'une croix pattée de même, soutenu en pointe d'une mer agitée d'argent, les vagues ombrées de sable.

1028. Les Religieuses Ursulines de l'ordre de Saint-Augustin de Marseille ;

D'argent, à une sainte Ursule de carnation, vêtue de gueules et d'or, sa tête couronnée d'une couronne à l'antique d'or, et entourée d'un cercle de même, posant ses pieds sur une terrasse de sable, ses bras étendus, tenant de sa main dextre une palme de sinople et de sa sénestre une longue croix d'azur, à laquelle est attaché un guidon flottant, à deux pointes d'or, marqué d'une croisette potencée de gueules et autour cette légende : *De. Nre. M. S. Ursulle de Marseille.*

1029. Mathieu JULIEN, marchand de blé :

D'azur, à un lion d'or, lampassé de gueules, surmonté de trois étoiles d'or rangées en chef.

1030. François MOTET, doyen de l'église collégiale et paroissiale des Accoules de Marseille :

De gueules, à une épée d'argent posée en pal, accostée de deux croisettes de même.

1031. Victor THOARD, bourgeois de Marseille :

D'azur, à une targue en ovale d'argent, marquée d'un soleil de même, posée en bande et surmontée de trois étoiles d'or rangées en chef.

1032. Pierre DUPONT, bourgeois :

De gueules, à un pont de trois arches alaisé d'or, maçonné de sable, surmonté de trois molettes d'or rangées en chef.

1033. Jean CROZET, maître tailleur :

D'azur, à trois croisettes d'argent, à trois étoiles d'or posées une et deux entre les croisettes.

1034. Louis CROZET, maître tailleur :

Porte de même.

1035. André CROZET, maître apothicaire :

Porte de même.

1036. Clement GANTEAUME, tenant boutique de cire :

D'azur, à deux bras armés d'argent mouvants des flancs de l'écu et joints en foi, tenant un arbre arraché d'or en pal.

1037. Félix CHANTEDUC, apothicaire :

Coupé de gueules et d'azur par une fasce en devise d'or, le gueules chargé de trois bandes d'argent, celle du milieu accostée de deux étoiles d'or, posées en fasce, et l'azur chargé d'un duc contourné d'argent, becqué et onglé de gueules, perché sur un chicot d'or péri en barre.

1038. François ROBERT, maître forgeron à la Grande Forge :

D'azur, à une foi d'argent, mouvante en fasce des flancs de nuées de même, tenant suspendue une balance d'or; au chef d'or chargé d'un cœur de gueules accosté de deux étoiles de même.

1039. Constant CAIRE, maître plombier :

D'azur, à un levrier rampant d'argent, accolé de gueules, bordé et bouclé d'or; au chef d'or, chargé de trois étoiles de sable.

1040. Marguerite de LA GARDE, veuve de Joseph

DE BLANC, escuyer, a présenté l'armoirie qui porte :

> D'azur, à trois fusées d'argent en fasce; au chef cousu de gueules chargé d'une croix vidée, clochée et pommetée d'or.

1041. A expliquer plus amplement :

1042. Nicolas SILVY, marchand plumassier :

> D'or, à deux montagnes de sinople, mouvantes de la pointe de l'écu, surmontées de deux cœurs enflammés de gueules joints ensemble; au chef d'azur chargé de trois étoiles d'or.

1043. Mathieu ABEILLE, marchand :

> D'azur, à quatre abeilles d'or en bande, deux à deux et suivies d'une cinquième plus grosse que les autres, fondants vers une ruche d'argent posée au canton sénestre de la pointe sur une terrasse de même.

1044. La Communauté des maîtres Canonniers, Salpêtriers, Fondeurs et Chaudronniers de Marseille :

> D'argent, à une sainte Barbe le visage et les mains de carnation, vêtue de sinople et d'or, à genoux sur une terrasse de sable, tenant de sa main sénestre une palme de sinople, ayant derrière elle une tour de gueules, maçonnée de sable, à son côté un canon de sinople sur son affût de sable et devant elle sur la terrasse un baril d'argent dressé sur son fond avec quatre boulets de canon de même, la sainte regardant une lumière d'or, mouvante d'une nuée de sable de l'angle dextre du chef.

1045. François CARANAGE, maître sculpteur :

D'azur, à un soleil d'or en chef, soutenu de deux palmes de même passées en sautoir, et en pointe un forcet d'or et un maillet de même passés en sautoir.

1046. La Communauté des Peintres et Sculpteurs de Marseille :

D'azur, à une fleur de lis d'or posée en cœur, accompagnée de trois écussons d'argent.

1047. Le Corps des marchands Merciers et Denteliers de Marseille :

D'argent, à une Annonciation, la Vierge de carnation, vêtue de gueules et d'azur, sa tête entourée d'une gloire d'or, les cheveux liés et voltigeants derrière le dos et ses mains croisées sur son estomac, tenant de la dextre un livre d'or et priant à genoux, sur un prie-dieu de sable à sénestre, adextrée d'un ange aussi de carnation, ailé au naturel, contourné et la saluant à genoux; vêtu de gueules, la tête entourée d'un cercle de lumière d'or, ayant une étole de même doublée d'azur croisée sur la poitrine, indiquant de sa main dextre et tenant de sa sénestre une branche de lis au naturel, le tout posé sur une aire pavée de carreaux en losange d'or et de sinople, et surmonté d'une nuée au naturel pendante en feston des angles du chef, et supportant un Saint-Sacrement d'or dans une gloire de même.

1048. La Communauté des maîtres Cordiers, Peigneurs de chanvre et Bastiers de Marseille :

D'azur, à un saint Roch de carnation vêtu d'argent

sous un manteau de gueules, ayant sur les épaules
une espèce de camail de sable, chargé de deux coquilles d'argent, sa ceinture aussi de sable, la tête
couverte d'un chapeau de même et entourée d'une
gloire d'or, levant la main dextre devant soi en
barre comme pour donner la bénédiction, et tenant de sa sénestre un bourdon d'or, adextré d'un
ange de carnation ailé d'argent, vêtu d'or et la tête
entourée d'un cercle de même, touchant de sa
main droite la cuisse du saint qu'il découvre de sa
gauche, et sénestré en pointe d'un chien contourné
d'argent portant en sa gueule un pain de même,
le tout posé sur une terrasse de sinople.

1049. André BORELLY de BRAS :

Porte comme cy-devant, article 219.

1050. La Confrérie de Saint-Elme, régie par les capitaines de vaisseaux :

D'argent, à un saint Elme vêtu d'une aube d'argent
sous une chape de gueules bordée d'or, sa tête ornée
d'une mître de gueules bordée d'or et entourée
d'une gloire de même, tenant de sa main dextre
un cierge de sable allumé de gueules, et de sa sénestre une crosse d'or, adextré d'un saint Nicolas
vêtu aussi pontificalement, la mître de sinople, la
chape de même doublée de gueules et bordée d'or,
ayant sa main dextre étendue et de sa sénestre tenant sa crosse d'or; saint Elme sénestré d'une
sainte Claire vêtue au naturel tenant le Saint-Sacrement d'argent dans une custode d'or, le tout
sur une terrasse de sinople au bas de laquelle sont
trois jeunes enfants de carnation dans une cuvette
d'or.

1051. Estienne CAMPOU, bourgeois :

De gueules, à une grue d'argent tenant un caillou
d'or dans son pied dextre et appuyant l'autre sur
une terrasse de sinople; au chef cousu d'azur
chargé de trois étoiles d'or.

1052. Hector VIGUIER, bourgeois :

> D'azur, à un cœur de carnation brûlant de six flammes d'or, surmonté d'un soleil aussi d'or, mouvant du chef.

1053. La Communauté des maîtres Jardiniers de Marseille :

> D'azur, à une Magdeleine de carnation vêtue d'or et de gueules, les cheveux épars d'or, à genoux au pied d'un arbre de même, contournée vers un Christ de carnation, la tête entourée d'une gloire d'or, les mains percées de gueules, vêtu d'argent en forme de jardinier, donnant la bénédiction de sa main droite et tenant de sa gauche abaissée un panier d'osier au naturel rempli de verdure, le tout sur une terrasse de sinople.

1054. La Communauté des maîtres Meuniers de Marseille :

> D'azur, à un saint évêque de carnation vêtu d'une aube d'argent avec une étole de gueules, une chape aussi de gueules bordée d'or, la tête avec une mitre de gueules bordée d'or et entourée d'une gloire de même, sa main dextre levée pour donner sa bénédiction et sa sénestre étendue tenant une crosse d'or, ses souliers d'azur, posé sur une terrasse de sinople, adextré d'un moulin d'argent posé sur un tertre de même et sénestré d'un pont à deux arches d'argent maçonné de sable sur une rivière de même, et sur le pont un petit bâtiment d'argent couvert de gueules.

1055. André ALLEGRE, mercier :

> D'azur, à un croissant d'argent surmonté d'une étoile d'or.

1056. Jean MINGAUD, maître pâtissier :

D'azur, à un pâté d'argent surmonté d'une étoile d'or, accosté d'un J et d'un M. de même, accompagné en pointe d'un couteau à hâcher d'argent emmanché d'or.

1057. Michel de JEAN :

D'azur, à un arbre arraché d'or, soutenu par deux lions affrontés de même; au chef d'argent.

1058. Jean de BOQUIER (Bouquier) :

D'azur, à un croissant contourné d'or.

1059. Guillaume ARNAUD, cabaretier :

D'argent, à un cavalier de carnation, les cheveux de sable, vêtu à la romaine de même, ceint de bandes pendantes de gueules, tenant de sa main sénestre un bâton de maréchal de France d'or, semé de fleurs de lis d'azur, le cheval de sable, sellé d'or, passant sur une terrasse de sable au-dessous de laquelle il y a un G et un A de sable, séparés par un point de même et autour est écrit : *Mareschal de France*.

1060. Les Pénitents bleus de Saint-Martin sous le titre de Notre-Dame-de-Pitié :

D'argent, à une croix de sable, au pied de laquelle est la Sainte-Vierge assise, le visage et les mains de carnation, vêtue de gueules et d'azur, tenant sur ses genoux son fils mort, aussi de carnation, pâle comme quand on le descendit de croix.

1061. Pierre CARY, marchand libraire :

D'azur, à une bande d'or, accompagnée de deux étoiles de même, la bande chargée de trois livres de gueules, la tranche d'argent.

1062. Jean MAGALLON, marchand :

Ecartelé aux 1er et 4e, d'azur, à deux tours rondes crénelées d'argent, maçonnées de sable, jointes par un entremur aussi crénelé d'argent, maçonné et ouvert d'une porte de sable sur une terrasse de sinople; aux 2e et 3e, d'azur, à deux lions affrontés d'or, lampassés de gueules, ayant leurs pattes de derrière sur une montagne d'argent et soutenants de leurs pattes de devant un un cœur de gueules surmonté d'une étoile cométée d'or, accostée de deux nuages d'argent mouvants des deux flancs de l'écu, le tout accompagné en chef d'un croissant tourné d'argent, accosté de deux étoiles d'or.

1063. Cesar PATAC, marchand :

D'azur, à un besan d'argent chargé d'une croix potencée de gueules, cantonnée de quatre croisettes de même.

1064. Raphael BRUN, marchand :

D'azur, à deux lions affrontés d'or soutenants de leurs pattes de devant un cœur de même surmonté d'une étoile aussi d'or, et supportés par une montagne de six coupeaux d'argent, le tout surmonté d'une lune en croissant d'argent, accostée de deux nuages de même, mouvants l'un en bande et l'autre en barre du haut des deux flancs de l'écu, chacun surmonté d'une étoile d'or.

1065. Antoine ICARDENE, hoste :

D'azur, à un cavalier armé d'argent, son manteau de gueules, lié sur sa poitrine et flottant par derrière en forme d'écharpe, et tenant en sa main dextre un bâton de commandement aussi de gueules, le cheval d'argent, sellé, houssé et bridé de gueules, sénestré d'un arbre d'or sur une terrasse de sinople, et accompagné en chef d'une étoile d'or, adextrée d'un A et sénestrée d'un J de même.

1066. Joseph de BEGUE :

D'or, au chevron de gueules sur lequel sont perchés deux paons affrontés de pourpre, accompagné en pointe d'une étoile de sable ; au chef d'azur chargé de trois étoiles d'or.

1067. François PUGET, ingénieur pour le Roi :

D'argent, à une vache passante de gueules, sommée entre les deux cornes d'une étoile d'or.

1068. François BATALIN, bourgeois :

Echiqueté d'azur et d'or ; au chef d'argent chargé d'un levrier naissant de gueules.

1069. Dominique MARSEILLE, hoste :

D'azur, à un dextrochère de carnation, paré d'argent, vêtu de gueules, mouvant d'une nuée du flanc sénestre d'argent et empoignant une croix d'or en pal et deux branches, une de laurier et l'autre de palme, passées en sautoir de même.

1070. Antoine BESSON, hoste :

D'azur, à deux B confrontés et entrelacés d'or, sommés d'une croix pattée d'argent, accompagnée en chef de deux étoiles d'or.

1071. Joseph CAUVIN, hoste :

> D'azur, à un coq d'or, crêté, barbé et membré de gueules, posé sur un cep de vigne d'argent, terrassé de même et fruité de deux raisins aussi d'argent, pendants un de chaque côté, accompagné en chef de deux étoiles d'or.

1072. Gaspard ROUX, hoste :

> D'azur, à un membre d'aigle d'or, entouré de deux palmes de même, les tiges posées en sautoir, liées de gueules.

1073. A expliquer plus amplement :

1074. Pancrace JAINE, hoste :

> D'azur, à une main dextre de carnation, parée d'argent, vêtue de gueules, mouvante d'une nuée d'argent du flanc sénestre, supportant un monde d'azur, ceintré d'or, et sommé d'une croix pattée de même, accompagnée en chef de deux étoiles aussi d'or et en pointe d'un croissant d'argent.

1075. Guillaume d'ANFOSSY, S. de la Servianne :

> De gueules, à une fasce d'or, accompagnée en chef d'une molette d'argent.

1076. André PONS, hoste du logis de *Saint-Malo* :

> D'azur, à un pont d'une arche d'argent, maçonné de sable, surmonté d'un sautoir d'or, adextré d'un A et sénestré d'un P de même.

1077. A expliquer plus amplement :

1078. Jean REY, hoste des *Trois Rois* :

D'azur, à deux lions affrontés d'or, lampassés de gueules, soutenants un arbre d'argent sur une terrasse de même.

1079. Pierre MAUTON, hoste :

D'azur, à une ancre d'argent, la trabe d'or, à un mouton d'argent passant devant la stangue.

1080. Victor SERRE, hoste de la *Lune d'or* :

D'or, à une lune en découvert d'azur, posée en chef et une scie de même couchée en pointe.

1081. Pierre GROS, notaire royal à Marseille :

D'azur, à une montagne d'argent surmontée d'un soleil d'or.

1082. François CHRISTOLP, hoste de l'artillerie royale :

D'azur, à un marteau d'argent emmanché d'or, surmonté d'une étoile aussi d'or et accompagné de trois roses de même posées deux aux flancs et une en pointe.

1083. Guillaume RENOUS, hoste du *Logis de Cassis* :

D'azur, à un chien la gueule à demi ouverte, montrant ses dents d'argent, passant sur une terrasse de sinople et surmonté de trois étoiles d'or rangées en chef.

1084. Pierre SICARD, maître cartier :

De gueules, à cinq losanges d'argent passés en sautoir.

1085. A expliquer plus amplement :

1086. Joseph TAVAN, hoste du *Logis du prince de Mourquez* :

> D'azur, à deux grosses mouches appelées tans, volantes en fasce et affrontées d'argent, soutenues en pointe d'un J à dextre d'or et d'un T de même à sénestre.

1087. Marc-Antoine d'ARBAUD, sieur de Porchères :

> D'azur, au chevron d'argent; au chef d'or chargé d'une étoile de gueules.

1088. Gaspard FERAUD, hoste de *la Grille* :

> D'or, à un gril de sable, le manche en bas, tenu par un dextrochère de carnation, vêtu de sinople, mouvant du bas du flanc sénestre, le gril surmonté d'une étoile de gueules et accosté d'un G à dextre de sable et d'un F à sénestre de même.

1089. A expliquer plus amplement :

1090. Jean IMBERT, hoste :

> D'azur, à un arbre d'or sur une terrasse de même, un crocodile de sinople passant au pied de l'arbre, accompagné de deux J d'argent.

1091. A expliquer plus amplement :

1092. Giraud MARTIN, hoste des *Trois Dauphins* :

> Coupé au premier d'azur; au second à une mer d'argent dans laquelle sont trois dauphins de sable, nageants deux en chef et un en pointe, les deux

du chef affrontés et celui de la pointe contourné, la mer soutenue d'un terrain de sable en forme de rivage sur lequel sont plantés trois arbustes de sinople.

1093, 1094. A expliquer plus amplement :

1095. Antoine ESPINASSY, hoste du *Logis de Saint-Elme* :

D'argent, à un saint Elme de carnation vêtu en évêque d'une aube d'argent liée d'or, et d'une chape d'azur, ayant sur sa tête sa mitre d'or, tenant de sa main dextre sa crosse de même et de sa sénestre un flambeau de sable allumé de gueules, ses pieds avec des souliers d'or sur une terrasse de sinople et accosté des deux lettres A et P de sable.

1096. A expliquer plus amplement :

1097. Jean-Claude GIRAUD, hoste du *Logis d'Esmirne* (de Smyrne) :

D'azur, à un colombier d'argent, accosté de deux palmes de même, mouvantes d'une terrasse de sable et une colombe d'argent, posée sur le sommet du colombier.

1098. Louis GAUDELLON, hoste du *Logis du Grand-Courrier* :

D'azur, à un coq d'or, crêté, barbé et membré de gueules, posé sur un rocher d'argent dans des ondes de même et surmonté de trois étoiles d'or rangées en chef.

1099. A expliquer plus amplement :

1100. Pierre DURAND, avocat en Parlement :

D'azur, à un lion d'or, lampassé de gueules, adextré

et sénestré de deux pyramides d'argent sur une terrasse de sinople, accompagné de trois étoiles d'or rangées en chef.

1101. A expliquer plus amplement :

1102. Louis RIVIERRE, maître fourbisseur :

De gueules, à deux épées d'argent passées en sautoir, soutenues en pointe d'une rivière d'argent ondée d'azur.

1103. Antoine BOREL, hoste du *Logis de la Tarasque* :

D'argent, aux deux lettres capitales A et B de sinople, chacune sénestrée d'une petite fleur de lis de même.

1104, 1105, 1106, 1107. A expliquer plus amplement :

1108. Louis MARON, marchand chandelier :

D'azur, à un monde ceintré et croisé d'or, surmonté d'une étoile de même, adextré d'un vent ou tête d'argent d'enfant mouvant de l'angle du chef, poussant vers le monde son souffle de même, et sénestré d'une main indiquante aussi d'argent, mouvante en barre d'une nuée de même de l'autre angle et une rivière ondée d'argent en pointe.

1109, 1110, 1111, 1112. A expliquer plus amplement :

1113. Jacques FAURE, hoste du *Rosier* :

D'argent, à un rosier de sinople, fleuri de quatre roses de gueules disposées en croix, le rosier accosté de deux palmes de sinople, les tiges passées en sautoir, liées de gueules, adextrées en pointe d'un J de sable et sénestrées d'un F de même.

1114, 1115. A expliquer plus amplement :

1116. Suzanne TAVANELLE, hostesse, tenant le logis ou pend pour enseigne la ville de Grenoble :

> D'azur, à une ville d'argent sur une terrasse de même, surmontée d'un S et d'un T d'or.

1117, 1118, 1119, 1120, 1121, 1122, 1123, 1124, 1125, 1126. A expliquer plus amplement :

1127. Pierre GUIVAUDAN, hoste des *Deux Chevaux blancs* :

> De sinople, aux deux lettres P et G d'or, sénestrées chacune d'un point de même.

1128, 1129, 1130. A expliquer plus amplement :

1131. Henry GARCIN, hoste :

> D'argent, aux deux lettres H et G de sable rangées en fasce.

1132, 1133, 1134, 1135, 1136. A expliquer plus amplement :

1137. Jean GUERIN, hoste :

> D'azur, à un portail d'or, fermé de sa porte de même, la serrure et le marteau marqué de sable.

1138. A expliquer plus amplement :

1139. Pierre SERMET, maître tailleur d'habits :

> D'or, à un cerf courant de pourpre sur une terrasse de sinople, adextré d'une montagne sommée d'un arbre de même ; au chef d'azur chargé de trois étoiles d'or.

1140. N. DESPRAT, veuve de N***, a présenté l'armoirie qui porte :

> D'azur, à un chevron accompagné en chef de deux cyprès arrachés posés selon le sens du chevron, et en pointe d'un lion, le tout d'or.

1141. Jacques CROZAT, magasinier :

> D'azur, à une croix croissantée d'or.

1142. A expliquer plus amplement :

1143. Jean-Pierre VALLERIAN, mercier et regrattier du sel :

> D'azur, à un J, un P et un V d'or, rangés en fasce et sénestrés chacun d'un point de même.

1144. Pierre ROUSSEL, ayant une fabrique de draps :

> De sinople, à une fasce d'argent, chargée de trois roses de gueules.

1145. Joseph ROUBAUD, revendeur :

> D'or, à un J et un R d'azur.

1146. Laurent BEAU, artisan :

> D'azur, à trois croissants d'argent rangés en fasce, surmontés de trois étoiles d'or et soutenus de trois besans de même.

1147, 1148, 1149. A expliquer plus amplement :

1150. Ange COLOMB, marchand mercier :

> D'azur, à une colombe d'argent volante du haut en

bas, portant en son bec un rameau d'or; au chef cousu de gueules, chargé de trois besans d'or.

1151. Joseph CADENEL, marchand navigant :

D'or, à trois chaînes de gueules rangées en pal alaisé; au chef de sinople chargé d'un croissant d'or accosté de deux étoiles de même.

1152. A expliquer plus amplement :

1153. Pierre BENOIST, garnisseur de chapeaux :

D'azur, à un chiffre composé de deux B et deux P entrelacés, le tout d'or.

1154. A expliquer plus amplement :

1155. Jean CARBONNEL, marchand, garnisseur de chapeaux :

D'azur, à trois tours crénelées d'argent, maçonnées de sable, rangées sur une terrasse de sinople, celle du milieu plus haute que les deux autres, surmontées de trois étoiles d'or, rangées en chef, la terrasse soutenue d'une rivière d'argent ondée d'azur.

1156. Jean LAUGIER, négociant sur mer :

D'azur, à un arbre d'or sur une terrasse d'argent ombrée de sable, surmonté de trois colombes s'essorant d'argent, becquées et membrées de gueules, rangées en chef.

1157. Pierre GUICHARD, maître apothicaire :

D'azur, à un chêne arraché d'or, surmonté d'une fasce en devise ceintrée en arc d'argent et de trois étoiles d'or rangées en chef.

1158. A expliquer plus amplement :

1159. Estienne ANSELME, marchand :

> D'azur, au chevron d'or, accompagné en chef de deux roses tigées et feuillées d'argent, et en pointe d'un croissant de même ; au chef cousu de gueules chargé de trois étoiles d'or.

1160. Clement JOURDAN, magasinier :

> D'azur, à un coq d'or, crêté, barbé et membré de gueules, posé sur un tertre ou montagne de sinople, soutenue d'une rivière d'argent ondée d'azur, à trois étoiles d'or rangées en chef.

1161 bis. A expliquer plus amplement :

1162. Estienne CAMOIN, notaire royal du lieu de Saint-Marcel :

> D'azur, à un chameau d'or passant sur une terrasse de sinople ; au chef d'azur chargé de trois étoiles d'or, soutenu d'argent.

1163. A expliquer plus amplement :

1164. Joseph LA FONT, courtier royal :

> D'azur, à trois arbres d'or plantés sur une terrasse de même, posés en fasce, celui du milieu accosté de deux étoiles aussi d'or, à une fontaine d'argent posée en pointe.

1165, 1166. A expliquer plus amplement :

1167. Maurice NEGRE, boutiquier :

> D'argent, à une aigle le vol abaissé de sable, surmontée de trois étoiles de gueules rangées en chef.

1168. A expliquer plus amplement :

1169. Michel VAGUE, maître apothicaire :

D'argent, à trois fasces ondées d'azur; au chef de même chargé d'un coq d'or, crêté, barbé et membré de gueules.

1170. Balthazard, AMPHOUX, bourgeois :

Porte comme cy-devant article 928.

1171. Esprit ALLIER, marchand :

De sinople, à un vol d'or surmonté d'un croissant de même.

1172. Jean-Baptiste CHARLOIS, marchand de bois :

De gueules, à une canne d'argent becquée et pattée d'or, perchée sur une branche de roseau périe en bande d'argent.

1173. Cezard de BLIEUX, maître chirurgien :

De gueules, à un lion passant d'or surmonté d'un tronc d'argent, écôté de trois pièces et posé en pal ; au chef cousu d'azur chargé de trois étoiles d'or.

1174. Esprit ALLIER, bourgeois :

D'azur, à une fasce en devise haussée d'or, accompagnée en chef de trois étoiles rangées de même, et en pointe d'un vol d'argent, soutenu d'un croissant de même.

1175, 1176. A expliquer plus amplement :

1177. Jean FARNAUD, maître teinturier :

D'azur, à une ville d'argent dont les maisons et le clocher sont essorés ou couverts de gueules, ceints de murailles aussi d'argent, flanquées de tours de même, maçonnée de sable et bâtie sur une terrasse de sinople, surmontée en chef d'un soleil d'or.

1178. Sprit OLLIVE, marchand cotonnier :

D'azur, à un olivier d'or sur une terrasse de sinople, surmonté d'une colombe d'argent, becquée de gueules, volante de haut en bas.

1179. A expliquer plus amplement :

1180. Madelene de PALLAS, veuve de Servinian de GROS, a présenté l'armoirie qui porte :

D'azur, à un lion d'or, accompagné de trois écussons d'argent; au chef cousu de gueules, chargé de trois molettes d'argent.

1181. A expliquer plus amplement :

1182. Le Corps des maîtres Perruquiers de Marseille :

De gueules, à une perruque d'argent, tenue par une main dextre de carnation, parée d'argent, vêtue d'or, mouvante du flanc sénestre d'une nuée d'argent; au chef cousu d'azur chargé d'un soleil d'or.

1183. Jacques BERNARD, écrivain du Roy sur la grande réale :

D'azur, à une barre abaissée d'or sur laquelle descend un renard d'argent et sous laquelle nage un poisson au naturel dans une onde d'argent.

1184, 1185, 1186, 1187. A expliquer plus amplement :

1188. Pierre THOULDET, marchand :

> D'azur, à une main indiquante de carnation posée en pal et cantonnée de quatre étoiles d'or.

1189, 1190, 1191, 1192, 1193. A expliquer plus amplement :

1194. Joseph NOBLE :

> Parti, d'or et d'azur ; au chef d'argent chargé d'une aigle de sable.

1195. Jean CAILHOL, bourgeois ;

> De gueules, au chevron d'or, surmonté d'une étoile de même et accompagné de trois cailles contournées aussi d'or.

1196, 1197, 1198. A expliquer plus amplement :

1199. Venture BOURGAREL, veuve de Pierre-Antoine JURAMY, distillateur des eaux de vie, a présenté l'armoirie qui porte :

> D'azur, au chevron d'or, accompagné de trois trèfles d'argent.

1200. Louis GOUDE, garnisseur de chapeaux :

> D'azur, à deux lions affrontés d'or, lampassés et armés de gueules, soutenants d'une de leurs pattes un cœur de gueules, enflammé de même et accompagnés en pointe d'un croissant d'argent.

1201, 1202. A expliquer plus amplement :

1203. Jean BOUTTIER, maître tanneur :

> De gueules, à une bande ondée d'argent, accompagnée de deux tours de même, maçonnées de sable ; au chef cousu d'argent, chargé de trois étoiles d'or.

1204. A expliquer plus amplement :

1205. Marc-Antoine REYNAUD, bourgeois :

> D'azur, au chevron d'or, accompagné de trois fers de pique, les pointes en bas de même.

1206. A expliquer plus amplement :

1207. Jean-Louis URTIS, notaire :

> D'or, au chevron de gueules, accompagné de trois brins d'orties de trois feuilles, chacun de sinople.

1208, 1209. A expliquer plus amplement :

1210. Antoine GANTELMY, marchand de poids :

> D'azur, à un lion d'or, tenant de ses deux pattes une longue croix de même.

1211, 1212, 1213, 1214, 1215, 1216, 1217. A expliquer plus amplement :

1218. François LA PIERRE, maître apothicaire :

> D'azur, à un lion d'or, appuyant ses deux pattes de devant contre une pierre d'argent.

1219. François TENAILLIER, marchand chandelier :

> D'argent, à deux lettres F et T de sable.

1220. Jacques BESSON, maître apothicaire :

> D'azur, à une croix pattée et alaisée d'argent, surmontée de deux étoiles d'or.

1221. Louis ROBERT, courtier royal :

> D'argent, à un arbre arraché de sinople, auquel monte une belette de même.

1222. Joseph ARVELLY, maître apothicaire :

> D'azur, au chevron d'or, accompagné de trois voiles enflées de même.

1223. A expliquer plus amplement :

1224. Jean-Baptiste MOULLARD, maître apothicaire :

> D'azur, à un Cupidon de carnation aîlé d'argent, posant un de ses pieds sur une meule de moulin d'or, ayant son carquois d'or pendu à un ruban de gueules et tenant en ses mains un arc d'or, cordé de gueules, et encoché d'une flèche d'or en bande, ferrée d'argent.

1225. A expliquer plus amplement :

1226. Nicolas MOULLARD, maître apothicaire :

> Porte comme cy-devant, article 1224.

1227. Louis MOURIER, maître apothicaire :

> D'azur, à un mûrier d'or, sur une motte de sinople, surmonté de trois étoiles d'or rangées en chef.

1228. A expliquer plus amplement :

1229. François de LA FOREST, bourgeois :

> D'azur, à une forêt de sept arbres de sinople, rangés sur une terrasse de même, dont trois grands posés entre les quatre petits.

1230. Joseph CLAPIER, docteur en médecine :

> D'azur, à un croissant d'argent en chef, deux étoiles à huit rais d'or aux flancs et une montagne de plusieurs coupeaux d'argent, mouvante de la pointe.

1231. A expliquer plus amplement :

1232. Estienne LESPIAU, maître perruquier :

> D'azur, à trois épis de blé courbés d'or, tigés et feuillés de même, mouvants d'une terrasse de sinople et surmontés d'un soleil aussi d'or.

1233. A expliquer plus amplement :

1234. Pierre PAULLET, marchand de poids :

> D'azur, au chevron d'or, accompagné de trois besans d'argent.

1235. Antoine L'EVESQUE, maître d'ache :

> De gueules, à une mitre d'évêque d'argent :

1236. Alexandre DU FOUX, maître apothicaire :

> D'or, au chevron d'azur, accompagné de trois bombes de sable enflammées de gueules.

1237. A expliquer plus amplement :

1238. Pierre de MAY, docteur en médecine :

> Parti au 1er, d'azur, à un trône d'or posé sur une base de trois degrés de même, sur lequel est assis de front un homme de carnation habillé de long à la romaine de pourpre et de gueules, tenant de la main dextre levée une pique d'or, ferrée d'argent, et de la sénestre étendue une branche de laurier de sinople, la tête diadémée d'un rinceau de laurier aussi de sinople, surmontée d'une couronne à l'antique d'or; au 2e, d'argent, à un may ou plante médicinale de sinople, la tige haussée et feuillée de même, le pied accosté à dextre d'une rose de gueules tigée et feuillée de sinople, et à sénestre d'une tulipe d'azur, tigée et feuillée au naturel, le tout posé sur une terrasse de sinople, la partition surmontée d'un chef d'azur, chargé à dextre d'un soleil d'or et à sénestre d'une pleine lune d'argent.

1239. Louis VENTRON, bourgeois :

> D'argent, au chevron d'azur, accompagné en pointe d'un croissant de gueules; au chef cousu d'or, chargé de trois étoiles de gueules.

1240. A expliquer plus amplement :

1241. Jean BATELLINY, bourgeois :

> D'azur, à un cerf rampant d'or, accompagné de trois dez à jouer d'argent, marqués de sable, deux aux flancs et un en pointe.

1242. Antoine REYNAUD, hoste de Septèmes :

> D'argent, aux deux lettres A et R de gueules.

1243. Pierre GIGNOT, bachelier ez-droits :

> D'argent, à une ancre à quatre branches de sable; au chef de gueules, chargé d'une croix fleuronnée d'or.

1244. A expliquer plus amplement :

1245. Jean MONTAGNAC, marchand de blé à Marseille :

> D'azur, au sautoir d'or, accompagné de quatre molettes d'argent à cinq pointes.

1246. Jacques ROUX, maître vermicheleur :

> D'azur, au chevron d'argent, accompagné en chef d'un soleil d'or et en pointe de trois lis tigés et feuillés de même, rangés sur une terrasse d'argent.

1247. Hierosme MARROLY, bourgeois :

> D'azur, à une foy de carnation, parée d'argent et vêtue de gueules, mouvante des flancs de nuées d'argent, accompagnée en pointe d'une mer de même.

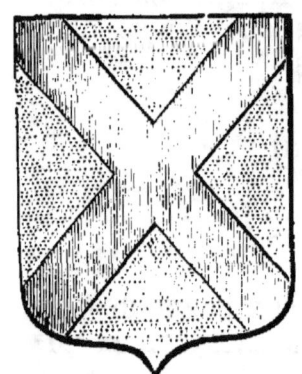

1248. François de JARENTE, chevalier de l'ordre de Saint-Jean de Jérusalem :

> D'or, au sautoir de gueules.

1249. Pierre COTTA, advocat à Marseille :

> D'azur, à une foy de carnation parée d'argent, vêtue de gueules, mouvante des flancs de nuées d'argent, surmontée de trois étoiles d'or rangées en chef et soutenue d'un rocher de trois coupeaux d'argent sur une mer de même, le rocher chargé d'un serpent ondoyant en fasce de sinople.

1250. Henry GUICHARD, docteur en médecine :

Porte comme cy-devant, article 1157.

1251. Philibert D'ORANGE, maître chirurgien :

D'azur, à une ancre renversée d'argent, chargée sur la stangue d'un cœur de gueules, et accompagnée de trois étoiles d'or mal rangées, une en chef et deux à côté de la stangue au-dessus du cœur.

1252. André DANIEL, ancien capitaine de navire :

D'azur, au chevron d'or, accompagné de trois têtes de lion arrachées d'or, lampassées de gueules, celle de la pointe soutenue d'une mer d'argent; au chef cousu de gueules chargé d'une étoile d'or.

1253. Jacques BILLON, bourgeois :

D'azur, à trois chicots d'or, chacun posé en bande, et rangés l'un sur l'autre en barre.

1254. Jean ARTUS, marchand de blé :

De gueules, à un dextrochère armé d'argent, mouvant du flanc sénestre, empoignant un arc d'or en pal; au chef cousu d'azur, chargé de trois étoiles d'or.

1255. Honnoré BRESSAN, marchand magazinier :

D'azur, à un dextrochère de carnation, vêtu de gueules, sortant d'une nuée d'argent, mouvant du flanc sénestre de l'écu, et tenant une palme de sinople; au chef cousu de gueules chargé d'une croix pattée d'argent, accostée de deux roses d'or.

1256. Barthelemy BREMOND, capitaine de vaisseau marchand :

D'azur, à une montagne de six coupeaux d'argent mouvante de la pointe; au chef d'azur soutenu d'or, chargé d'un croissant d'argent accosté de deux étoiles d'or.

1257. Jean-Baptiste DANIEL, marchand de soie :

D'argent, à un J et un B joints de sable, sénéstrés d'un D de même.

1258. Charles PEISSONEL, docteur en médecine :

De gueules, à trois étoiles d'or; au chef d'argent, ondé de sable, chargé d'un poisson contourné au naturel.

1259. Jean ROZE, courtier royal :

D'azur, à trois roses d'argent tigées et feuillées de même, mouvantes d'un cœur de gueules, ailé d'or, le tout surmonté de trois étoiles d'or rangées en chef.

1260. A expliquer plus amplement :

1261. Pierre MAZET, bourgeois :

D'azur, à une foy de carnation, posée en fasce, vêtue de gueules, parée d'argent et mouvante des flancs de nuées de même, tenant une palme d'or en pal.

1262. Jean-Pierre PISCATORY, changeur en la monnaie du Roy à Marseille :

D'azur, à une main de carnation sortant d'un nuage d'argent, mouvante du bas du flanc sénestre de l'écu, tenant un bâton courbé d'or, duquel pend avec un fil de gueules un poisson d'argent pris à l'hameçon au-dessus d'une mer d'argent; au chef cousu de gueules, chargé de trois molettes d'or.

1263. Pierre ROUX, bourgeois :

> D'azur, à trois roses d'or, tigées et feuillées de sinople, mouvantes d'une montagne d'argent.

1264, 1265. A expliquer plus amplement :

1266. Michel FERRY, mesnager :

> D'azur, à une ancre de vaisseau à quatre branches d'argent, accompagnée en chef de trois étoiles d'or mal ordonnées.

1267. Honnoré OLLIVIER, advocat en la cour :

> Porte comme cy-devant, article 814.

1268. A expliquer plus amplement :

1269. André DURAND, marchand :

> Porte comme cy-devant, article 951.

1270. Jean-Baptiste SEREN, ancien échevin :

> Porte comme cy-devant, article 659.

1271. Joseph BERENGUIER, navigant :

> D'azur, à une croix d'argent, à un écusson de gueules brochant sur le tout, chargé d'un lion d'or.

1272. Jacques SUTTON, marchand dhamoisseur :

> D'azur, à un soleil d'or mouvant du chef, deux étoiles de même posées une à chaque flanc de l'écu, et en pointe un cœur de gueules enflammé de même et ailé d'argent.

1273. Joseph de RIPERT :

> De gueules, à une grande fleur de lis d'or en cœur, à une fasce en devise d'azur brochant sur le tout.

1274, 1275, 1276. A expliquer plus amplement :

1277. Jean CHAMPION, maître chirurgien :

> De gueules, au chevron d'or, accompagné en pointe d'un arbre arraché de même; au chef d'argent chargé de trois étoiles de gueules.

1278. Jean-Jacques DES CAMPS, bourgeois :

> D'azur, à deux tours d'argent maçonnées de sable, accompagnées en pointe d'un chien d'or, courant après un levrier de même sur une terrasse d'argent ; au chef cousu de gueules chargé de trois étoiles d'or.

1279. A expliquer plus amplement :

1280. Joseph SOSSIN :

> Porte comme cy-devant, article 480.

1281. Pierre de GANAY, bourgeois :

> Porte comme cy-devant, article 821.

1282. Pierre CONTE, marchand :

> D'azur, à sept pièces de monnaies d'argent rangées en fasce les unes sur les autres, soutenues d'un croissant de même; au chef cousu de gueules chargé de trois étoiles d'or.

1283. Barthelemy BOULE, maître tondeur de draps :

D'azur, à une fasce d'or, chargée de trois boules ou tourteaux de gueules, surmontée d'une étoile d'or.

1284. André MOLAR :

D'azur, à une montagne de six coupeaux d'or, sommée d'une palme de même, accostée en chef de deux roses aussi d'or.

1285. Toussaint ARVIEU, maître apothicaire :

D'azur, à une bande d'or ; écartelé de gueules, à trois croix pattées d'argent, et sur le tout d'azur, à un griffon d'or.

1286. Anne TORCAT LE BON, veuve de N*** LE BON, notaire, a présenté l'armoirie qui porte :

D'azur, à un agneau d'argent passant sur une terrasse de même, surmonté d'une croisette potencée d'or.

1287. Arnaud JULIEN, maître boulanger :

D'azur, à un lion d'or lampassé et armé de gueules, tenant de sa patte dextre une poignée d'épis de blé d'or, et surmonté de trois étoiles de même rangées en chef.

1288. Jacques GOURDAN, notaire royal à Marseille :

De gueules, à sept épis de blé d'or, mouvants d'un croissant d'argent, surmontés de trois nuées d'argent, une mouvante du milieu et les deux autres des angles du chef, desquels sortent deux souffles de vents de même, tendants vers les épis.

1289. François MOULINIER, vermicheleur :

D'azur, à un moulin à vent d'argent sur un mont de même ; au chef cousu de gueules chargé de trois étoiles d'or.

1290. Cosme ESPINAX, maître auffier :

D'azur, au chevron d'or, accompagné en chef de deux étoiles et en pointe d'une rose tigée et feuillée, le tout d'or.

1291. Jean ROLLANDIN, bourgeois :

D'azur, au chevron d'argent, accompagné de trois boules d'or.

1292. Guillaume EYGUISIER, maître chirurgien :

D'azur, à un cœur d'or, surmonté d'une comète de même, et soutenu d'un croissant d'argent.

1293. Gaspard BLANDIN, bourgeois :

De gueules, à une branche de rosier d'argent, fleurie de six roses de même, à un soleil d'or, mouvant de l'angle dextre du chef ; coupé, d'azur, à un lion d'or, surmonté d'une fasce en devise en forme de chef de même, chargé de trois étoiles de gueules.

1294. Pierre BARTHELEMY, capitaine de vaisseau marchand :

D'azur, à un cœur d'or, percé d'une flèche de gueules, ferrée d'argent, et sommé d'une rose d'argent entre deux boutons de même, tigés et feuillés de sinople sur une même tige, surmonté d'une main dextre de carnation parée d'argent, vêtue de gueules, mouvante du flanc d'une nuée d'argent, et tenant empoignée une palme courbée d'or.

1295. Joseph de MOURS, maître chirurgien :

D'azur, à un Amour ou Cupidon de carnation, ailé d'argent, ayant son carquois d'or pendant à son col par un ruban de gueules en forme de baudrier ou écharpe, appuyant un de ses pieds sur une boule d'or, et tenant un arc bandé aussi d'or, cordé de gueules et encoché d'une flèche d'or, ferrée d'argent, pour percer un cœur d'or posé au côté dextre de l'écu; au chef cousu de gueules chargé de trois étoiles d'or.

1296. Jean-Baptiste BEAUMONT, marchand orphèvre à Marseille :

Parti, au 1er, d'or, à une demi-aigle à deux têtes, le vol abaissé de sable, mouvant de la partition, et au 2e, de gueules, à une fasce d'or, accompagnée en chef de trois glands d'argent, rangés, tigés, feuillés et mouvants d'un tronc de même, et en pointe d'un lion d'or.

1297. Jean ISSAUTIER, courtier royal :

D'azur, à trois fasces ondées d'argent; au chef d'or, chargé de trois roses de gueules.

1298. Joseph MIANE, vermicheleur :

D'argent, aux deux lettres J et M de gueules, chacune sénestrée d'un point de même et surmontées d'une étoile aussi de gueules.

1299. Simon VALIER, marchand orphèvre :

D'azur, au chevron d'argent, accompagné en chef de deux fermaux d'or, et en pointe d'une coupe ou boite couverte de même.

1300. Pierre DURAND, marchand orphèvre :

D'or, à un lion de gueules; au chef d'azur chargé de trois étoiles d'or.

1301. Jean AUBERT, marchand :

D'azur, à un arbre d'or, terrassé de même et fruité de gueules, accosté en chef de deux étoiles d'or.

1302. Elzear REIGNIER MANOLY, marchand orphèvre :

D'azur, à un renard rampant d'or, tenant de sa patte dextre un rameau de même, à une bande de gueules brochant sur le tout ; au chef cousu de gueules chargé de trois étoiles d'or.

1303. François BARAL, marchand orphèvre :

De gueules, au chevron d'argent, accompagné de trois barils d'or ; au chef cousu d'azur, chargé d'un soleil d'or.

1304. Honnoré MORET, marchand orphèvre :

D'or, au chevron de gueules, accompagné de trois têtes de Mores de sable, tortillées d'or.

1305. Pierre de COUDONEAU :

D'azur, à un agneau pascal d'argent, passant sur une terrasse de même et portant une croix d'or.

1305 bis. Claude LAMBERT, vermicheleur :

D'argent, à un C et un L de sable, sénestrés chacun d'un point de gueules.

1306. Madelene SAMBUT, veuve d'Isac ESPARIAT, marchand, a présenté l'armoirie qui porte :

D'azur, à un arbre d'or sur une terrasse d'argent, sommé de deux tourterelles affrontées d'argent ; au chef cousu de gueules chargé de trois étoiles d'or.

1307. Joseph ARMAND, marchand orphèvre :

D'azur, à un dextrochère armé d'argent, mouvant du flanc dextre d'une nuée de même, et tenant une épée en pal aussi d'argent.

1308. Jean-Baptiste BERTET, chanoine des Accoules :

D'azur, à une foy d'or, mouvante des flancs, tenant trois roses d'argent tigées et feuillées de même, et soutenue en pointe d'une montagne de six coupeaux aussi d'argent.

1309. Jean BOUASSE, marchand orphèvre (1) :

D'azur, à un J et un B d'or, séparés par un point en losange de même.

1310. Jean BRUN, gantier :

D'or, à un J et un B de gueules, sénestrés chacun d'un point de même.

1311. Jean DURAND, bourgeois :

D'argent, à un arbre de sinople, terrassé de même.

1312. Jacques FEAUD, maître orphèvre :

D'azur, à un chien d'or, assis sur une terrasse d'argent, ayant sa patte dextre levée et touchant à une main de carnation, mouvante en bande de l'angle dextre du chef d'une nuée d'argent; au chef cousu de gueules chargé de trois étoiles d'or.

(1) Quoique porté à la table de l'*Armorial général* à la lettre H, ce nom est écrit dans le corps de l'ouvrage avec un B.

1313. Nicolas BREMOND, marchand orphèvre :

D'azur, à un N et un B d'or.

1314. Jacques CONTE, barillat :

De gueules, à un J et un C d'or, sénestrés chacun d'un point de même.

1315. Marguerite CADENELLE, veuve de Jean-Baptiste NAPOLON, a présenté l'armoirie qui porte :

De gueules, à trois bandes d'or ; au chef d'azur chargé de trois étoiles d'or.

1316. Jean ROUX, maître chirurgien :

D'or, à un J et un R de sable, chacun sénestré d'un point de même.

1317. Louis ANTOINE, charcutier :

D'or, à deux lettres L et A de gueules ; au chef de gueules chargé de trois étoiles d'or.

1318. Guillaume FREISSINET, maître potier d'étain :

D'or, à un cigne au naturel nageant dans des ondes de sinople.

1319. Guillaume ESTIENNE, orphèvre :

D'or, à un monde d'azur, ceintré et croisé d'or ; au chef d'azur, chargé de trois étoiles d'or.

1320. Jean POUVERE, pelletier :

D'azur, à un pont d'une arche d'argent, maçonné de sable, mouvant de la pointe, l'arche ouverte de sinople et le pont surmonté à dextre d'un J d'argent, et à sénestre d'un P de même, à une poire d'or feuillée au naturel posée en chef et accostée de deux étoiles de six rais d'or.

1321. Antoine BAILLE, pelletier :

De gueules, à un A et un B d'or, sénestrés chacun d'un point de même et surmontés d'une croix pattée aussi d'or.

1322. Joseph BAREME, pelletier :

D'or, à un J et un B de gueules, joints par une trangle de même, supportant une croix patriarchale ou à double traverse, pattée aussi de gueules.

1323. Charles GARCIN, pelletier :

D'or, aux deux lettres C et G capitales d'azur, chacune sénestrée d'un point aussi d'azur et surmontées d'une croix pattée de même.

1324. Antoine VACHIER, maître orphèvre :

D'azur, à une vache passante d'argent, sur une terrasse de même, surmontée de trois étoiles d'or rangées en chef.

1325, 1326. A expliquer plus amplement :

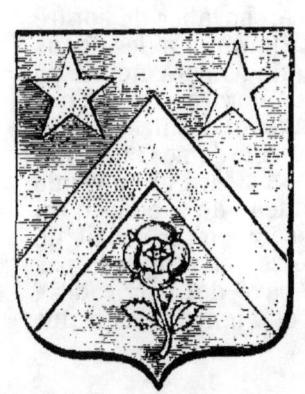

1327. Jean CARFEUIL, avocat en la Cour :

D'azur, au chevron d'or, accompagné en chef de deux étoiles de même, et en pointe d'une rose aussi d'or tigée et feuillée de même.

1328. Gaspard CARFEUIL, bourgeois :

Porte de même.

1329. A expliquer plus amplement :

1330. Joseph CARFEUIL, marchand (1) :

Porte comme cy-devant, article 1327.

1331,.1332, 1333, 1334. A expliquer plus amplement :

1335. Joseph SALLADE, Con^{eur} des droits de vingt pour cent :

D'azur, à une aigle le vol abaissé d'argent.

1336, 1337, 1338. A expliquer plus amplement :

1339. François SAXE, sensal royal :

D'or, à un arbre de sinople sur une terrasse de même, sommé d'une pie au naturel.

---

(1) Il fut reçu conseiller secrétaire du Roi par lettres patentes du 4 février 1729. Sa fille, Marie-Anne épousa, le 28 novembre 1724, messire Jean-Baptiste de Montgrand de Mazade, chevalier, seigneur de la Napoule, brigadier des armées du Roi, inspecteur et commandant général des milices gardes-côtes de Provence, chevalier de l'ordre royal et militaire de Saint-Louis. Tous les deux tinrent sur les fonds baptismaux, le 9 mars 1760, Jean-Baptiste-Marie-Anne-Antoine de Latil, fils de noble Antoine de Latil, chevalier de l'ordre royal et militaire de Saint-Louis, lieutenant du Roi, commandant des îles Sainte-Marguerite et de Saint-Honnorat-de-Lerins, et de noble dame Gabrielle-Thérèse de Magny. C'est cet enfant qui devint plus tard archevêque de Rheims et cardinal et qui eut l'insigne honneur de sacrer le roi Charles X, indignement détrôné le lendemain du jour où il venait de doter la France d'une de ses plus belles conquêtes, et remplacé par l'usurpateur Louis-Philippe, qui, arrivé sur le pavé des barricades, gratifia la France de dix-sept années de honte et d'ignominies et fut renversé à son tour par les barricades de 1848.

1340. Jean GRANETTE, marchand négociant :

>D'azur, à cinq bandes d'or ; au chef de gueules, chargé de trois étoiles d'or.

1341, 1342, 1343. A expliquer plus amplement :

1344. Honnoré GUIRARD, maître chirurgien major de la citadelle :

>D'azur, au chevron renversé d'argent, accompagné de trois étoiles d'or, une en chef et deux en pointe ; au chef d'or, et sous le tout une mer de sinople.

1345. Alexandre CASTEL, maître entrepreneur maçon :

>D'or, à un portail crenelé de trois pièces de gueules, maçonné et ouvert d'une porte de sable, sur une terrasse de sinople.

1346. Joseph BEAUSSIER, marchand :

>De gueules, à trois bandes d'or ; au chef d'azur, chargé d'un croissant d'argent, accosté de deux étoiles d'or.

1347. A expliquer plus amplement :

1348. Pierre ALLEMAND, greffier de Mazargues :

>D'or, à une main sénestre de carnation, vêtue de gueules, mouvante du flanc dextre, et tenant un demy vol d'azur.

1349. Pierre GRAFFINE, bourgeois :

>De gueules, à deux arbres d'argent, joints par le fust sur une terrasse de sinople, surmontés d'un soleil

d'or, et sénestrés d'une main dextre, le poing fermé de carnation, parée d'azur, et mouvante en barre du flanc sénestre de l'écu.

1350. Claire PINE, veuve d'Honnoré BRUNET, médecin, a présenté l'armoirie qui porte :

D'or, à une ancre de sable, la trabe de sinople, surmontée d'un croissant d'azur, la stange de l'ancre liée par un cable de sable, mouvant du flanc sénestre de l'écu.

1351. Antoine LANCE, maître chirurgien :

D'azur, à un dextrochère d'argent vêtu de gueules, paré d'argent, mouvant du flanc d'une nuée de même, tenant une lance en pal d'or, surmontée de trois étoiles de même rangées en chef.

1352, 1353, 1354. A expliquer plus amplement :

1355. André PAUTRIE, marchand mercier :

De gueules, à un A et un P d'or.

1356, 1357, 1358, 1359, 1360. A expliquer plus amplement :

1361. Joseph CHABRAN, marchand :

D'azur, à un chevreuil rampant d'or.

1362. Jean-André REBOUL, cy-devant notaire :

D'or, au chevron abaissé d'azur, surmonté de trois annelets rangés de gueules, et accompagné en pointe d'un croissant de même ; au chef de gueules chargé de trois étoiles d'or.

1363. François BAGARY, marchand :

De gueules, à deux lions d'or posés aux premier et quatrième quartiers, à deux croix alaisées d'argent posées aux deuxième et troisième.

1364. Jean-Baptiste RADIX, marchand plumassier :

D'or, à un dix de chiffre romain en forme de sautoir alaisé de gueules, surmonté d'un rat passant de sable et accompagné en pointe d'un arbre de sinople planté sur une terrasse de sable.

1365, 1366, 1367, 1368, 1369, 1370. A expliquer plus amplement :

1371. Jean-Girard POUGEAUD, maître orphèvre :

De sable, à une demi-croix tréflée d'argent, posée en fasce ; au chef cousu de gueules chargé de trois étoiles d'or.

1372. Pierre de SEIGNEURET, escuyer :

Porte comme cy-devant, article 230.

1373. Jean-Jacques DUPUIS, bourgeois :

D'azur, à trois roses d'argent, tigées et feuillées de même, mouvantes d'un puits d'or, maçonné de sable.

1374. Pierre CASTOR, maître orphèvre :

D'azur, à une barre d'or, accompagnée en chef d'une chapelle avec son clocher de même, maçonnée, ouverte et ajourée de sable, et en pointe de deux larmes d'or.

1375, 1376. A expliquer plus amplement :

1377. Esprit CLEMENT, chanoine :

D'or, à un cœur de gueules, enflammé de même.

1378. Pierre GAUTIER, chanoine :

De gueules, à une croix demi-ancrée d'or.

1379. Antoine CARY, bénéficier :

De gueules, à trois étoiles d'argent.

1380, 1381, 1382, 1383, 1384. A expliquer plus amplement :

1385. Joseph NOGARET, bourgeois :

D'azur, à un noyer arraché d'or, fruité de même.

1386. Jean-Baptiste RIPERT, chanoine des Accoules :

D'azur, à un oiseau d'or, perché sur le haut d'une montagne d'argent, surmonté de deux étoiles d'or.

1387. Jean ESTAYS, chanoine des Accoules :

D'azur, à un lion d'or, lampassé et armé de gueules.

1388. Antoine MATTY, prêtre bénéficier des Accoules :

> D'azur, à un arc bandé d'or, encoché d'une flèche en pal de même.

1389. François RICOUX, prêtre bénéficier des Accoules :

> D'or, à trois fasces d'azur, à un massacre de cerf d'argent brochant sur le tout.

1390. A expliquer plus amplement :

1391. Jean GIROUARD, charpentier :

> De gueules, à un J et un G d'argent.

1392. A expliquer plus amplement :

1393. François GOUYRAN, sansal :

> D'or, à un arbre de sinople sur une terrasse de même ; au chef de gueules chargé de trois étoiles d'or.

1394. Jean-Antoine VARSY, peigneur de chanvre :

> D'or, à un J, un A et un V de gueules.

1395. Pierre ARNOUX, peigneur de chanvre :

> D'or, à un P et un A d'azur.

1396. Pierre BELANDE, peigneur de chanvre :

> D'or, à un P et un B de gueules, séparés par un point de même.

1397, 1398. A expliquer plus amplement :

1399. Dominique de LESTRADE, bénéficier des Accoules :

    De gueules, à un pal ondé d'or, accosté de deux fleurs de lis de même.

1400. Boniface DOLE, prêtre, chanoine des Accoules de Marseille :

    D'azur, à une croix haussée d'or, au pied fiché dans un cœur de même.

1401. Pierre TRUILHIER, chanoine de Saint-Martin :

    D'or, à une rivière en fasce abaissée de sinople, surmontée d'un oiseau d'azur et soutenue de trois larmes de gueules ; au chef cousu d'argent, chargé de trois étoiles de gueules.

1402. Léonard ESTIENNE, marchand :

    D'argent, à trois barres d'azur, à un lion d'or, lampassé de gueules, brochant sur le tout.

1403. André ANDRÉ, bénéficier de Saint-Martin :

    D'or, au sautoir d'azur, accompagné en pointe d'un cœur de gueules enflammé de même.

1404. Estienne ISOUARD, bénéficier de l'Eglise Saint Martin :

    D'or, à trois roses de gueules mal ordonnées ; au chef d'azur chargé d'un soleil d'or.

1405. Louis MICHEL, chanoine de Saint-Martin :

De gueules, à un ange de carnation vêtu et ailé d'or, tenant de la main dextre une balance de même; au chef d'argent chargé de trois étoiles d'azur.

1406. A expliquer plus amplement :

1407. Thomas AUDIBERT, bénéficier de la Major :

D'azur, à une colombe d'argent, perchée sur un rocher de même, mouvant d'une mer de sinople; au chef d'or chargé de trois étoiles de gueules.

1408. Jean-Baptiste MICHEL, maître apothicaire :

D'azur, à une barre d'or; au chef d'or, chargé d'une croisette de gueules, accostée de deux étoiles d'azur.

1409, 1410. A expliquer plus amplement :

1411. Balthazard RIMBAUD, chanoine en l'église Saint-Martin :

Porte comme cy-devant, article 347.

1412. Benoit BETEILLE, prêtre de Saint-Martin :

D'azur, à une croix fleuronnée d'or.

1413. Antoine FABRY, bénéficier de l'église cathédrale :

D'azur, à un lion d'or, lampassé de gueules, tenant de sa patte dextre un cœur d'argent et de sa sénestre un marteau de même.

1414, 1415, 1416. A expliquer plus amplement :

1417. Lazare BOYER, bénéficier en l'église Major :

D'or, à une étoile de gueules, chargée en cœur d'une tête de bœuf coupée d'or, posée de profil.

1418. Lazare de FRÉJUS, chanoine de la Major :

Porte comme cy-devant, article 847.

1419, 1420. A expliquer plus amplement :

1421. François IMBERT, bénéficier de la Major :

D'azur, à trois mouches d'argent, ombrées de sable, posées une et deux.

1422. Melchior de LA CROIX, bénéficier de l'église cathédrale :

D'azur, à une croix fleuronnée d'argent.

1423, 1424. A expliquer plus amplement :

1425. Jean BARON, chanoine de Saint-Martin :

D'azur, à quatre bâtons écotés et alaisés d'or, posés en bande l'un sur l'autre.

1426, 1427, 1428. A expliquer plus amplement :

1429. François MALLAVAL, docteur :

D'argent, à un cœur de gueules, chargé d'une foy en fasce de carnation, vêtue et parée d'or, soutenue d'une boucle de même, l'ardillon en pal, le cœur surmonté d'une étoile d'azur, et soutenu d'un triangle vidé de même.

RÉCAPITULATION

MARSEILLE

			LIVRES.	LIVRES.
Armoiries	des Personnes	1,200 à	20	24,000
»	Villes	1 à	100	100
»	Abbayes	2 à	50	100
»	Communautés	25 à	50	1,250
»	Couvents	23 à	25	575
»	Chapitres	2 à	25	50
»	Confréries	7 à	25	175
»	Commanderie	1 à	25	25
		1,261 armoiries.		26,275

Total, vingt-six mille deux cent septante-cinq livres, et les deux sols pour livre.

Présenté par ledit Vanier à nosseigneurs les commissaires généraux à ce qu'il leur plaise recevoir les dites armoiries et ordonnér qu'elles seront enregistrées à l'*Armorial général* conformement audit édit, et arrests rendus en conséquence, même celles dans lesquelles il y a des fleurs de lys d'or sur azur, attendu que le droit et la possession en sont notoirement connues, et ce suivant l'arrest du conseil du 22 juillet 1698.

Fait à Paris ce 18ᵉ jour de mai 1699.

Signé : De la Roc et Alexandre.

Les Commissaires généraux députés par le Roy, par arrest du conseil des quatre décembre 1696 et vingt-neuf janvier 1697, pour l'execution de l'édit du mois de novembre précédent sur le fait des armoiries.

Veu l'état cy dessus des armoiries envoyées es bureaux établis dans la généralité d'Aix, en exécution du dit édit à nous présenté par M. Adrien Vanier, chargé de l'exécution du dit édit, à ce qu'il nous plaise ordonner que les armoiries expliquées au dit état seront reçues et ensuite registrées à l'*Armorial général*, les feuilles jointes au dit état contenant l'empreinte ou l'explication des dites armoiries, notre ordonnance du xxie may dernier portant que le dit état et les feuilles seront montrées au procureur général de sa Majesté ; conclusions du dit sieur procureur général ; oui le rapport du sieur de Breteuil, conseiller ordinaire du Roy en son conseil d'état, intendant des finances, et des dits commissaires ;

Nous commissaires susdits, en vertu du pouvoir à nous donné par le Roy, avons reçu et recevons les mille deux cent soixante et une armoiries mentionnées au dit état, et en conséquence ordonné qu'elles seront enrégistrées, peintes et blazonnées à l'*Armorial général* et les brevets d'icelles délivrés conformement au dit édit et arrests rendus en conséquence, et à cet effet les feuilles des armoiries jointes au dit état, et une expédition de la présente ordonnance seront remises au sieur d'Hozier, conseiller du Roy, et garde dudit *Armorial général*, sauf à être ci-après pourvu à la réception de celles des armoiries qui se trouvent sursises par quelques articles de cet etat.

Fait en l'assemblée desdits sieurs commissaires, tenue à Paris le dixième juillet mil six cent quatre-vingt-dix-neuf.

Signé : SENDRAS.

Nous soussignés, intéressés au traité des armoiries, nommés par délibération de la compagnie du 29 août 1697 pour retirer les brevets des dites armoiries, reconnaissons que M. d'Hozier nous a remis ceux mentionnés au present état au nombre de mille deux cent soixante et une armoiries, la finance principale desquelles montant à la somme de vingt six mille deux cent septante-cinq livres. Promettons payer au trésor royal conformément au traité que nous en avons fait avec sa Majesté.

Fait à Paris le vingt troisième juillet 1699.

Signé : CARQUEVILLE.

SUPPLÉMENT

ESTAT D'AUCUNES DES ARMOIRIES DONT LA RÉCEPTION A ÉTÉ SURSISE PAR L'ESTAT AU BAS DUQUEL EST L'ORDONNANCE DE NOSSEIGNEURS LES COMMISSAIRES GÉNÉRAUX DU CONSEIL, EN DATE DU

GÉNÉRALITÉ D'AIX

MARSEILLE

SUIVANT L'ORDRE DU REGISTRE

17. Gaspard d'Hostagier, Sr de la Grand-Bastide :

Parti, coupé, tranché, taillé d'or et d'azur, à une croix dentelée, écartelée de l'un en l'autre, et chargée en cœur d'une losange d'azur, surchargée d'une fleur de lis d'or.

— 330 —

78. Antoine de GILLES :

D'azur, à une fleur de lis d'or.

149. Jean-Baptiste de LIBERTAT de FONBLANQUE, lieutenant d'une des galères du Roy :

Coupé, au 1ᵉʳ d'azur, à une tour d'argent, accostée de deux fleurs de lis d'or, et surmontée d'une autre fleur de lis de même ; au 2ᵉ, de gueules, à un léopard d'or.

155. Gaspard de GASPARY de BELLEVAL :

D'azur, à une fleur de lis d'or en cœur, accompagnée de trois étoiles de huit rais de même.

158. Catherine d'HOSTAGIER, veuve de Joseph de CIPIÈRES, escuyer :

Parti, au 1ᵉʳ, d'or, à trois pattes d'ours de sable, armées de gueules ; au 2ᵉ, gironné d'or et d'azur de huit pièces, à une croix dentelée, écartelée de l'un en l'autre, et sur le tout une losange d'azur, chargée d'une fleur de lis d'or.

404. François de VILLENEUVE, Sʳ de Tartonne :

De gueules, fretté de six lances d'or, l'écu entresemé de petits écussons d'or, et sur le tout en cœur un écusson d'azur, chargé d'une fleur de lis d'or.

461. Jean-Baptiste d'HOSTAGIER, aumônier de l'abbaye Saint-Victor de Marseille :

Parti, coupé, tranché, taillé d'or et d'azur, à une croix dentelée, écartelée de l'un en l'autre, brochant sur le tout, et chargée en cœur d'une losange d'azur, surchargée d'une fleur de lis d'or.

518. Jean de GILLES, bourgeois de Marseille :

Mi-parti, au 1er, de gueules, à trois coquilles d'argent, et au 2e, d'azur, à une fleur de lis d'or, mouvante du parti.

550. Jean de FABRE, escuyer :

D'azur, à un dextrochère armé d'or, mouvant du flanc d'une nuée d'argent, tenant une épée de même dont la pointe supporte une couronne fleurdelisée d'or, accompagnée en pointe d'un casque, la visière abaissée de même, ornée d'une plume pendante d'argent, le tout adextré d'un lion debout et contourné d'or, lampassé et armé de gueules, tenant de sa patte sénestre une fleur de lis d'or.

748. Jacques PENNE, escuyer, capitaine à la garde de l'hôpital des galères à Marseille :

D'azur, à un demi vol d'argent, surmonté d'une fleur de lis d'or et accompagné de trois grenades tigées et feuillées aussi d'or, posées deux en flanc et une en pointe.

750. Pierre PENNE, escuyer, capitaine et ingénieur ordinaire du Roy :

Porte de même.

760. Anne de GASPARY, femme de Joseph d'AGOUST :

> D'azur, à une fleur de lis d'or en cœur, accompagnée de trois étoiles de huit rais de même.

788. Pierre de LIBERTAT :

> Porte comme cy-devant, article 149.

1041. Marthe de GASPARY, veuve de Philippe de LA MOTTE, baron de VIALLA, capitaine d'une des galères du Roy :

> D'azur, à une fleur de lis d'or en cœur, accompagnée de trois étoiles de huit rais de même.

RÉCAPITULATION.

MARSEILLE.

		LIVRES.		LIVRES.
Armoiries des Personnes...	14	à	20..	280
		14 armoiries.		280

Total deux cent quatre-vingt livres et les deux sols pour livre.

Présenté par M. Adrien Vanier, chargé de l'exécution de l'édit du mois de novembre 1696, à Nosseigneurs les Commissaires généraux du Conseil à ce qu'il leur plaise recevoir lesdites armoiries et ordonner qu'elles seront enregistrées à l'*Armorial général* conformément auxdits édit et arrest rendus en conséquence, même celles dans lesquelles il y a des fleurs de lis d'or sur azur, attendu que le droit et la possession en sont notoirement connus et ce suivant l'arrest du Conseil du 22 juillet 1698.

Fait à Paris, ce septième jour de juillet mil six cent quatre-vingt-dix-neuf.

Signé : Alexandre et De La Roc.

Les Commissaires généraux députés par le Roy pour l'exécution de l'édit du mois de novembre 1696 sur le fait des armoiries, par arrest du Conseil des 4 décembre en suivant et 29 janvier 1697;

Veu par nous l'état cy-dessus au bas duquel est la demande dudit Vanier, les feuilles de présentation des armoiries jointes audit état, notre Ordonnance préparatoire du 7 août 1699, portant que lesdites feuilles seront remises au sieur d'Hozier, conseiller du Roy, garde de l'*Armorial général*, pour donner son avis sur la notoriété du droit ou de la possession que chacune des personnes dénommées audit état prétend avoir de porter des armoiries dans lesquelles il y a des fleurs de lis d'or sur azur, l'avis dudit sieur d'Hozier en date du 5 septembre 1699, arrest du Conseil du 22 juillet 1698, portant que ceux qui ont présenté les armoiries de leur famille dans lesquelles il y a des fleurs de lis d'or sur azur pour pièce de l'écu, et dont le droit n'étant pas notoirement connu, n'en ont toutefois représenté le titre, ni justifié de la possession, seront tenus de le faire dans un mois, si non que leurs armes seront reformées, notre Ordonnance dudit montré du 15 janvier 1700. Conclusions du Procureur général de la Commission, ouï le rapport du sieur de Breteuil, conseiller ordinaire du Roy en son Conseil d'Etat, intendant des finances, l'un des susdits commissaires.

Nous, Commissaires susdits, en vertu du pouvoir à nous donné par Sa Majesté, en conséquence de l'avis dudit sieur d'Hozier, avons reçu et recevons les armoiries mentionnées et expliquées au présent état, ordonnons qu'elles seront enregistrées, peintes et blasonnées à l'*Armorial général* et les brevets d'icelles délivrés conformément à l'édit du mois de novembre 1696 et arrests rendus en exécution, à l'effet de quoi une expédition de la présente Ordonnance et les feuilles de présentation d'armoiries seront remises audit sieur d'Hozier, à l'exception toutefois des armes de Jean de Gilles qui sera tenu de justifier dans un mois, pour tout délai, par titre ou possession valable le droit où il prétend être de porter une fleur de lis d'or sur azur pour pièce de l'écu de ses armes, si non et à faute de ce faire dans ledit délai, et icelui passé, ses armes seront reformées conformément audit arrest du 22 juillet 1698.

Fait en l'Assemblée desdits sieurs Commissaires, tenue à Paris le vendredi, 12 mars mil sept cent.

Signé : Sendras.

Nous soussignés, intéressés au traité des armoiries, nommés par délibération de la Compagnie du 29 août 1697, pour retirer les brevets desdites armoiries, reconnaissons que M. d'Hozier nous a cejourd'hui remis ceux mentionnés au présent état, au nombre de 14 armoiries, la finance principale desquelles montant à deux cent quatre-vingt livres. Promettons payer au trésor royal, conformément au traité que nous avons fait avec Sa Majesté.

Fait à Paris, ce 3ᵐᵉ jour de juillet mil sept cent.

Signé : Carqueville.

SUPPLÉMENT

ESTAT D'AUCUNES DES ARMOIRIES DONT LA RÉCEPTION A ÉTÉ SURSISE PAR L'ESTAT AU BAS DUQUEL EST L'ORDONNANCE DE NOSSEIGNEURS LES COMMISSAIRES GÉNÉRAUX DU CONSEIL, EN DATE DU

GÉNÉRALITÉ D'AIX

MARSEILLE

SUIVANT L'ORDRE DU REGISTRE

801. Cet article ne sert ici que de mémoire, attendu qu'il est expliqué et employé à Paris, rue Saint-Antoine, registre 1er, n° 674 de l'état arrêté le

1163. Louis BONNEFOY, magasinier :

De gueules, à un L et un B d'argent.

1166. Jacques DONNADIEU, garnisseur de chapeaux :

> D'azur, à un dextrochère de carnation, vêtu de gueules, paré d'argent, mouvant du flanc d'une nuée de même et tenant un cœur aussi d'argent, enflammé de gueules, accompagné en chef de deux étoiles d'or.

1365. Cet article ne sert ici que de mémoire, attendu qu'il est expliqué et employé à l'article 1305 de l'état daté au texte du présent.

RÉCAPITULATION.

MARSEILLE.

		LIVRES.		LIVRES.
Armoiries des Personnes...	2	à	20...	40
			2 armoiries.	40

Total quarante livres et les deux sols pour livre.

Présenté par M. Adrien Vanier, chargé de l'exécution de l'édit du mois de novembre 1696, à Nosseigneurs les Commissaires généraux du Conseil, à ce qu'il leur plaise recevoir lesdites armoiries et ordonner qu'elles seront enregistrées à l'*Armorial général* conformément audit édit et arrêts rendus en conséquence.

Fait à Paris, ce septième jour de juillet mil six cent quatre-vingt-dix-neuf.

Signé : ALEXANDRE et DE LARROC.

Les Commissaires généraux députés par le Roy pour l'exécution de l'édit du mois de novembre 1696 sur le fait des armoiries, par arrests du Conseil des 4 décembre en suivant et 29 janvier 1697;

Vu l'état ci-dessus présenté par ledit Vanier aux fins y contenues, les feuilles jointes audit état, notre ordonnance dessus montré au 8me de ce mois, conclusions du procureur général de la Commission, ouï le rapport du sieur de Breteuil, conseiller ordinaire du Roy en son conseil d'Etat et intendant de ses finances, et vu de nous;

Nous, en vertu du pouvoir à nous donné par Sa Majesté, avons reçu et recevons les deux armoiries mentionnées audit état, en conséquence ordonnons qu'elles seront enregistrées, peintes et blasonnées à l'*Armorial général*, et les brevets d'icelles délivrés conformément audit édit et aux arrêts rendus en conséquence, et à cet effet les feuilles desdites armoiries et une expédition de la présente seront remises au S^r d'Hozier, conseiller du Roy, garde de l'*Armorial général*.

Fait en l'assemblée desdits Srs Commissaires tenue à Paris le 24 juillet mil six cent quatre-vingt-dix-neuf.

Signé : SENDRAS.

Nous soussignés intéressés au traité des armoiries, nommés par délibération de la Compagnie du 29 août 1697 pour retirer les brevets desdites armoiries, reconnaissons que Mʳ d'Hozier nous a cejourd'hui remis ceux mentionnés au présent état, au nombre de deux armoiries, la finance principale desquelles montant à quarante livres. Promettons payer au trésor royal, conformément au traité que nous en avons fait avec Sa Majesté.

Fait à Paris, ce 16 novembre mil six cent quatre-vingt-dix-neuf.

Signé : CARQUEVILLE.

SUPPLÉMENT

ESTAT DES NOMS ET QUALITÉS DES PERSONNES ET COMMUNAUTÉS DONT LES ARMOIRIES ONT ÉTÉ PORTÉES EZ BUREAUX ESTABLIS PAR M. ADRIEN VANIER, CHARGÉ DE L'EXÉCUTION DE L'EDIT DU MOIS DE NOVEMBRE 1696. LA RÉCEPTION DESQUELLES ARMOIRIES A ÉTÉ SURSISE PAR LES ÉTATS AU BAS DESQUELS SONT LES ORDONNANCES CY-APRÈS DATTÉES, PARCE QUE LE BLASON Y EST SI MAL FIGURÉ OU EXPLIQUÉ QU'IL EST IMPOSSIBLE DANS L'ÉTAT OU ELLES SONT DE LES CONNAITRE SUFFISAMMENT POUR LES RECEVOIR ET ENREGISTRER A L'ARMORIAL GÉNÉRAL.

GÉNÉRALITÉ D'AIX

MARSEILLE

SUIVANT L'ORDRE DU REGISTRE DE L'ÉTAT DU 10 JUILLET 1699.

Veu par nous Charles d'Hozier, conseiller du

Roy, généalogiste de sa Maison, garde de l'*Armorial général* de France et chevalier de la Religion et des Ordres militaires de Saint-Maurice et de Saint-Lazare de Savoie, le présent état de supplément d'armoiries et l'ordonnance donnée en conséquence le 3ᵉ de juillet de l'année courante 1699, par Messieurs les Commissaires généraux du Conseil à ce députés, par laquelle il nous est enjoint de donner notre avis sur les armoiries qui peuvent être accordées, ou supplées à chacune des personnes et autres dénommées dans ledit état et dans les conclusions de M. le Procureur général de ladite Commission, au nombre de onze, nous estimons que l'on peut leur régler et disposer en cette sorte lesdites armoiries, ainsi qu'il en suit, savoir à l'article 212 :

212. Jean REYMONDIN, marchand à Marseille :

D'azur, à un monde d'or croisé de même, accompagné en chef de trois étoiles d'argent mal ordonnées et en pointe d'un cœur d'or.

374. Honoré GUINTRAND, marchand et ancien échevin à Marseille :

De gueules, à un guindre ou devidoir d'or posé en barre, les branches entrelacées, terminées en trois pointes en chaque bout, accompagné de deux croix potencées de même, vuidées ou séparées en quatre pièces chacune, une au côté dextre du chef et l'autre au côté sénestre de la pointe.

598. Maximin GUINTRAND, marchand à Marseille :

Comme à l'article 374.

873. Joseph BERTRAND, marchand mercier, tenant boutique :

> D'azur, à un cyprès arraché d'or, surmonté d'un chiffre de même, composé des lettres J et B doublées et entrelacées.

882. Fabien SICARD, maître cartier :

> D'azur, à six quarts ou tas de cartes d'argent posées 3, 2 et 1 ; au chef abaissé d'or surmonté d'une étoile à huit rais de même.

1016. La Communauté des Gagne deniers de la ville de Marseille.

> D'argent, à une Vierge de carnation, vêtue de gueules et d'azur, assise sur une nuée de sable et tenant sur ses genoux son enfant Jésus contourné de carnation, la Vierge accostée à dextre d'un saint Pierre à genoux et contourné de carnation, vêtu d'or et d'azur, et à sénestre d'un saint Paul aussi de carnation et à genoux, vêtu de sinople et de gueules, la Vierge couronnée d'une couronne d'or, tenue par deux anges de carnation, le tout surmonté d'une colombe volante de front au naturel.

1101. La Confrérie des Porteurs de chaises :

> D'azur, à un saint Cristophe d'or.

1104. Claude GIRAUD, bourgeois :

> D'azur, au chevron d'or, surmonté d'un croissant d'argent, accosté de deux étoiles d'or, et accompagné en pointe d'un cœur d'or, ailé de même et enflammé de gueules.

1265. Blaise ROUBIN, marchand magasinier :

D'argent, à une jumelle de gueules, posée en fasce, sur laquelle est posée une aigle s'essorant, la tête contournée de sable, regardant un soleil de gueules, mouvant de l'angle sénestre du chef, et en pointe une mer d'azur.

1410. Marc-Antoine ROUBIAR, chanoine de Saint-Martin :

D'argent, à un pélican avec sa piété de sable, ensanglanté de gueules ; au chef cousu d'or, chargé de deux roses de gueules.

1416. Honoré RICHAUD, bénéficier de l'église cathédrale de Marseille :

D'argent, à une mer de sinople ; au chef d'azur chargé de trois étoiles d'or.

Fait par nous, à Paris, ce trente-unième de juillet 1699.

Signé : d'Hozier.

RÉCAPITULATION

MARSEILLE

		LIVRES.		LIVRES.
Armoiries des Personnes		9 à	20 ..	180
»	Communautés	1 à	50 ..	50
»	Confréries...	1 à	25 ..	25
		11 armoiries.		255

Total, deux cent cinquante-cinq livres, et les deux sols pour livre.

Présenté par ledit Vanier à nosseigneurs les commissaires généraux, à ce qu'attendu l'obscurité des armoiries des dénommez ci-dessus, dont il paraît suffisamment par les feuilles de présentation d'icelles, il plaise à nos dits Seigneurs ordonner qu'il sera suppléé aux défauts qui s'y rencontrent pour être ensuite reçues et enregistrées à l'*Armorial général*, conformement audit édit et arrests rendus en conséquence.

Fait à Paris, ce vingt-unième jour de février mil six cent quatre-vingt-dix-neuf.

Signé : ALEXANDRE et DE LARROC.

Les Commissaires généraux députés par arrests du conseil des quatre décembre 1696 et vingt-neuf janvier 1697, pour l'execution de l'édit du mois de novembre précédent sur le fait des armoiries.
Veu par nous l'estat cy-dessus, notre ordonnance préparatoire du 3 juillet 1699, portant que les feuilles de présentation des armoiries seront remises au S^r d'Hozier, Conseiller du Roi, Garde de l'*Armorial général*, pour donner son avis sur ce qui peut être suppléée auxdites armoiries pour les mettre en état d'être reçues et enregistrées à l'*Armorial général*, l'avis dudit sieur d'Hozier du 31 juillet 1699, contenant les pièces, meubles et métaux dont lesdites armoiries peuvent être composées, autre ordonnance dessus montrée du 3 décembre 1699, conclusions du Procureur général de la Commission, oui le rapport du sieur de Breteuil, Conseiller ordinaire du Roi, en son Conseil d'Estat et Intendant des finances.

Nous, Commissaires susdits, en vertu du pouvoir à nous donné par Sa Majesté, conformément à l'avis dudit sieur d'Hozier, ordonnons que les armes des dénommés dans l'estat ci-dessus, seront composées des pièces, meubles et métaux portés par ledit avis, en conséquence les avons reçues et recevons pour être enregistrées à l'*Armorial général* et les brevets d'icelles délivrés conformément audit édit et aux arrests rendus en conséquence, à l'effet de quoi il sera remis audit sieur d'Hozier une expédition de la présente ordonnance et les feuilles de presentation desdites armoiries.

Fait en l'Assemblée desdits sieurs Commissaires, tenue à Paris le vendredi, 19ᵉ février mil sept cent.

Signé : Sendras.

Nous soussignés, intéressés au traité des armoiries, nommés par délibération de la Compagnie du 29 août 1697, pour retirer les brevets desdites armoiries, reconnaissons que M. d'Hozier nous a cejourd'hui remis ceux mentionnés au présent état, au nombre de onze armoiries; la finance principale desquelles montant à deux cent cinquante-cinq livres. Promettons payer au trésor royal, conformément au traité que nous avons fait avec Sa Majesté.

Fait à Paris, ce 3ᵐᵉ juillet mil sept cent.

Signé : Carqueville.

SUPPLÉMENT

Estat des noms et qualités des personnes et communautés dénommées cy-après qui ont payé les droits d'enregistrement des armoiries ez bureaux establis par M. Adrien Vanier, chargé de l'exécution de l'édit du mois de novembre 1696, et desquelles armoiries la réception a été sursise par les États aussi cy-après dattés, parce qu'ils ont négligé de fournir la figure ou explication desdites armoiries.

GÉNÉRALITÉ D'AIX

MARSEILLE

SUIVANT L'ORDRE DU REGISTRE DE L'ÉTAT DU 10 JUILLET 1699.

Veu par nous Charles d'Hozier, conseiller du Roy, généalogiste de sa Maison, garde de l'*Armorial général* de France, et chevalier de la Religion et des Ordres militaires de Saint-Maurice et de Saint-Lazare de Savoie, le présent état de supplément d'armoiries et l'ordonnance donnée en conséquence le 14 du mois d'août de l'année courante 1699, par Messieurs les Commissaires généraux du Conseil à ce députés, par laquelle il nous est enjoint de donner notre avis sur les armoiries qui peuvent être accordées, ou suppléées à chacune des personnes et autres dénommées dans le présent état et dans les conclusions de Mr le Procureur général de ladite Commission, au nombre de deux cent soixante-trois armoiries, nous estimons que l'on peut leur régler et disposer en cette sorte lesdites armoiries, ainsi qu'il en suit :

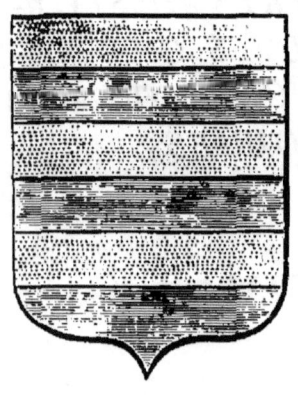

18. Antoine de Barras, capitaine de galères :

Fascé d'or et d'azur de six pièces.

214. Marc FRANCHISCOU, avocat en Parlement :

D'azur, à une aigle d'or, surmontée de trois étoiles de même rangées en chef.

258. N. FRANCHESQUY, originaire de Corse :

D'azur, à une aigle d'or, surmontée de trois étoiles de même rangées en chef.

287. Jean-Baptiste FRANCHESQUY, bourgeois de Marseille :

D'azur, à une aigle d'or, surmontée de trois étoiles de même rangées en chef.

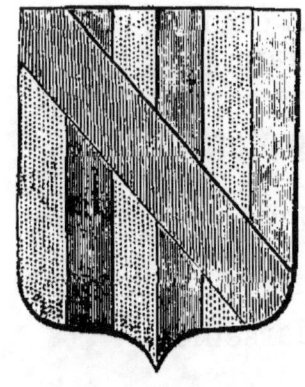

434. Elisabeth de FORESTA DE LA ROQUETTE, veuve de N. :

Palé d'or et de gueules de six pièces, à la bande de gueules brochant sur le tout.

805. Henri BERNARD, chevalier de Valance, capitaine de galère :

D'azur, à la fasce d'or, chargée d'une molette de sable, accompagnée en chef de deux cimeterres d'argent passés en sautoir, les pointes en bas, et en pointe d'un guidon de même posé en bande.

1025. Antoine ROGON, prêtre, bénéficier de l'église Major :

D'or, à une montagne de sable, enflammée de gueules; au chef d'azur chargé d'un croissant d'argent, accosté de deux étoiles d'or.

1073. Pierre BESSON, hoste à Marseille :

De gueules, à une ville d'argent, sur une terrasse de sable.

1077. Jean-Baptiste CHABERT, maître constructeur des galères à Marseille :

D'argent, au chevron d'azur, accompagné en chef d'un lambel de gueules et en pointe d'une losange de même.

1085. André COSTE, hoste à Marseille :

D'argent, à un entrelas d'azur, sommé d'une croisette de gueules, accosté de deux cœurs de même, et accompagné de trois étoiles d'azur.

1089. Balthazard DAVID, hoste à Marseille :

D'argent, à un cheval effrayé de sinople sur une terrasse de même.

1091. Jean LAURENS, hoste à Marseille :

D'azur, à deux étoiles d'or en chef, et une croix raccourcie d'argent en pointe.

1093. Jean ARTIER, hoste à Marseille :

D'azur, à une barque d'argent, voguant sur une mer de même et surmontée d'un soleil d'or.

1094. Anne RIGORD, veuve de Jacques BELLIARD :

De gueules, au sautoir dentelé d'or, accompagné de quatre roses d'argent.

1096. Jean MAUNIER, hoste à Marseille :

D'azur, à un moulin à vent d'argent, sur une montagne de plusieurs coupeaux de même, couvert, evoyé et girouetté d'or.

1099. Jacques ALLIÉS, marchand quincaillier à Marseille :

De gueules, à un demi vol abaissé d'or, accompagné en chef de deux étoiles de même.

1105. Jean SOUCHARD, ci-devant hoste à Marseille :

D'or, à un cep de vigne de sinople, fruité de deux raisins de gueules et surmonté d'un arc de même, couché le long du chef.

1106. Antoine MAJOUSSE, marchand cierger :

D'argent, à une foy d'azur, vêtue de même, posée en fasce, mouvante des deux flancs, à un arbre de sinople fusté de sable brochant sur le tout, planté sur une terrasse de même.

1107. Joseph HARBEY, marchand magazinier à Marseille :

D'azur, à deux lettres J et H d'argent.

1109. Etienne GIRAUD, maître perruquier :

D'azur, au chevron abaissé d'argent, surmonté d'un soleil d'or, accompagné en chef de deux étoiles de même, et en pointe d'un vol aussi d'or, chargé d'un cœur de gueules.

1110. Etienne REYNAUD, hoste de l'*Aigle* :

De sable, aux deux lettres E et R d'argent.

1111. Jean REYNAUD, hoste des *Deux croix de Malte* :

De sable, à un fer de charrue d'argent, posé en pal, la pointe en bas, accompagné en chef des deux lettres J et R d'or.

1112. Jean-Jacques POULPRE, hoste de la *Cloche* :

> D'or, à une cloche d'azur, bataillée de sable, accompagnée en chef des deux lettres J et J aussi de sable à dextre, et de la lettre P de même à sénestre ; au chef de gueules, chargé de trois étoiles d'or.

1114. La Confrérie Notre-Dame-du-Rosaire :

> D'or, à une vierge de carnation, vêtue de gueules et d'azur, couronnée d'or, sur une terrasse de sinople, ayant sur son bras dextre l'enfant Jésus de carnation, l'un et l'autre tenant un chapelet ou rosaire de sable.

1115. Laurent ANON, hoste des *Trois Faisans* :

> D'argent, à trois faisans au naturel becqués et membrés de gueules, posés deux et un sur une terrasse de sinople, les deux du chef ayant leurs corps affrontés et leurs têtes addossées, et celui de la pointe le corps contourné.

1117. Antoine ALMARIC, garçon de comptoir :

> D'azur, à un senextrochère de carnation, vêtu de pourpre, paré d'argent, et mouvant d'une nuée de même du flanc dextre, tenant une branche de laurier de sinople et une palme de même ; au chef d'argent, chargé de trois étoiles de gueules.

1118. Joseph ETIENNE, hoste du logis d'*Auriol* :

> De sinople, à un bourg d'argent mouvant du flanc sénestre sur une terrasse d'or, accompagné en chef des trois lettres J J et E aussi d'or.

1119. Louis MAINARD, hoste de la *Ville de Lyon* :

> De gueules, à un cygne d'or, nageant dans une mer d'argent, ondée d'azur.

1120. François AURAN, maître academiste :

> D'argent, à un cyprès de sinople sur une terrasse de sable, fruité d'or, et accompagné en chef de deux étoiles d'azur.

1121. Etienne TAMAN, hoste de l'*Epée royale :*

> D'azur, à sénestrochère mouvant du flanc dextre et tenant une épée en pal, le tout d'or.

1122. La Confrérie Notre-Dame-des-Carmes :

> D'or, à une Notre-Dame de carnation, vêtue de gueules et d'azur, ayant sur son bras dextre l'enfant Jésus de carnation, la mère et le fils tenant chacun un scapulaire de sable qu'ils présentent à deux religieux carmes, vêtus de l'habit de leur ordre, à genoux et confrontés sur une terrasse de sable, la Vierge assise sur une nuée de même, éclairée d'argent.

1123. Antoine CHARBONNIER, confiseur à Marseille :

> D'or, aux deux lettres A et C de gueules.

1124. La Confrérie Notre-Dame-de-Bon-Secours :

> D'azur, à une Vierge de carnation couronnée d'or, vêtue de gueules et d'azur, tenant l'enfant Jésus de carnation sur son bras dextre, et tenant à sa main sénestre levée un bâton de sable posé en bande, dont elle semble menacer un diable de gueules, accorné et ailé de sinople, lampassé de gueules et onglé de sable, naissant du flanc dextre et poursuivant un enfant de carnation vêtu d'une chape d'or, qui se réfugie aux pieds de la sainte Vierge, le tout posé sur une terrasse de sinople.

1125. GUILLAUME CORRÉARD, magazinier à Marseille :

D'azur, à un coq d'or, crêté et barbé de gueules, posant son pied sénestre sur un tronc écoté, posé en fasce d'or, et tenant de son pied dextre élevé un rameau de même ; au chef cousu de sinople chargé de trois étoiles d'or.

1126. FRANÇOIS GUIEU, marchand navigant :

D'or, aux deux lettres F et G d'azur.

1128. JEAN TRUC, marchand à Marseille :

D'azur, à un arbre d'or sur une terrasse de sinople, sénestré d'un griffon aussi d'or, rampant contre le fust de l'arbre et surmonté de trois étoiles de même rangées en chef.

1129. JEAN MANDARON, maître pâtissier à Marseille :

D'azur, au nom et surnom de Jean Mandaron, écrits en lettres capitales d'or.

1130. JEAN-FRANÇOIS BOISSON, marchand à Marseille :

D'argent, à un buisson de sinople sur une terrasse de même ; au chef d'azur, chargé de trois étoiles d'or.

1132. JEAN-BAPTISTE PRUDANT, marchand quincaillier à Marseille :

D'azur, à un serpent tortillé en pal d'or, accompagné en chef de deux étoiles de même.

— 355 —

1133. Antoine GUILLERMY, marchand à Marseille :

> D'or, à un sénestrochère de carnation, vêtu d'azur, mouvant du bas du flanc dextre et empoignant une longue croix de gueules avec deux branches de laurier de sinople passées en sautoir.

1134. Jean PEIX, marchand magazinier à Marseille :

> De gueules, à une mer d'argent posée en pointe, chargée d'un poisson nageant de gueules ; au chef cousu d'azur chargé d'une étoile d'or.

1135. François BOISSON, maître chapelier à Marseille :

> De gueules, à un bois de quatorze arbres d'argent rangés sur une terrasse de sinople, à un soleil d'or mouvant du chef.

1136. Benoit ANGLÈS, maître apothicaire à Marseille :

> De gueules, à une aigle d'or ; au chef cousu d'azur chargé de trois étoiles d'or.

1138. Acassy ROUX, avocat en Parlement :

> De gueules, à trois pals d'argent, à une bande d'azur brochant sur le tout chargée de trois besans d'or.

1142. Joseph BOUDIER, marchand bladier :

D'azur, au sautoir d'or; au chef cousu de gueules chargé de trois étoiles d'or.

1147. François CHABAUD, magazinier à Marseille :

De gueules, à une montagne de trois coupeaux d'argent; au chef cousu d'azur chargé de trois étoiles d'or.

1148. Jean SAVI, capitaine de vaisseau marchand :

D'argent, à une plante de sauge sur une terrasse de sinople, sommée d'une aigle de même la becquetant; au chef d'azur chargé de trois étoiles d'or.

1149. Gaspard REY, marchand magazinier à Marseille :

D'argent, à trois pals d'azur, à un écusson de gueules posé en cœur, brochant sur le pal du milieu.

1152. Philippe GOUJON, bourgeois de Marseille :

D'or, à un bœuf passant de gueules, surmonté d'un jonc de sinople posé en pal.

1154. Noel CARBONNEL, marchand garnisseur de chapeaux :

D'azur, à trois tours d'argent maçonnées de sable, rangées sur une terrasse de sinople et surmontées de trois étoiles d'or, rangées en chef, la terrasse soutenue d'une rivière d'argent ondée d'azur.

1158. Sébastien BOURGUIGNON, négociant :

D'azur, au chevron d'argent, accompagné en pointe d'une hure sanglier arrachée d'or, soutenue d'un croissant d'argent; au chef cousu de gueules, chargé de trois étoiles d'or.

1161 *bis*. Joseph-François de GLANDEVÈS et Marguerite d'ALBERTAS, sa femme :

De gueules, à trois fasces d'or ; accolé : de gueules, à un loup ravissant d'or.

1165. Cosme MAILLARD, bourgeois de Marseille :

D'azur, au chevron d'or, accompagné de neuf annelets de même, accolés trois à trois et posés deux et un, six en chef et trois en pointe.

1168. Jean-Baptiste BUECH, capitaine de vaisseau marchand :

D'argent, à un arbre de sinople, surmonté de trois étoiles d'azur rangées en chef, à un bœuf d'or passant devant le tronc de l'arbre.

1175. Louis AMPHOUX, notaire royal :

De gueules, à une bande ondée d'or, accompagnée de deux roses d'argent.

1176. François CHARLOIS, marchand magazinier :

De gueules, à une oie d'argent posée sur une branche de même couchée en pointe.

1179. Jean-Baptiste RENOUL, marchand pelletier :

D'azur, à un lion d'or tenant une épée de même.

1181. Pierre ICARD, marchand à Marseille :

D'azur, à un lion d'or tenant une lance de même posée en pal.

1184. Bruno CHAULAN, bourgeois de Marseille :

D'azur, au chevron d'or, accompagné de trois croissants d'argent, celui de la pointe surmonté d'une étoile d'or.

1185. Antoine LONG, marchand à Marseille :

D'azur, à trois barres d'argent.

1186. Joseph ROSSET, navigant :

D'azur, à un rocher d'argent contre lequel rampent deux lions affrontés d'or, le tout surmonté de trois croisettes d'argent rangées en chef.

1187. Clement DESNARD, maître teinturier à Marseille :

D'or, à un C et un D d'azur.

1189. Noel FABRON, notaire royal à Marseille :

D'azur, à une foy de carnation posée en fasce, vêtue de gueules, parée d'argent, mouvant des deux flancs d'une nuée de même, surmontée de trois étoiles d'or rangées en chef, et accompagnée en pointe d'une mer d'argent.

1190. Jean-Gaspard ESTELLE, notaire royal à Marseille :

De gueules, au chevron d'or chargé de cinq étoiles d'azur.

1191. Jean MOISSON, notaire royal à Marseille :

D'azur, à une gerbe d'or sur une terrasse de même, surmontée d'un soleil d'or.

1192. Honnoré SAUVET, notaire royal :

D'azur, à un poisson d'argent, nageant dans une mer de même, à trois étoiles d'or rangées en chef.

1193. Luc BOUIS, notaire royal à Marseille :

D'azur, au chevron d'argent, accompagné en pointe d'un arbre de buis d'or, terrassé de même ; au chef cousu de gueules chargé de trois étoiles d'or.

1196. Jean-André GERARD, marchand à Marseille :

D'azur, à un arc posé en fasce, accompagné en chef d'une étoile, et en pointe d'un croissant, le tout d'or.

1197. Pascal ARMENIEU, tenant académie :

De sinople, à un agneau pascal passant d'argent.

1198. Henry AUPHANT, négociant :

D'or, à un arbre arraché de sinople, contre lequel est appuyé un éléphant d'argent ; au chef d'azur, chargé de trois étoiles d'or.

1201. François RAVEL, avocat en Parlement :

D'azur, au chevron d'or, accompagné en chef de deux roses d'argent, et en pointe d'un chien passant de même.

1202. Marc BRETTON, marchand tonnelier à Marseille :

> D'azur, à deux épées d'argent passées en sautoir, les gardes et les poignées d'or, accompagnées en chef d'une étoile de même.

1204. Jean-Vincens MOURENE, maître tanneur :

> D'azur, à un arbre arraché d'or, soutenu d'un croissant d'argent, et accompagné en chef d'un soleil d'or mouvant de l'angle dextre et d'une lune en croissant d'argent posée au côté sénestre, et de trois étoiles d'or rangées entre le soleil et la lune.

1206. Jacques ROUGIER, marchand bladier :

> D'argent, à un cœur de gueules.

1208. Jean BOURGUIGNON, comite de galère :

> D'or, à un porc passant de sable ; au chef de sinople chargé de trois étoiles d'argent.

1209. Louis RAVEL, avocat en Parlement :

> D'azur, au chevron d'or, accompagné en chef de deux roses d'argent, et en pointe d'un chien passant de même.

1211. Luc BOMPAR, hoste :

> D'argent, aux deux lettres L et B de gueules, entourées de deux branches de laurier de sinople, les tiges passées en sautoir.

1212. Jean-François CARLE, hoste à Arenc :

> De gueules, aux trois lettres J, F et C d'argent, rangées en fasce.

1213. Augustin de CITRANY, écuyer ;

D'argent, à un citronier de sinople, terrassé de même, fruité d'or.

1214. Pierre GRAS, avocat en Parlement :

De sinople, à une fasce d'or, surmontée de trois étoiles de même rangées en chef, et accompagnée en pointe d'un mouton passant d'argent.

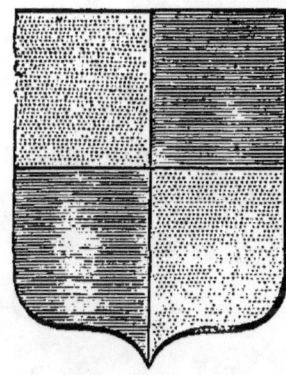

1215. Gaspard de CANDOLLE :

Ecartelé d'or et d'azur.

1216. Jacques MAILLAN, hoste :

D'azur, au chevron d'or, accompagné de trois besans d'argent.

1217. Jean-Baptiste ARNAUD, apothicaire :

D'azur, à un arc d'or, cordé de sable, encoché d'une flèche d'or, ferrée d'argent, empennée de gueules, la pointe en haut et soutenue d'un croissant d'argent ; au chef cousu de gueules chargé de trois étoiles d'or.

1223. Jean BOUFFIER, patron de barque :

D'azur, à un bouc d'argent, rampant contre un rocher d'or, mouvant du flanc dextre sur une terrasse de sable, accompagné en chef d'un croissant d'argent accosté de deux étoiles d'or.

1225. Sebastien FLICHON, bourgeois :

> D'argent, à trois flèches de sable liées ensemble de gueules, en pal et en sautoir, et surmontées de trois étoiles de sable rangées en chef.

1228. Nicolas GIRAUDON, docteur en médecine :

> D'azur, au chevron d'or, accompagné en chef de deux étoiles de même, et en pointe d'un croissant d'argent.

1234. Antoine ROQUEMAURE, notaire :

> D'azur, à un rocher d'argent, surmonté d'un croissant de même; au chef cousu de gueules chargé de trois étoiles d'or.

1233. Louis RIVIÈRE, bourgeois :

> D'argent, à un arbre de sinople, accosté de deux lions affrontés de sable, lampassés de gueules, rampant contre le fust sur une terrasse de sinople, soutenue d'une rivière d'argent, ondée d'azur; au chef d'azur chargé de trois étoiles d'or.

1237. Antoine BROQUERY, chevalier du Saint-Sépulcre :

> De gueules, à deux épées d'argent, passées en sautoir, à un arbre de sinople brochant sur le tout, planté sur une terrasse d'argent.

1240. La Communauté des maîtres Dache et Remolat (d'Ache et Remoulats) de la ville de Marseille :

> D'azur, à une croix d'argent, cantonnée de quatre marteaux de tonneliers d'or.

1244. Jean MONTAGNAC, bourgeois :

D'or, à une montagne de sinople, surmontée d'une étoile à six rais de gueules.

1260. La Confrérie de Notre-Dame-de-Bon-Voyage :

D'azur, à trois figures de la Vierge, l'enfant Jésus et saint Joseph, marchant et se tenant par la main, le tout d'or.

1264. Pierre BEAU, bourgeois :

D'azur, à un lion d'or, regardant un soleil de même.

1268. Noel HOUASSE, maître orfèvre :

D'azur, à trois pals d'or ; au chef de même chargé de trois étoiles de sable.

1274. La Confrérie de Notre-Dame-de-l'Ayde :

D'azur, à une Notre-Dame d'or.

1275. Pierre SAVIGNE, courtier royal :

D'azur, à un lion d'or, à une bande de gueules brochant sur le tout, chargée de trois billettes d'argent.

1276. Joseph ARTAUB, bourgeois :

De gueules, à trois tours d'argent, maçonnées de sable.

1279. Victor BIGARD, commis priseur :

D'azur, à deux pals d'or, chacun chargé de trois flammes de gueules.

1325. Jean FAGE, marchand gantier :

D'azur, aux deux lettres J. F. d'or, chacune sénestrée d'un point de même, et le J surmonté d'un troisième point aussi d'or.

1326. Honoré GOUBAUD, marchand cotonnier :

D'or, aux deux lettres H et G de gueules, chacune sénestrée d'un point de même; au chef aussi de gueules chargé de trois roses d'or.

1329. Charles BRETTON, marchand cotonnier :

D'azur, aux deux lettres C et B d'or, séparées par un point de même, et accompagnées d'une rose aussi d'or, posée au milieu du chef.

1331. Henry LANGLAIS, marchand imager :

D'argent, à un pélican avec sa piété de sable, accompagné en chef de deux cœurs de gueules enflammés de même.

1332. La Communauté des Cabaretiers et Aubergistes de la ville de Marseille :

D'or, à une sainte Marthe de carnation, vêtue d'azur et de gueules, tenant de sa main dextre élevée un pavillon de sable, et de sa sénestre une chaine de même, à laquelle est attaché par le col un dragon de sinople, dévorant un enfant de carnation, le tout sur une terrasse de sinople.

1333. François TRION, marchand :

D'argent, à trois arbres de sinople rangés sur une terrasse de sable, celui du milieu plus élevé que les deux autres et surmonté d'un croissant de gueules.

1334. Joseph BAZAN, bourgeois :

> D'azur, à un soleil d'or en chef et une losange d'argent en pointe.

1336. Gabriel ESPINASSE, marchand :

> D'azur, au chevron d'or, accompagné en chef de deux étoiles et en pointe d'une rose tigée et feuillée de même.

1337. Gaspard ARNAUD, marchand chapelier :

> D'azur, fretté de quatre pièces d'or, accompagné de trois roses d'argent, deux en chef et une en cœur.

1338. François COSTE, bourgeois :

> D'azur, à une foy d'argent parée de même, mouvante des flancs, accompagnée en chef de deux étoiles d'or, et en pointe d'un renard passant de même sur une terrasse d'argent.

1341. Louis GUILLERMY, marchand droguiste :

> Coupé, cousu de gueules sur azur, à un dextrochère de carnation vêtu de gueules et paré d'une manchette d'argent mouvant du bas du flanc sénestre d'une nuée de même, empoignant une longue croix tréflée d'or et deux branches de laurier de même, la croix et les branches brochantes sur le tout.

1342. Esprit PIERRE, avocat en Parlement :

> D'azur, à un rocher d'argent, surmonté de trois étoiles de même rangées en chef.

1343. Bernard PIERRE, bourgeois :

D'azur, à un rocher d'argent, surmonté de trois étoiles de même rangées en chef.

1347. Pierre SICARD, bourgeois :

D'azur, aux deux lettres P et S d'or.

1352. Jean BOYER, notaire royal :

D'or, au chevron de gueules, accompagné de trois rencontres de bœuf de sable.

1353. Jean-François BAGARRY, capitaine de vaisseau marchand :

Ecartelé, aux 1er et 4e, d'or, à un lion d'azur, lampassé et armé de gueules; aux 2e et 3e, de gueules, à une croix d'argent.

1354. Alexandre BOUYS, notaire royal :

D'azur, à un arbre de buis d'or sur une terrasse de sinople; au chef cousu de gueules chargé de trois étoiles d'or.

1356. Henry CHALMETTE, marchand :

D'or, à un arbre de sinople, surmonté d'une merlette de sable.

1357. Joseph MARROT, marchand :

D'azur, aux deux lettres J et M chacune sénestrée d'un point et le J surmonté d'un troisième point, le tout d'or.

1358. Jacques GORGE, marchand :

D'or, aux deux lettres J et G chacune sénestrée d'un point, et le J surmonté d'un troisième point, le tout d'azur.

1359. André ACHARD, marchand :

De gueules, à un chien courant d'argent; au chef cousu d'azur chargé de trois étoiles d'or.

1360. Pierre ANDRÉ, marchand :

De gueules, au sautoir d'or, accompagné de trois étoiles de même, une en chef et deux aux flancs, et d'un croissant d'argent en pointe.

1366. Jacques BOUTARD, marchand vitrier :

D'argent, à un bouc rampant de sable; au chef d'azur chargé de trois étoiles d'or.

1367. Etienne BARJON, contrôleur en l'amirauté :

D'azur, à un jonc d'or, accosté de deux bars addossés de même.

1368. Pierre de MEDICIS, marchand :

D'azur, à un P et une M de gueules, chacune sénestrée d'un point de même.

1369. Guillaume de CROIX, marchand :

D'azur, à trois roses d'argent, chacune de quatre feuilles, rangées en chef, à un croissant de même en pointe; au chef cousu de gueules chargé de trois étoiles d'or.

1370. François MARNIER, marchand :

D'azur, à une montagne d'argent surmontée d'une aigle le vol abaissé d'or.

1375. Jean ROCHE, marchand magazinier :

D'azur, au chevron d'or, accompagné en chef de deux étoiles d'argent, et en pointe d'un rocher de même.

1376. Dominique SERISOLLE, marchand vermicheleur :

D'argent, à un cerisier de sinople fruité de gueules.

1380. Louis MICHEL, maître chirurgien :

D'azur, à une barre d'or ; au chef de même chargé d'une croisette de gueules, accostée de deux étoiles d'azur.

1381. Dominique BERTRAND, docteur en médecine :

D'or, au chevron d'azur; au chef cousu d'argent chargé de trois roses de gueules.

1382. Joseph ARNAUD, vicaire des Accoules :

D'azur, au chevron d'or, accompagné en chef de deux étoiles, et en pointe d'une montagne de six coupeaux de même.

1383. Joseph TARDIEU, vicaire des Accoules :

D'or, à un cœur enflammé de gueules chargé d'une étoile d'or.

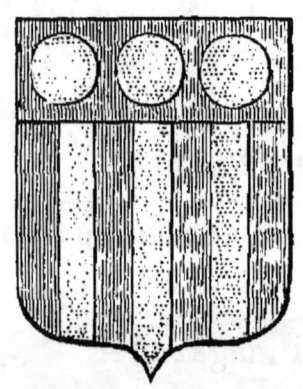

1384. Antoine-Marie BOURRELLY, marchand :

De gueules, à trois pals d'or ; au chef de gueules, chargé de trois besans d'or.

1390. Louis-Raphael CENSAL :

> D'azur, à une foy d'argent posée en fasce, mouvante des flancs d'une nuée de même, surmontée d'une croisette d'or, et accompagnée en pointe d'un poisson nageant d'argent, à un rayon de six pointes d'or mouvant de l'angle dextre du chef.

1392. Jean LA MOTTE, marchand magazinier :

> D'azur, à une brebis d'argent paissant sur une motte de sinople.

1397. Jean-François FORGE, marchand :

> De gueules, à un lion d'or lampassé et armé de pourpre.

1398. Jacques GIRARD, marchand magazinier :

> D'or, à une fasce d'azur chargée de trois chevrons couchés d'argent et accompagnée de trois roses de gueules.

1406. Antoine GLEIZE, marchand magazinier :

> D'azur, à une église d'argent, ajourée d'une porte et de quatre fenêtres de sable, essorée de gueules, sommée d'une croisette d'or avec son clocher aussi d'argent, essoré ou couvert de gueules, sommé d'une croisette d'or, et surmontée en chef d'un croissant d'argent, accosté de deux étoiles d'or.

1409. Amant COUSINERY, chanoine de l'église Saint-Martin de Marseille :

> D'azur, à une fasce d'argent, chargée de trois roses de gueules, tigées et feuillées de sinople, accompagnée en chef d'un soleil d'or, et en pointe d'un cœur de même.

1414. Jean-Pierre RIBIER, curé à la Major :

D'or, à une main de carnation parée de gueules, mouvante du flanc sénestre et tenant une branche de châtaignier de sinople, fruitée de même.

1415. Blaise BERENGIER, bénéficier à la Major :

D'or, à deux burelles abaissées de sinople, à un croissant d'argent brochant sur les deux burelles, dont la première est sommée d'un arbre de sinople, accostée de deux autres moindres de même ; au chef d'azur chargé d'une étoile d'or.

1419. Honoré LONGIS, chanoine à la Major :

D'azur, à une pyramide d'or sur son piédestal de même, sur trois boules d'argent.

1420. Pierre MEYFFREN, marchand confiseur :

D'azur, à trois besans d'or ; au chef d'or chargé d'un lion naissant de sable.

1423. Antoine PHILIPPES, bénéficier à la Major :

D'azur, à une gerbe d'or ; au chef d'argent chargé de trois molettes de sable.

1424. Jean Baptiste BOURGUIGNON, bénéficier à la Major :

D'azur, au chevron d'argent, accompagné en pointe d'une hure de sanglier arrachée d'or, soutenue d'un croissant d'argent ; au chef cousu de gueules chargé de trois étoiles d'or.

1426. Jean LEVEST, maître charpentier :

D'azur, au chevron d'or, accompagné en chef de deux étoiles de même et en pointe d'un maillet d'argent.

1427. Antoine ROUX, bourgeois :

D'azur, à trois pals d'or, à une bande de gueules brochant sur le tout, chargée de trois besans d'argent.

1428. Jacques BARUEIL, bourgeois :

D'azur, à deux bars addossés d'argent, surmontés d'un œil au naturel posé au milieu du chef.

1430. Laurent FABRON, capitaine de vaisseau marchand :

D'azur, à une foy de carnation posée en fasce, vêtue de gueules, parée d'argent, mouvante d'une nuée de même, surmontée de trois étoiles d'or rangées en chef, et accompagnée en pointe d'une mer d'argent.

1431. Jean-Pierre LE ROY, capitaine de vaisseau :

De gueules, à une aigle d'or ; au chef d'argent, chargé d'une croix potencée de gueules, cantonnée de quatre croisettes aussi potencées de même.

1432. Pierre BOYER, receveur de la capitation :

D'azur, à un bœuf passant d'or, surmonté en chef d'une étoile de même.

1433. Joseph MOUTTON, marchand auffier :

D'azur, à trois moutons d'argent.

1434. Mathieu JULIEN, marchand auffier :

D'or, à un pont de deux arches de gueules, surmonté de deux étoiles de même.

1435. Etienne SIMIAN, marchand :

D'azur, à une tour pavillonnée d'argent, maçonnée de sable et girouettée d'or.

1436. André DRAGON, marchand auffier :

D'argent, à un dragon de sinople lampassé de gueules.

1437. Bernard ROUVIÈRE, marchand auffier :

D'or, à un chêne de sinople, accosté de deux étoiles de gueules.

1438. Jean PLUMIER, marchand auffier :

D'azur, à deux pennaches d'argent passés en sautoir.

1439. Louis IMBERT, marchand :

D'azur, à un olivier d'argent sur une terrasse de sinople, à une nuée d'argent en chef de laquelle tombe une pluie d'or.

1440. François ROUBAUD, marchand auffier :

De gueules, à un croissant d'argent, surmonté d'un cœur d'or ; au chef d'azur chargé de trois étoiles d'or.

1441. Pierre MATTERON, marchand auffier :

De sinople, à trois voiles enflées d'argent.

1442. Paul AUFFIER, marchand auffier :

D'azur, à un arc d'or encoché d'une flèche de même, empennée d'argent, la pointe en haut; au chef d'or chargé d'un cœur de gueules.

1443. François LAURENS, marchand auffier :

D'azur, à un laurier d'or; au chef de gueules chargé de trois étoiles d'or.

1444. Louis ROUBAUD, marchand auffier :

De gueules, à un croissant d'argent surmonté d'un cœur d'or; au chef cousu d'azur chargé de trois étoiles d'or.

1445. Guillaume ALLAINE, marchand auffier :

D'azur, à un arbre d'or, à deux vents de même mouvants de deux angles du chef et soufflants contre le feuillage de l'arbre.

1446. Nicolas MAGALON, marchand :

D'azur, à un château flanqué de deux tours d'argent sur une terrasse de sinople.

1447. Guillaume TOACHE, marchand :

D'azur, à une foy en fasce de carnation, parée d'argent et vêtue d'or, mouvante des deux flancs.

1448. Jean-Baptiste MEYFREDY, bénéficier à la Major :

D'azur, à un cœur d'or, enflammé de gueules.

1449. Joseph VINCENS, bourgeois :

D'or, à un cœur de sinople, sommé d'une croix pattée au pied fiché de gueules, et soutenu d'un croissant de même ; au chef d'azur chargé de trois étoiles d'or.

1450. Joseph OLLIVE, commissaire des vivres :

D'or, à une fasce de gueules, accompagnée de trois olives de sinople, tigées et feuillées de même.

1451. Elisabeth GUIBERT, veuve de N. NATTE :

D'or, à un arbre de sinople accosté et soutenu de deux lions affrontés de gueules ; au chef d'azur chargé de trois étoiles d'or.

1452. Julien NATTE, censal :

De gueules, à une montagne de trois coupeaux d'argent sur une mer de même ; au chef cousu d'azur chargé d'un soleil d'or.

1453. Guillaume GINYS, bénéficier à la Major :

De gueules, à une aigle d'or ; au chef d'argent chargé d'une croisette de gueules.

1454. La Confrérie des maîtres serruriers :

D'azur, à un saint Eloi vêtu pontificalement, la mître en tête et la crosse en sa main sénestre, tenant de sa main dextre un marteau, le tout d'or.

1455. Pierre BAUSSET, ancien prévost de l'église Major :

> D'azur, au chevron d'or, accompagné en chef de deux étoiles de même, et en pointe d'une montagne de six coupeaux d'argent.

1456. La Confrérie des maîtres maréchaux :

> D'azur, à saint Eloi de carnation, vêtu en évêque, sa chape d'or, doublée de gueules, son aube d'argent et sa mitre d'or, tenant de sa main dextre sa crosse aussi d'or, et de sa sénestre un marteau de même sur une terrasse de sinople.

1457. Pierre de SAUL bourgeois :

> D'or, à un saule de sinople.

1458. Antoine CAILLOT, academiste :

> D'azur, à une caille d'or sur une terrasse de sinople; au chef cousu de gueules chargé de trois étoiles d'or.

1459. Antoine FABRY, marchand :

> D'or, à un lion de sable.

1460. Jean GARDET, maître vitrier :

> Losangé d'argent et de sinople, à une tour d'or brochant sur le tout.

1461. Pierre OLLIVE, avocat en Parlement :

> D'or, à la fasce de gueules, accompagnée de trois olives de sinople, tigées et feuillées de même.

1462. Louis FOURNILLIERE, capitaine de vaisseau :

D'or, au sautoir de gueules, accompagné de quatre fourmis passantes de sable.

1463. Charles OLLIVIER, bourgeois :

D'argent, à un olivier de sinople fruité d'or.

1464. Antoine TRABAUD, parfumeur :

D'azur, à une fasce d'or, surmontée de trois étoiles de même rangées en chef et accompagnée en pointe d'une montagne à trois coupeaux aussi d'or, sur une mer d'argent.

1465. Estienne ROUX, distillateur :

D'or, à trois pals de gueules, à une fasce d'azur brochant sur le tout.

1466. Jean-Michel CAMOIN, maître chirurgien :

De gueules, à un chameau passant d'or ; au chef de même chargé de trois étoiles d'azur.

1467. Jean VINCENS, marchand :

D'or, à un cœur de sinople, sommé d'une croix pattée au pied fiché de gueules, et soutenu d'un croissant de même ; au chef de sinople chargé de trois étoiles d'or.

1468. Vincent CEZANNE, marchand mercier :

D'or, à trois plantes de pois de sinople, chacune acolée à son échalas de sable, rangées sur une terrasse de sinople ; au chef de gueules chargé de trois étoiles d'or.

1469. Alexandre GUYON, maître chirurgien :

> D'or, à un arbre de sinople sur une terrasse de même, l'arbre fleuri de quatre fleurs de sable et sommé d'une caille de pourpre.

1470. Michel BARBEROUX bourgeois :

> D'or, à trois grappes de raisins de pourpre, tigées de sable.

1471. La Confrérie des maîtres couteliers :

> De sable, à un couteau d'argent emmanché d'or, et un rasoir ouvert aussi d'argent, emmanché d'or, passés en sautoir.

1472. François BONNET, marchand orfèvre :

> D'azur, à une fasce d'or, accompagnée en chef d'un monde aussi d'or, accosté de deux étoiles de même, et en pointe d'un agneau passant d'argent.

1473. Jean-Baptiste MAYFREDY, marchand :

> D'azur, à un cœur d'or enflammé de gueules.

1474. Pierre CORDIER, bourgeois :

> D'azur, à une fasce d'or, accompagnée en chef de trois molettes rangées de même, et en pointe d'une cigogne d'argent.

1475. Pierre LAURENS, vicaire de l'église cathédrale de Marseille :

> D'or, à un laurier de sinople ; au chef d'azur chargé de trois étoiles d'or.

1476. N. OMERAT, veuve de Jean JOURDAN, marchand :

> Coupé d'argent et de gueules, à un arbre arraché de sinople brochant sur le tout.

1477. Joseph VALENTIN, capitaine de vaisseau :

> D'azur, à deux lions affrontés d'or, lampassés de gueules ; au chef cousu de gueules chargé de trois étoiles d'or.

1478. Jean-Baptiste AUDIMAR, courtier royal :

> D'argent, à une croix de gueules, frettée d'or.

1479. Jean MABILLY, écrivain :

> D'azur, à un écusson d'or, accompagné en chef de deux mouches de même, et en pointe d'une plante de lis d'argent tigée et feuillée de sinople, gronée d'or.

1480. Louis DOULAINE, bourgeois :

> D'azur, à un renard assis d'or ; au chef de gueules chargé de trois billettes d'argent.

1481. Claire de PORRADE, veuve de Louis de FELIX, trésorier général de France à Aix :

> D'azur, à un lion d'or lampassé et armé de gueules, surmonté de trois étoiles d'or rangées en chef.

1482. Honoré FOSSIN, chanoine à la Major :

> D'azur, à trois soucis d'or, tigés et feuillés de même, mouvants d'une terrasse de sinople ; au chef cousu de gueules, chargé de trois étoiles d'or.

1483. Claude LA FORET, cabaretier :

D'argent, à un bois de sinople, mouvant du flanc sénestre sur une terrasse de même, et un lion de sable sortant du bois.

1484. Pierre FOURREL, academiste :

De gueules, à une tour d'argent, surmontée d'un demi vol d'or.

1485. Thomas MOLINIER, marchand vermicheleur :

D'azur, à un moulin à vent d'argent sur un mont d'or.

Id. Pierre VIEUX, marchand vermicheleur :

D'azur, à deux fasces d'or, à une aigle de sable brochant sur le tout.

Id. Pierre FAROT, marchand vermicheleur :

De sinople, à une tour d'argent surmontée d'un flambeau de même allumé de gueules :

Id. Thomas BOURRELY, marchand vermicheleur :

De sable, à un chevron accompagné en chef de trois besans rangés, et en pointe d'un rencontre de bœuf, le tout d'or.

Id. Barthelemy ATTIER, marchand vermicheleur :

D'argent, à trois fasces de sable, à une bande d'or brochant sur le tout.

Id. Joseph DAVID, marchand vermicheleur :

> D'azur, à une fasce d'or, accompagnée de deux harpes de même, une en chef et une en pointe.

1486. N. GUIRET, écrivain principal de l'Arsenal :

> D'azur, à un chêne d'or ; au chef d'or, chargé d'un cœur de gueules, accosté de deux molettes de sable.

1487. Melchior BŒUF, employé aux affaires du Roy :

> De gueules, au chevron d'argent, accompagné de trois rencontres de bœuf d'or.

1488. Hélène MESNARD, veuve de N. GRÉASQUE :

> D'or, au chevron de gueules, accompagné en pointe d'une main de carnation supportant une flamme de gueules.

1489. Charles ASTOUR, bourgeois :

> De gueules, à une main dextre couverte d'un gand de fauconnier d'or, tenant sur son poing un faucon de même, chaperonné et longé de gueules, grilleté d'or.

1490. La Confrérie des Celliers et Bouttiers :

> D'azur, à un saint Eloi d'or, tenant un marteau de sa main dextre et sa crosse en sa main sénestre de même.

1491. Catherine de VIAS, veuve de Paul de PORRADE :

> De gueules, à une croix doublement potencée d'argent ; au chef d'or, chargé de trois coquilles de sable.

1492. Louise OLLIVIERE, veuve de N. BERARD :

D'or, à un olivier de sinople.

1493. Françoise DE COUSINERY, veuve de N. DE PESCHIOLINY *(armes de la femme)* :

D'azur, à une fasce d'argent, chargé de trois roses de gueules, tigées et feuillées de sinople, accompagnée en chef d'un soleil d'or, et en pointe d'un cœur de même.

1494. André BOISSON, marchand de laine :

D'argent, à un buisson de sinople sur une terrasse de même; au chef d'azur chargé de trois étoiles d'or.

1495. Jean EMERIC, cy-devant notaire royal :

Coupé d'argent et d'azur, à un lion naissant de sable sur l'argent.

1496. Jean DURAND, capitaine de vaisseau marchand :

D'azur, à une fasce d'or, accompagnée en pointe d'une rose de même.

1497. Marguerite THEUS, veuve de Jacques BARNERIN, ancien commissaire de la marine :

D'azur, à un agneau pascal d'argent, diadémé d'or, sur une terrasse de sinople, sa croix aussi d'or et la banderolle de gueules, à trois étoiles d'or rangées en chef.

1498. Claire VELINE, veuve de Louis CHAULAN :

De gueules, à une grue d'argent, posant son pied

sénestre sur un mont de même, tenant de son pied dextre un caillou d'or, et surmontée en chef d'une fleur de lis de même.

1499. Pierre GIRAUD, capitaine de vaisseau :

Gironné d'argent et de sinople de six pièces.

1500. Louise MISERELLE, veuve de N. DARBOUSSET, bourgeois :

D'azur, à une aigle à deux têtes d'or.

1501. Paul GOUIRAND, marchand tanneur :

D'or, à un arbre de sinople ; au chef de gueules chargé de trois étoiles d'or.

1502. Gabriel MAURE, maître teinturier :

D'argent, au chevron de gueules, accompagné en chef de doux molettes de sable et en pointe d'une tête de More de même, bordée d'argent.

1503. Joseph DOL, maître tondeur de draps :

D'azur, à un renard assis d'or ; au chef de gueules, chargé de trois billettes d'argent.

1504. Jean-André GONSTOULIN, bourgeois :

D'or, au chevron d'azur, accompagné en chef de deux étoiles de même et en pointe d'un soleil de guenles.

1505. Estienne GUEIDON, maître tanneur :

De gueules, à un lion d'argent, tenant de ses deux pattes un guidon de même, attaché à une lance d'or.

1506. Joseph BONFILLON, bourgeois :

D'azur, à une cigogne d'argent.

1507. Jacques ACHARD, maître tanneur :

De sable, à une hache d'argent, emmanchée d'or, posée en pal, accostée de deux étoiles de même.

1508. Honoré FAGOT, hoste :

D'azur, à une gerbe d'or, accompagnée de trois étoiles de même, deux en fasce et une en pointe.

1509. Magdeleine PLANTE, veuve de Pierre SERRIN :

D'azur, à un gonfanon d'argent, frangé d'or, surmonté de trois étoiles de même rangées en chef.

1510. Jacques BAGARY, marchand :

Ecartelé, aux 1ᵉʳ et 4ᵉ, d'or, à un lion d'azur, lampassé et armé de gueules ; aux 2ᵉ et 3ᵉ, de gueules, à une croix d'argent.

1511. Pierre DERNE, procureur :

De gueules, au chevron d'or, accompagné de trois étoiles de même.

1512. Hiérosme GASQUET, procureur :

D'or, à une fasce d'azur, accompagnée de trois raisins de pourpre, tigés et feuillés de sinople.

1513. Alexandre ALLEGRE, procureur :

D'azur, à une colombe d'argent, perchée sur un rocher de même.

1514. Henry GAROUSTE, procureur :

De gueules, au chevron d'argent, accompagné de trois pigeons d'or.

1515. Jacques BARRY, procureur :

D'azur, coupé par un pan de muraille crenelé de quatre pièces d'argent et maçonné de sable.

1516. Estienne SARDET, procureur :

De sinople, à une fasce d'or, chargée d'un poisson de gueules.

1517. Antoine DALBERT, procureur :

D'azur, à quatre chaînes d'or, mouvantes des quatre angles de l'écu et jointes en cœur à un anneau de même.

1518. Guillaume VINCENS, procureur :

D'azur, au chevron d'or, accompagné de trois palmes de même.

1519. Antoine de CUGIS, procureur :

De sinople, au chevron d'or, accompagné en chef de deux étoiles de même, et en pointe d'un croissant d'argent.

1520. Jacques GIGEAU, procureur :

D'argent, au sautoir de gueules, accompagné de quatre lions de sable.

1521. Victor PEIX, procureur :

De gueules, à une mer d'argent en pointe, chargée

d'un poisson de gueules ; au chef cousu d'azur chargé d'une étoile d'or.

1522. Antoine CHAULAND, procureur :

De gueules, coupé d'azur, à une bande d'argent brochant sur le tout.

1523. Jacques SINETTY, procureur :

D'azur, à un cygne d'argent dans des ondes de même.

1524. André PASTORET, procureur :

D'azur, au chevron d'argent, chargé de trois aiglons de sable, et accompagné en pointe d'une brebis d'argent.

1525. Estienne DURAND, cy-devant hoste :

D'azur, à un rocher d'or, surmonté de trois étoiles de même rangées en chef.

1526. Jean RAMPAL, bourgeois :

D'azur, à un rocher de six coupeaux d'argent, à une tourterelle de même perchée sur le plus haut coupeau, surmontée de trois étoiles d'or rangées en chef.

1527. Gaspard AYDOUX, avocat en Parlement :

D'azur, à trois oranges d'or, tigées et feuillées de même.

1528. Gabriel MARION, capitaine de vaisseau marchand :

De gueules, au chevron d'argent, accompagné en chef de deux rameaux d'olivier d'or, posés en pal, chacun soutenu d'un croissant d'argent, et en pointe d'un autre rameau d'or, couché en fasce, surmonté d'une levrette courante d'argent.

1529. Honoré MICHEL, bourgeois :

D'azur, à une brebis d'argent, passante sur une terrasse de sinople.

1530. Michel ROQUE :

De gueules, à un rocher d'argent, surmonté de trois coquilles d'or rangées en chef.

1531. Antoine TEISSERE, marchand :

De gueules, à trois mîtres d'évêque d'or; écartelé, d'azur, à trois puits d'argent, maçonnés de sable, accompagnés en chef d'une colombe volante d'argent, membrée de gueules, portant en son bec un rameau d'argent.

1532. Benoist DURAND, bourgeois :

D'azur, à un lion d'or, à une bande de gueules brochant sur le tout; au chef d'argent chargé de trois étoiles de gueules.

1533. Pierre LONG, marchand plumassier :

D'azur, à trois barres d'argent.

1534. Benoist ALFANSI, bourgeois :

D'or, à un arbre arraché de sinople, contre lequel est appuyé un éléphant d'argent; au chef d'azur, chargé de trois étoiles d'or.

1535. Anne ROLLAND, veuve de N. GRIMAUD, bourgeois :

D'azur, au chevron d'or, accompagné en pointe d'un cor de chasse de même.

1536. Guillaume PEIX, censal :

De gueules, à une mer d'argent en pointe, chargée d'un poisson nageant de gueules; au chef cousu d'azur, chargé d'une étoile d'or.

1537. Claire de MICHEL, veuve de N. BESSON :

D'azur, à un cor de chasse d'or, lié de même, surmonté à dextre d'une croix de Lorraine d'or, et à sénestre d'une épée d'argent.

1538. Philippe COURBEAU, veuve de Dominique TRUC, marchand :

D'argent, au chevron de gueules, accompagné de trois têtes de corbeaux arrachées de sable.

1539. Joseph BEAUMONT, négociant :

D'azur, à un mont d'or surmonté d'un soleil de même.

Fait à Paris, le 12 septembre de l'an 1699.

Signé : d'Hozier.

RÉCAPITULATION

MARSEILLE

		LIVRES.	LIVRES.
Armoiries des Personnes	252 à	20 . .	5,040
» Communautés	2 à	50 . .	100
» Confréries. . .	9 à	25 . .	225
	263 armoiries.		5,365

Total, cinq mille trois cent soixante-cinq livres, et les deux sols pour livre.

Présenté par ledit Vanier à nosseigneurs les commissaires généraux du Conseil, à ce qu'attendu qu'il n'a été fourni par les dénommés ci-dessus aucune figure ni explication d'armoiries, et qui ont néanmoins payé les droits d'enregistrement d'icelles, il plaise à nosdits Seigneurs leur en accorder, en conformité de l'édit du mois de novembre 1696, telles qu'ils jugeront à propos, pour être ensuite reçues et enregistrées à l'*Armorial général*, conformément au susdit édit et arrest rendu en conséquence.

Fait à Paris, le vingt-neuvième jour de mai mil six cent quatre-vingt-dix-neuf.

Signé : ALEXANDRE et DE LARROC.

Les Commissaires généraux députés par Sa Majesté, par arrests du conseil des 4 décembre 1696 et 29 janvier 1697, pour l'execution de l'édit du mois de novembre précédent sur le fait des armoiries.

Vu par nous l'estat cy-dessus, notre ordonnance préparatoire du 14 août 1699, portant qu'il sera remis au S^r d'Hozier, Conseiller du Roy, Garde de l'*Armorial général*, pour donner son avis sur les armoiries qui pourront être accordées aux dénommés audit état, l'avis dudit sieur d'Hozier du 12 septembre 1699, ordonnance de soit montrée du 14 mai 1700, conclusions du Procureur général de la Commission, oui le rapport du sieur de Breteuil, Conseiller ordinaire du Roy, en son Conseil d'Estat et Intendant des finances, l'un desdits commissaires.

Nous, Commissaires susdits, en vertu du pouvoir à nous donné par Sa Majesté, conformément à l'avis dudit sieur d'Hozier, ordonnons que les armes de chacun des dénommés dans l'estat ci-dessus, seront composées des pièces, meubles et métaux portés par ledit avis, en conséquence les avons reçues et recevons pour être enregistrées à l'*Armorial général* ainsi qu'elles sont expliquées par ledit avis et les brevets d'icelles délivrés conformément à l'édit du mois de novembre et arrests rendus en exécution, à l'effet de quoi il sera remis audit sieur d'Hozier une expédition de la présente ordonnance et les feuilles qui contiennent les noms et qualités des dénommés audit état.

Fait en l'Assemblée desdits sieurs Commissaires, tenue à Paris le samedi, troisième jour de juillet, mil sept cent.

Signé : SENDRAS.

Nous soussignés, intéressés au traité des armoiries, nommés par délibération de la Compagnie du 29 août 1697, pour retirer les brevets desdites armoiries, reconnaissons que M. d'Hozier nous a cejourd'hui remis ceux mentionnés au présent état, au nombre de deux cent soixante-trois armoiries; la finance principale desquelles montant à cinq mille trois cent soixante-cinq livres. Promettons payer au trésor royal, conformément au traité que nous en avons fait avec Sa Majesté.

Fait à Paris, le 10 septembre 1700.

Signé : CARQUEVILLE.

SUPPLÉMENT

ESTAT DES NOMS ET QUALITÉS DES PERSONNES ET COMMUNAUTÉS DÉNOMMÉES CY-APRÈS QUI ONT PAYÉ LES DROITS D'ENREGISTREMENT DES ARMOIRIES EZ BUREAUX ESTABLIS PAR M. ADRIEN VANIER, CHARGÉ DE L'EXÉCUTION DE L'EDIT DU MOIS DE NOVEMBRE 1696, ET DESQUELLES ARMOIRIES LA RÉCEPTION A ÉTÉ SURSISE PAR LES ÉTATS CY-APRÈS DATTÉS, PARCE QU'ILS ONT NÉGLIGÉ DE FOURNIR LA FIGURE OU L'EXPLICATION DESDITES ARMOIRIES.

GÉNÉRALITÉ D'AIX

MARSEILLE

SUIVANT L'ORDRE DU REGISTRE 1ᵉʳ DE L'ÉTAT DU 10 JUILLET 1699.

Vu par nous Charles d'Hozier, conseiller du Roy, généalogiste de sa Maison, juge général des armes et blazons et garde de l'*Armorial général* de France, et chevalier de la Religion et des Ordres militaires de Saint-Maurice et de Saint-Lazare de Savoie, le présent état de supplément d'armoiries et l'ordonnance donnée en conséquence le 2e jour du mois de février de l'an 1702, par Messieurs les Commissaires généraux du Conseil à ce députés, par laquelle il nous est enjoint de donner notre avis sur les armoiries qui peuvent être accordées, ou suppléées à chacune des personnes et autres dénommées dans le présent état et dans les conclusions de Mr le Procureur général de ladite Commission, au nombre de cent quarante-neuf armoiries, nous estimons que l'on peut leur régler et disposer en cette sorte lesdites armoiries, ainsi qu'il en suit :

1540. Jean ICARD, maître boulanger en la ville de Marseille :

>D'argent, à une givre de sable; coupé de sable, à une croix d'or.

1541. Marguerite ROUNIVUS, veuve de N*** AMAND, apothicaire à Marseille :

>D'argent, à une croix de sable; coupé d'azur, à un renard d'argent.

1542. Jacques CABRE, marchand, bourgeois de la ville de Marseille :

>D'argent, à un renard de sable; coupé de gueules, à un sautoir d'argent.

1543. Jean TREVAN, marchand, bourgeois de la ville de Marseille :

D'argent, à un sautoir de sable, coupé de sinople, à un loup d'argent.

1544. Françoise de CHENE, veuve de Barthelemy GRANGIER, bourgeois de la ville de Marseille :

D'argent, à un loup de sable ; coupé de sable, à une fasce d'argent.

1545. Honoré de MERE, avocat au Parlement de Provence :

D'azur, à une fasce d'or ; coupé d'or, à un écureuil d'azur.

1546. Gaspard de CASTELANE, bourgeois de la ville de Marseille :

D'azur, à un écureuil d'or ; coupé d'or, à un pal de gueules.

1547. Pierre SAURON, commis en la ville de Marseille :

D'azur, à un pal d'or ; coupé d'or, à un éléphant de sinople.

1548. Antoine Philippes de CASTELANE, marchand, bourgeois de la ville de Marseille :

D'azur, à un éléphant d'or ; coupé d'or, à une bande de sable.

1549. Isabeau CASTAGNIER, veuve de Pierre BIESSON, bourgeois de la ville de Marseille :

D'azur, à une bande d'or ; coupé d'argent, à un rhinocéros d'azur.

1550. Jean-Baptiste JOURDAN, marchand magazinier à Marseille :

D'azur, à un rhinocéros d'or; coupé d'argent, à une barre de gueules.

1551. Jacques AUDIBERT, marchand magazinier à Marseille :

D'azur, à une barre d'or; coupé d'argent, à un cheval gay de sinople.

1552. Pierre REMUSAT fils, marchand, bourgeois de la ville de Marseille :

D'azur, à un cheval gay d'or; coupé d'argent, à un chevron de sable.

1553. Jean ROUGON, capitaine de vaisseau marchand à Marseille :

D'azur, à un chevron d'argent; coupé d'or, à un levrier d'azur.

1554. Françoise SIMIAN, v^e d'Etienne ACHARD, maçon :

D'azur, à un levrier d'argent; coupé d'or, à un pairle de gueules.

1555. Marguerite FOURNIER, veuve de Jean-Jacques GASSEL, marchand à Marseille :

D'azur, à un pairle d'argent; coupé d'or, à un ours de sinople.

1556. Jean GAUTIER, maître boulanger en la ville de Marseille :

D'azur, à un ours d'argent; coupé d'or, à une croix de sable.

1557. Sebastien BLANC, maître cartier à Marseille :

> D'azur, à une croix d'argent ; coupé d'argent, à une givre d'azur.

1558. Jean BONNEAU, maître chirurgien en la ville de Marseille :

> D'azur, a une givre d'argent ; coupé d'argent, à un sautoir de gueules.

1559. Anne MAZET, veuve de Jacques GUICHARD, marchand, bourgeois de la ville de Marseille :

> D'azur, à un sautoir d'argent ; coupé d'argent, à un renard de sinople.

1560. Jean-Baptiste CAPUS, bourgeois de la ville de Marseille :

> D'azur, à un renard d'argent ; coupé d'argent, à une fasce de sable.

1561. Thérèse OUDOUSAIN, veuve de François RAYNAUD, marchand, bourgeois de la ville de Marseille :

> De gueules, à une fasce d'or ; coupé d'or, à un loup d'azur.

1562. Nicolas DURANTY, bourgeois de la ville de Marseille :

> De gueules, à un loup d'or ; coupé d'or, à un pal de gueules.

1563. Marguerite BILLON, veuve de N. ROUSSET, archivaire de la ville de Marseille :

De gueules, à un pal d'or ; coupé d'or, à un écureuil de sinople.

1564. Charles DOUDE, marchand, bourgeois de la ville de Marseille :

De gueules, à un écureuil d'or ; coupé d'or, à une bande de sable.

1565. Louis NATTE, marchand banquier et bourgeois de la ville de Marseille :

De gueules, à une bande d'or ; coupé d'argent, à un éléphant d'azur.

1566. François SOUCHON, capitaine de vaisseau marchand à Marseille :

De gueules, à un éléphant d'or ; coupé d'argent, à une barre de gueules.

1567. Charles CHAPEAU, bourgeois de la ville de Marseille :

De gueules, à une barre d'or ; coupé d'argent, à un rhinocéros de sinople.

1568. Esprit TROULLIER, marchand, bourgeois de la ville de Marseille :

De gueules, à un rhinocéros d'or ; coupé d'argent, à un chevron de sable.

1569. Jean-Baptiste ISSALENE, capitaine de vaisseau marchand :

De gueules, à un chevron d'argent ; coupé d'or, à un cheval gay d'azur.

1570. Jean-Piérre BARET, bourgeois de la ville de Marseille :

> De gueules, à un cheval gay d'argent; coupé d'or, à un pairle de gueules.

1571. Esprit MAUREL, marchand tanneur et bourgeois de la ville de Marseille :

> De gueules, à un pairle d'argent; coupé d'or, à un levrier de sinople.

1572. Jacques GUEIDON, marchand tanneur et bourgeois de la ville de Marseille :

> De gueules, à un levrier d'argent; coupé d'or, à une croix de sable.

1573. Antoine SOUILLIER, maître chirurgien en la ville de Marseille :

> De gueules, à une croix d'argent; coupé d'argent, à un ours d'azur.

1574. Vincent MAZET, marchand tanneur et bourgeois de la ville de Marseille :

> De gueules, à un ours d'argent; coupé d'argent, à un sautoir de gueules.

1575. Arnoulx MAURIN, marchand magazinier à Marseille :

> De gueules, à un sautoir d'argent; coupé d'argent, à une givre de sinople.

1576. François BERTHELOT, professeur hydrographe à Marseille et pilote ponantier :

De gueules, à une givre d'argent; coupé d'argent, à une fasce de sable.

1577. François BOYER, marchand, bourgeois de la ville de Marseille :

De sable, à une fasce d'or; coupé d'or, à un renard d'azur.

1578. Augustin CAIRE, bourgeois de la ville de Marseille :

De sinople, à un renard d'or ; coupé d'or, à un pal de gueules.

1579. Jacques SALOMON, marchand teinturier et bourgeois de la ville de Marseille :

De sinople, à un pal d'or; coupé d'or, à un loup de sinople.

1580. Claude ALLEGRE, marchand de soie et bourgeois de la ville de Marseille :

De sinople, à un loup d'or; coupé d'or, à une bande de sable.

1581. Jacques BLANC, marchand cotonnier et bourgeois de la ville de Marseille :

De sinople, à une bande d'or; coupé d'argent, à un écureuil d'azur.

1582. Joachim LAUGIER, marchand tanneur et bourgeois de la ville de Marseille :

De sinople, à un écureuil d'or; coupé d'argent, à une barre de gueules.

1583. Jean COUTTON, courtier royal et bourgeois de la ville de Marseille :

De sinople, à une barre d'or; coupé d'argent, à un éléphant de sinople.

1584. Pierre MAUREL, hoste en la ville de Marseille :

De sinople, à un éléphant d'or; coupé d'argent, à un chevron de sable.

1585. Alibert ANDRÉ, marchand, bourgeois de la ville de Marseille :

De sinople, à un chevron d'argent; coupé d'or, à un rhinocéros d'azur.

1586. Honoré VARIZE, marchand, bourgeois de la ville de Marseille :

De sinople. à un rhinocéros d'argent; coupé d'or, à un pairle de gueules.

1587. Simon RAYNAUD, marchand magazinier à Marseille :

De sinople, à un pairle d'argent; coupé d'or, à un cheval gay de sinople.

1588. Honnoré AMAND, marchand, bourgeois de la ville de Marseille :

De sinople, à un cheval gay d'argent; coupé d'argent, à une croix de sable.

1589. Anne COUDOUNEAU, veuve de X. ABEILLE, bourgeois de la ville de Marseille :

De sinople, à une croix d'argent; coupé d'argent, à un levrier d'azur.

1590. Anne de BRÈS, veuve en seconde noces de Jacques d'EGUESIER de TOURRES :

De sinople, à un levrier d'argent; coupé d'argent, à un sautoir de gueules.

1591. Joseph BERARDY, capitaine de vaisseau marchand à Marseille :

De sinople, à un sautoir d'argent; coupé d'argent, à un ours de sinople.

1592. Antoine RASTOUX, maître chausupier et bourgeois de la ville de Marseille :

De sinople, à un ours d'argent; coupé d'argent, à une fasce de sable.

1593. Joseph JUSQUIN, marchand chandelier et bourgeois de la ville de Marseille :

De sable, à une fasce d'or; coupé d'or, à une givre d'azur.

1594. Joseph ROUX, maître apothicaire en la ville de Marseille :

De sable, à une givre d'or; coupé d'or, à un pal de gueules.

1595. Jean-Baptiste SEGUIER, bourgeois de la ville de Marseille :

De sable, à un pal d'or; coupé d'or, à un renard de sinople.

1596. Magdeleine GIRAULD, veuve de Jean CADIERE, marchand, bourgeois de la ville de Marseille ;

De sable, à un renard d'or ; coupé d'or, à une bande de sable.

1597. Christophe BREMOND, marchand, bourgeois de la ville de Marseille :

De sable, à une bande d'or ; coupé d'argent, à un loup d'azur.

1598. Justine de RAVEST, veuve de N. de VAILLE, bourgeois de la ville de Marseille :

De sable, à un loup d'or ; coupé d'argent, à une barre de gueules.

1599. David THOUARD, bourgeois de la ville de Marseille :

De sable, à une barre d'or ; coupé d'argent, à un écureuil de sinople.

1600. Anne AUREL, veuve de N. MAILLARD, bourgeois de la ville de Marseille :

De sable, à un écureuil d'or ; coupé d'argent, à un chevron de sable.

1601. N***, veuve de N. SIVILE, bourgeois de la ville de Marseille :

De sable, à un chevron d'argent ; coupé d'or, à un éléphant d'azur.

1602. N. de GUION, veuve de N. de MICHEL, marchand, bourgeois de la ville de Marseille :

De sable, à un éléphant d'argent ; coupé d'or, à un pairle de gueules.

1603. Louis ANDRINET, capitaine de vaisseau marchand à Marseille :

> De sable, à un pairle d'argent ; coupé d'or, à un rhinocéros de sinople.

1604. Isabeau de VIDAN, veuve de Pierre TROUILLARD, marchand, bourgeois de la ville de Marseille :

> De sable, à un rhinocéros d'argent ; coupé d'or, à une croix de sable.

1605. Honnoré LATIL, bourgeois de la ville de Marseille :

> De sable, à une croix d'argent ; coupé d'argent, à un cheval gay d'azur.

1606. Claude de MAUNIER, marchand, bourgeois de la ville de Marseille :

> De sable, à un cheval gay d'argent ; coupé d'argent, à un sautoir de gueules.

1607. Noel OLLIVIER, capitaine de vaisseau au port de Marseille :

> De sable, à un sautoir d'argent ; coupé d'argent, à un levrier de sinople.

1608. Jean GUIBERT, courtier royal en la ville de Marseille :

> De sable, à un levrier d'argent ; coupé d'argent, à une fasce de sable.

1609. Jean BAUDUF, capitaine de barque au port de Marseille :

> D'or, à une fasce d'azur ; coupé d'azur, à un ours d'or.

1610. Anne de BELIN, veuve de Jean-Baptiste du PONT, bourgeois de la ville de Marseille :

> D'or, à un ours d'azur; coupé de gueules, à un pal d'or.

1611. Pierre ESTELLE, consul de Toutouan :

> D'or, à un pal d'azur; coupé de sinople, à une givre d'or.

1612. Jacques SEGUIN, marchand, bourgeois de la ville de Marseille :

> D'or, à une givre d'azur; coupé de sable, à une bande d'or.

1613. Jeanne TRUC, veuve de Marc SAUVAIRE, capitaine de vaisseau :

> D'or, à une bande d'azur; coupé d'azur, à un renard d'argent.

1614. Jean GRIFFET, marchand, bourgeois de la ville de Marseille :

> D'or, à un renard d'azur; coupé de gueules, à une barre d'argent.

1615. Thérèse MAZET, veuve d'André JUINE, marchand, bourgeois de la ville de Marseille :

> D'or, à une barre d'azur; coupé de sinople, à un loup d'argent.

1616. Pierre VINCENS, commis aux boucheries de la ville de Marseille :

> D'or, à un loup d'azur; coupé de sable, à un chevron d'argent.

1617. Anne RAVELY, veuve de Louis MARTIN, marchand, bourgeois de la ville de Marseille :

> D'or, à un chevron de gueules ; coupé d'azur, à un écureuil d'or.

1618. Jean ISNARD, maître boulanger en la ville de Marseille :

> D'or, à un écureuil de gueules ; coupé de gueules, à un pairle d'or.

1619. Claire GUIEU, veuve d'Ambroise ROLLAND, capitaine de vaisseau au port de Marseille :

> D'or, à un pairle de gueules ; coupé de sinople, à un éléphant d'or.

1620. Dominique LAURE, marchand, bourgeois de la ville de Marseille :

> D'or, à un éléphant de gueules ; coupé de sable, à une croix d'or.

1621. Jacques BERNARD, marchand, bourgeois de la ville de Marseille :

> D'or, à une croix de gueules ; coupé d'azur, à un rhinocéros d'argent.

1622. Claire DAVINE, veuve de Jean-Baptiste RIQUIER, marchand, bourgeois de la ville de Marseille :

> D'or, à un rhinocéros de gueules ; coupé de gueules, à un sautoir d'argent.

1623. Etienne COMTE, marchand, bourgeois de la ville de Marseille :

D'or, à un sautoir de gueules; coupé de sinople, à un cheval gai d'argent.

1624. Jean-Baptiste BOUQUET, maître chirurgien à Marseille :

D'or, à un cheval gai de gueules; coupé de sable, à une fasce d'argent.

1625. Antoine VINCENS, marchand, bourgeois de la ville de Marseille :

D'or, à une fasce de sinople; coupé d'azur, à un levrier d'or.

1626. Honnoré AILLAUD, marchand, bourgeois de la ville de Marseille :

D'or, à un levrier de sinople; coupé de gueules, à un pal d'or.

1627. Joseph VESPIN, courtier royal en la ville de Marseille :

D'or, à un pal de sinople; coupé de sinople, à un ours d'or.

1628. Jean DORGAT, capitaine de vaisseau marchand au port de Marseille :

D'or, à un ours de sinople; coupé de sable, à une bande d'or.

1629. Geneviève ESTELLE, veuve de François ANDRÉ, marchand, bourgeois de la ville de Marseille :

D'or, à une bande de sinople; coupé d'azur, à une givre d'argent.

1630. Valentine de SAQUE, veuve de François d'AUGUSTINE, écuyer, seigneur de Septèmes :

>D'or, à une givre de sinople; coupé de gueules, à une barre d'argent.

1631. Elisabeth MAZET, veuve d'Etienne L'HERIE, marchand, bourgeois de la ville de Marseille:

>D'or, à une barre de sinople; coupé de sinople, à un renard d'argent.

1632. Jean-Baptiste CEZAN, marchand, bourgeois de la ville de Marseille :

>D'or, à un renard de sinople; coupé de sable, à un chevron d'argent.

1633. Jean-Paul ARTAUD, bourgeois de la ville de Marseille :

>D'or, à un chevron de sable; coupé d'argent, à un loup d'or.

1634. Honoré BRONDE, capitaine de vaisseau au port de Marseille :

>D'or, à un loup de sable; coupé de sable, à un pairle d'or.

1635. Lange BRONDE, marchand à Marseille :

>D'or, à un pairle de sable; coupé de sinople, à un écureuil d'or.

1636. Ursule de CROUSIL, veuve de Pierre BEAU, écuyer :

>D'or, à un écureuil de sable; coupé de sable, à une croix d'or.

1637. Claude BRONDE, marchand tanneur et bourgeois de la ville de Marseille :

> D'or, à une croix de sable ; coupé d'azur, à un éléphant d'argent.

1638. Claude CAZENEUVE, maître teinturier à Marseille :

> D'or, à un éléphant de sable ; coupé de gueules, à un sautoir d'argent.

1639. Pierre GOUIRAN, marchand tanneur et bourgeois de la ville de Marseille :

> D'or, à un sautoir de sable ; coupé de sinople, à un rhinocéros d'argent.

1640. Jean TAILLET, marchand tanneur et bourgeois de la ville de Marseille :

> D'or, à un rhinocéros de sable ; coupé de sable, à une fasce d'argent.

1641. Jean ROBERT, marchand, bourgeois de la ville de Marseille :

> D'argent, à une fasce d'azur ; coupé d'azur, à un cheval gai d'or.

1642. Jean-Jacques SEREN, bourgeois de la ville de Marseille :

> D'argent, à un cheval gai d'azur ; coupé de gueules, à un pal d'or.

1643. Antoine COUTON, maître boulanger à Marseille :

D'argent, à un pal d'azur; coupé de sinople, à un levrier d'or.

1644. N. GUINTRAND, veuve de Jean-François REGAILLEZ, capitaine de vaisseau marchand à Marseille :

D'argent, à un levrier d'azur; coupé de sable, à une bande d'or.

1645. Joseph FERAUD, maître garnisseur de chapeaux à Marseille :

D'argent, à une bande d'azur; coupé d'azur, à un ours d'argent.

1646. Nicolas JULLIEN, ancien échevin de la ville de Marseille :

D'argent, à un ours d'azur; coupé de gueules, à une barre d'argent.

1647. Antoine SAURON, marchand, bourgeois de la ville de Marseille :

D'argent, à une barre d'azur; coupé de sinople, à une givre d'argent.

1648. François DE LA BAULME D'AUSIA, écuyer de la ville de Marseille :

. D'argent, à une givre d'azur; coupé de sable, à un chevron d'argent.

1649. Cosme BEAU, bourgeois de la ville de Marseille :

D'argent, à un chevron de gueules; coupé d'azur, à un renard d'or.

1650. Blanche de CIPRIANY, femme de Pierre d'ARCUSSIA, seigneur d'Esparron :

D'argent, à un renard de gueules ; coupé de gueules, à un pairle d'or.

1651. Marie-Anne de GRASSE de MONTFURON, femme de Nicolas FERRARY, bourgeois de la ville de Marseille :

D'argent, à un pairle de gueules ; coupé de sinople, à un loup d'or.

1652. Jeanne FRANCHISCOU, femme d'Antoine DORDET, écuyer :

D'argent, à un loup de gueules ; coupé de sable, à une croix d'or.

1653. Gabrielle de BRICARD, femme de François BOURRELY (Borely), Sr de Brest :

D'argent, à une croix de gueules ; coupé d'azur, à un écureuil d'argent.

1654. Anne de MONTOLIEU, femme de Nicolas d'HERMITTE :

D'argent, à un écureuil de gueules ; coupé de gueules, à un sautoir d'argent.

1655. Geneviève de SILVABELLE, femme de Jacques FORT, Sr de Silvabelle :

D'argent, à un sautoir de gueules ; coupé de sinople, à un éléphant d'argent.

1656. Claire de CLAPIERS, femme de Jean de FABRE :

D'argent, à un éléphant de gueules; coupé de sable, à une fasce d'argent.

1657. N***, veuve de N. SPANS, bourgeois de la ville de Marseille :

D'argent, à une fasce de sinople; coupé d'azur, à un rhinocéros d'or.

1658. Eymare de VALBELLE, femme de Jean-Baptiste de VILLAGES, seigneur de la Salle :

D'argent, à un rhinocéros de sinople; coupé de gueules, à un pal d'or.

1659. N***, femme de N. CREISSEL de PAUL :

D'argent, à un pal de sinople; coupé de sinople, à un cheval gai d'or.

1660. Claire d'ARRENE, femme de Nicolas de MARTIN :

D'argent, à un cheval gai de sinople; coupé de sable, à une bande d'or.

1661. Balthazard MICHEL, bourgeois de la ville de Marseille :

D'argent, à une bande de sinople; coupé d'azur, à un levrier d'argent.

1662. Jean-Baptiste MOURIÉS, apothicaire en la ville de Marseille :

D'argent, à un levrier de sinople; coupé de gueules, à une barre d'argent.

1663. Jean FERRY, marchand tanneur et bourgeois de la ville de Marseille :

D'argent, à une barre de sinople; coupé de sinople, à un ours d'argent.

1664. Barthelemy RIGOULPHE, marchand, bourgeois de la ville de Marseille :

D'argent, à un ours de sinople; coupé de sable, à un chevron d'argent.

1665. Anne DARESNE, femme d'Ignace DARESNE, de la ville de Marseille :

D'argent, à un chevron de sable; coupé d'azur, à une givre d'or.

1666. Jacques ALBY, marchand pelletier et bourgeois de la ville de Marseille :

D'argent, à une givre de sable; coupé de gueules, à un pairle d'or.

1667. Claire SOSSIN, veuve de Noel JORDAN, capitaine de vaisseau au port de Marseille :

D'argent, à un pairle de sable; coupé de sinople, à un renard d'or.

1668. François AUDIER, bourgeois de la ville de Marseille :

D'argent, à un renard de sable; coupé de sable, à une croix d'or.

1669. Thérèse de VILLAGES de LA SALLE de VILLENEUVE, femme de Jean-François de MICHEL, seigneur de Pierrefeu :

D'argent, à une croix de sable; coupé d'azur, à un loup d'argent.

1670. Jeanne de BORRELLY, femme de Jean MIMET, écuyer :

> D'argent, à un loup de sable ; coupé de gueules, à un sautoir d'argent.

1671. André RAOUL, marchand banquier, bourgeois de la ville de Marseille :

> D'argent, à un sautoir de sable ; coupé de sinople, à un écureuil d'argent.

1672. Blaize MARIN, capitaine de vaisseau au port de Marseille :

> D'argent, à un écureuil de sable ; coupé de sable, à une fasce d'argent.

1673. François ALIBERT, courtier royal en la ville de Marseille :

> D'azur, à une fasce d'or ; coupé d'or, à un éléphant d'azur.

1674. Pierre BRESSAN, marchand magazinier en la ville de Marseille :

> D'azur, à un éléphant d'or ; coupé d'or, à un pal de gueules.

1675. Joseph de LADEFORET, changeur à la Monnaie du Roy en la ville de Marseille :

> D'azur, à un pal d'or ; coupé d'or, à un rhinocéros de sinople.

1676. Pierre BUGNET, marchand tapissier et bourgeois de la ville de Marseille :

D'azur, à un rhinocéros d'or ; coupé d'or, à une bande de sable.

1677. Jean FABREGUE, marchand, bourgeois de la ville de Marseille :

D'azur, à une bande d'or ; coupé d'argent, à un cheval gai d'azur.

1678. Marquise d'ARMITTE (d'Hermite), veuve de N. de TOURNIER, seigneur de Saint-Victoret :

D'azur, à un cheval gai d'or ; coupé d'argent, à une barre de gueules.

1679. Marguerite de GRATIANY, veuve de N. comte de BUEIL :

D'azur, à une barre d'or ; coupé d'argent, à un levrier de sinople.

1680. Honoré GRÉGOIRE, marchand drapier et bourgeois de la ville de Marseille :

D'azur, à un levrier d'or ; coupé d'argent, à un chevron de sable.

1681. Honoré BELLIARD, bourgeois de la ville de Marseille :

D'azur, à un chevron d'argent ; coupé d'or, à un ours d'azur.

1682. Françoise de LÉON, veuve de Jean-François d'ARMAND, seigneur de la Garcinière :

D'azur, à un ours d'argent ; coupé d'or, à un pairle de gueules.

1683. François ROUX, bourgeois de la ville de Marseille :

> D'azur, à un pairle d'argent ; coupé d'or, à une givre de sinople.

1684. Pierre VIEUX, marchand, bourgeois de la ville de Marseille :

> D'azur, à une givre d'argent ; coupé d'or, à une croix de sable.

1685. Pierre FERROT, marchand, bourgeois de la ville de Marseille :

> D'azur, à une croix d'argent ; coupé d'argent, à un renard d'azur.

1686. Thomas BORRELLY, marchand, bourgeois de la ville de Marseille :

> D'azur, à un renard d'argent ; coupé d'argent, à un sautoir de gueules.

1687. Barthelemy ALLEIS, marchand, bourgeois de la ville de Marseille :

> D'azur, à un sautoir d'argent ; coupé d'argent, à un loup de sinople.

1688. Joseph DAVID, marchand, bourgeois de la ville de Marseille :

> D'azur, à un loup d'argent ; coupé d'argent, à une fasce de sable.

Fait par nous, à Paris, le 11e de février de l'an 1702.

Signé : d'Hozier.

RÉCAPITULATION

MARSEILLE

		LIVRES.	LIVRES.
Armoiries des Personnes	149 à 20 ..		2,980
	149 armoiries.		2,980

Total, deux mille neuf cent quatre-vingt livres, et les deux sols pour livre.

Présenté par ledit Vanier à nosseigneurs les commissaires généraux du Conseil, à ce qu'attendu qu'il n'a été fourni par les dénommés ci-dessus aucune figure ni explication d'armoiries, et qui ont néanmoins payé les droits d'enregistrement d'icelles, il plaise à nosdits Seigneurs leur en accorder, en conformité de l'édit du mois de novembre 1696, telles qu'ils jugeront à propos, pour être ensuite reçues et enregistrées à l'*Armorial général*, conformement au susdit édit et arrest rendu en conséquence.

Fait à Paris, ce vingt-septième jour de janvier mil sept cent deux.

Signé: ALEXANDRE et DE LARROC.

Les Commissaires généraux députés par le Roy, par arrest du conseil des 4 décembre 1696 et 29 janvier 1697, pour l'execution de l'édit du mois de novembre précédent sur le fait des armoiries.

Vu par nous l'estat cy-dessus, notre ordonnance préparatoire du deuxième de ce mois portant qu'il sera remis au S^r d'Hozier, Conseiller du Roy, Garde de l'*Armorial général*, pour donner son avis sur lesdites armoiries qui pourront être accordées aux dénommés audit état, l'avis dudit S^r d'Hozier du 11e jour du présent mois de février, conclusions du Procureur général de la Commission, oui le rapport du Sr de Breteuil, Conseiller ordinaire au Conseil d'Etat du Roy, et desdits sieurs commissaires.

Nous, Commissaires susdits, en vertu du pouvoir à nous donné par Sa Majesté, conformément à l'avis dudit sieur d'Hozier, ordonnons que les armes de chacun des dénommés dans l'estat ci-dessus, seront composées des pièces, meubles et métaux portés par ledit avis, en conséquence les avons reçues et recevons pour être enregistrées à l'*Armorial général* ainsi qu'elles sont expliquées par ledit avis et les brevets d'icelles délivrés conformément à l'édit du mois de novembre 1696 et arrest rendus en exécution, à l'effet de quoi il sera remis audit sieur d'Hozier une expédition de la présente ordonnance et les feuilles qui contiennent les noms et qualités des dénommés audit état.

Fait à Paris, en l'Assemblée desdits sieurs Commissaires, tenue le vendredi, dix-septième jour de février, mil sept cent deux.

Signé : Sendras.

Nous soussignés, intéressés au traité des armoiries, nommés par délibération de la Compagnie du 29 août 1697, pour retirer les brevets desdites armoiries, reconnaissons que M. d'Hozier nous a cejourd'hui remis ceux mentionnés au présent état, au nombre de cent quarante-neuf armoiries; la finance principale desquelles montant à deux mille neuf cent quatre-vingt livres. Promettons payer au trésor royal, conformément au traité que nous en avons fait avec Sa Majesté.

Fait à Paris, ce vingt-trois février mil sept cent deux.

Signé : CARQUEVILLE.

TABLE

DES NOMS DES FAMILLES

CONTENUES DANS CE VOLUME.

Abeille. 97.238.281.399.
Achard. 196.367.383.394.
Admirat. 180.
Agneau. 197.217.
Agnel. 150.151.
Agoult. 172.222.
Agoust. 332.
Agut. 144.
Aiglun. 163.
Aillaud. 405.
Alamel. 236.
Alard. 222.
Albertas. 145.169.178.357.
Albissy. 222.
Alby. 182.411.
Alfansi. 386.
Alibert. 412.
Allaine. 373.
Allegre. 284.383.398.
Alleis. 414.
Allemand. 214.317.
Allier. 297.
Allies. 350.
Almaric. 352.
Almeida. 352.
Alphanty. 166.

Alphéran. 262.
Alrics (des). 227.
Amalric. 265.
Amand. 392.399.
Amoureux. 223.
Amphoux. 255.257.297.357.
Amy. 235.270.
André. 152.322.367.399.405.
Andrinet. 402.
Anfossy. 234.288.
Angles (des). 174.
Anglès. 355.
Anon. 352.
Anselme. 216.296.
Antoine. 94.173.238.314.
Arbaud. 290.
Arcere. 227.228.
Archimbaud. 121.
Arcussia. 109.121.122.409.
Arene. 232.
Arenne. 115.134.144.239.
Armand. 108.262.313.413.
Armenieu. 359.
Armitte. 443.
Arnaud. 122.122.189.209.285.361. 365.368.

Arnoul. 130.
Arnoux. 202.221.321.
Arrene. 410.
Artaub. 363.
Artaud. 194.219.246.248.406.
Artier. 350.
Artignosc. 108.
Artus. 305.
Arvelly. 301.
Arvieux. 127.
Astour. 380.
Attier. 379.
Aubany. 253.
Aubert. 129.206.221.241.278.312.
Audibert. 204.323.394.
Audier. 411.
Audiffret. 94.109.163.
Audimar. 378.
Auffier. 373.
Auffiere. 210.
Augustine. 406.
Aumerat. 244.
Auphant. 359.
Auprat. 146.
Auran. 353.
Aurel. 401.
Aurelly. 250.
Ausia. 408.
Avril. 215.
Aydoux. 110.385.
Ayragues. 187.

Bagary. 319.383.
Bagarry. 201.366.
Baguet. 93.184.185.
Baille. 315.
Balthallon. 160.
Baral. 312.
Barbaroux. 263.
Barberin. 156.
Barberoux. 377.
Barbier. 156.233.
Bardon. 226.

Bareme. 315.
Baret. 397.
Barjon. 367.
Barne. 256.
Barnerin. 381.
Barnoin. 170.
Baron. 324.
Barras. 348.
Barrigue. 158.
Barrot. 260.260.
Barry. 384.
Barthalon. 246.
Barthelemy. 117.205.216.310.
Barueil. 371.
Bastide. 123.
Bastine (la). 193.
Batalin. 287.
Batelliny. 303.
Baudeu. 211.
Bauduf. 402.
Baulme. 200.241.
Baulme (la). 408.
Bausset. 139.139.140.140.162.170.
    243.375.
Bazan. 173.365.
Beau. 142.161.294.363.406.408.
Beaulieu. 217.
Beaumont. 311.387.
Beaussier. 195.317.
Beauvais. 125.
Begue. 287.
Belande. 321.
Belin. 403.
Bellerot. 104.
Belleval. 330.
Belliard. 139.350.413.
Bellizen. 189.
Benat. 132.
Benoist. 295.
Beranger. 115.
Berard. 161.216.381.
Berardy. 224.400.
Beraud. 189.239.245.249.250.

Berengier. 370.
Berenguier. 307.
Bergier. 225.
Bermond. 189.
Bernaddié. 163.
Bernage. 111.
Bernard. 142.298.349.404.
Bertet. 313.
Berthe. 277.
Berthelot. 397.
Bertin. 128.
Bertrand. 343.368.
Berty. 128.
Bescontin. 241.
Bessaude. 119.
Bessodes. 248.
Besson. 102.103.194.207.263.287. 301.349.387.
Bessone. 197.
Beteille. 323.
Bettandier. 125.
Bœuf. 97.224.
Beurlan. 250.
Bevolant. 111.
Bezaudin. 185.
Bianchi. 120.
Biesson. 393.
Bigard. 363.
Bigaron. 269.
Billon. 221.305.395.
Bin. 188.
Bionneau. 187.
Bizaudin. 186.
Blainville. 277.
Blanc. 104.147.162.216.229.252. 269.281.395.398.
Blanc (le). 144.
Blancon. 213.
Blandin. 310.
Blicourt. 125.
Blieux. 297.
Bœuf. 380.
Bois (le). 209.219.

Boissely. 158.159.
Boissier. 258.
Boissiere. 153.
Boisson. 247.248.354.355.381.
Bomay. 151.
Bombelles. 152.
Bompar. 259.360.
Bon. 193.
Bon (le). 266.309.
Bonfillon. 383.
Bonifay. 210.
Bonneau. 270.395.
Bonnefoy. 337.
Bonnet 183.247.377.
Bonochere. 204.
Boquier. 285.
Borel. 292.
Borelly. 132.143.149.161.199.283 414.
Borely. 158.412.
Borrelly. 225.
Bosquet. 95.230.
Bouasse. 313.
Boucher. 145.
Boudier. 356.
Bouffier. 361.
Bougerel. 178.
Bouguin. 97.
Bouis. 359.
Boule. 308.
Boulle. 154.180.242.
Bouquet. 405.
Bourbon. 195.
Bourgarel. 299.
Bourgogne. 111.
Bourguignon. 153.225.236.237.356. 360.370.
Bourseuille. 180.
Bourrely. 379.409.
Bourelly. 244.368.
Bousquet. 129.189.
Boutard. 367.
Boutassy. 211.272.

Bouthier. 227.
Bouthillier (le). 92.
Boutié. 243.
Bouttier. 300.
Bouys. 366.
Boyer. 165.167.189.212.235.248. 324.366.371.398.
Bras. 283.
Brebion. 221.
Bremond. 256.259.267.305.314. 401.
Bremondière (la). 136.
Brès. 149.400.
Bressan. 305.412.
Bretton. 360.364.
Bricard. 187.244.409.
Bronde. 406.407.
Broquery. 244.362.
Brousson. 143.
Brueil. 151.
Brun. 278.286.313.
Brunet. 195.318.
Bruny. 108.
Bucch. 211.357.
Bueil. 413.
Bugnet. 412.
Buzens. 132.

Cabanes. 103.154.
Cabre. 130.392.
Cabrerolles. 164.
Cadenel. 295.
Cadenelle. 314.
Cadiere. 400.
Cailhol. 299.
Caillot. 375.
Caire. 153.163.280.398.
Calamand. 120.
Calonne. 100.
Cambis. 212.
Cambray. 117..
Camoin. 251.296.376.
Campagne. 176.

Campou. 271.283.
Camps (des). 308.
Camus (le). 237.
Candolle. 93 245.361.
Canjeures. 135.
Cannet. 130.
Capel. 222.
Capus. 395.
Caradet. 111.171.
Caranage. 281.
Carbonnel. 295.356.
Carfeuil. 315.316.
Carle. 360.
Carraire. 167.206.
Carriere. 93.174.
Cary. 285.320.
Cassan. 166.
Castagnier. 393.
Castel. 317.
Castelane. 393.
Castelet. 99.
Castellane. 126.
Castor. 319.
Cauvet. 208.
Cauvin. 288.
Caux. 209.
Cayron. 145.
Cazeneuve. 407.
Celier. 155.
Censal. 369.
Cezan. 406.
Cezanne. 376.
Chabaud. 356.
Chabert. 121.349.
Charbonnier. 353.
Chabran. 318.
Chaillet. 220.
Chalmette. 366.
Chalon. 253.
Chambon. 190.194.
Champagnay. 139.
Champeynard. 125.
Champion. 308.

Chanteduc. 280.
Chapeau. 396.
Charles. 98.
Charlois. 297.357.
Charpentier. 162.
Charpuis. 238.
Chasteuil. 129.
Chaulan. 358.381.
Chauland. 385.
Chaumont. 110.
Chautard. 174.
Cheiladet. 221.
Chene. 393.
Cherimot. 233.
Chieusse. 113.
Chomel. 136.193.
Chon. 239.
Christolp. 289.
Cipieres. 330.
Cipriani. 135.
Cipriany. 231.409.
Citrany. 361.
Claire (la). 111.
Clapier. 148.212.302.
Clapiers. 419.
Clary. 249.
Clemans. 99.
Clement. 249.320.
Clermont. 114.
Cochardiere. 155.
Coissinier. 229.
Colbert. 131.
Collongue. 107.138.
Colomb. 219.294.
Colombi. 193.
Colonnia. 181.
Combaud. 98.
Combe (la). 140.
Compian. 135.
Comte. 137.208.404.
Conte. 308.314.
Corail. 193.223.
Corbierre. 194.

Cordier. 123.377
Cormis. 124.
Cornier. 167.172.
Cornil. 123.
Correard. 354
Coste. 350.365.
Cotelle. 232.
Cotta. 157.176.304.
Cottereau. 154.
Coudoneau. 312.
Coudonneau. 241.
Coudouneau. 399.
Coulliette. 157.
Coulomb. 206.
Coulon. 101.
Courbeau. 387.
Courtebonne. 100.
Cousinery. 106.127.191.369.381.
Coustan. 165.
Couston. 267.
Couton. 407.
Coutton. 399.
Creissel. 119.410.
Croiset. 98.211.235.
Croix. 367.
Croix (la). 165.324.
Croizet. 177.
Crousil. 406.
Croussil. 142.
Crozat. 294.
Croze. 106.
Crozet. 178.179.280.
Cugis. 384.
Curet. 133.158.
Curiol. 213.

Daignan. 229.
Dalbert. 384.
Daniel. 305.306.
Dantan. 93.
Darbousset. 382.
Daresne. 411.
David. 105.180.245.350.379.414.

Davine. 404.
Deavage. 160.
Demandolx. 129.
Derbes. 198.
Derne. 383.
Descamps. 202.
Descrots 109.239.
Desidery. 191.
Desnard. 358.
Desprat. 294.
Despueches. 165.
Deydier. 103.227.
Diene. 221.
Din. 150.
Dol. 382.
Dole. 322.
Donat. 257.
Donnadieu. 338.
Dordet. 409.
Dorgat. 405.
Dot. 166.
Doude. 396.
Doulaine. 378.
Dragon. 372.
Drivet. 266.
Drouet. 239.
Dubalde. 120.
Duchon. 109.
Dulard. 161.
Dumond. 227.
Dupont. 144.279.
Dupuis. 112.276.319.
Dupuy. 203.
Durand. 120.228.229.259.291.307. 311.313.381.385.386.
Durant. 176.
Duranty. 395.
Durranc. 231.

Eglise (l'). 130.
Eguesier. 400.
Emeric 381.
Emperogez. 101.

Eon. 154.
Epilly. 169.
Escalis. 132.
Escuyer. 270.
Esguisier. 94.
Esmieu. 196.
Esmiol. 258.
Espanet. 99.176.235.236.
Espariat. 312.
Espinas. 166.
Espinasse. 365.
Espinassy. 181.291.
Expinax. 310.
Esseles. 100.
Estays. 320.
Estelle. 358.403.405.
Estienne. 153.160.241.255. 314.322.
Estoupan. 164.
Etienne. 352.
Evesque (l'). 302.
Expilly. 173.
Eydins. 195.
Eyguesier. 202.
Eyguisier. 310.

Fabre. 141.158.174.175. 252.331.410
Fabregue. 413.
Fabron. 358.371.
Fabry. 323.375.
Fage. 364.
Fagot. 383.
Failhon. 195.
Faisan. 217.238.
Farnaud. 297.
Farot. 379.
Farre (la). 138.
Faudran. 184.
Faure. 205.292.
Fauris. 133.
Féau. 242.
Feaud. 313.

Felix. 118.119.162.164.200.378.
Feraud. 290.408.
Feres. 137.
Ferrand. 102.180.
Ferrary. 186.409.
Ferrenc. 105.
Ferrot. 414.
Ferry. 307.410.
Feuquerolles. 124.
Fèvre (le). 143.173.
Flèche (la). 110.
Flichon. 362.
Fogasse. 228.
Fonblanque. 330.
Font (la). 106.200.241.296.
Fontette. 107.
Forbin. 99.127.
Forest. 272.
Forest (la). 302.
Foresta. 107.114.118.138.171.172. 349.
Foret (la). 379.
Forge. 369.
Fort. 106.184.185.216.409.
Fortia. 103.
Fos. 112.
Fossin. 378.
Fouquier. 139.180.218.
Fournier. 214.394.
Fournillière. 376.
Fourrel. 379.
Foux. 302.
Franchesquy. 348.349.
Franchiscou. 244.348.409.
Fredian. 100.
Freissinet. 314.
Fréjus. 242.324.
Fresquière. 261.
Frotton. 253.

Gail. 208.
Gaillard. 102.
Galimardet. 110.

Ganay. 237.308.
Ganteaume. 280.
Gantelmy. 300.
Garcin. 155.293.315.
Gardane. 178.268.
Garde (la). 280.
Gardanne. 99.
Gardet. 375.
Garnier. 126.148.162.174.188.190.
Garouste. 384.
Garoutte. 251.
Garravaque. 186.
Gaspary. 330.332.
Gasquet. 383.
Gassel. 394.
Gassendy. 176.
Gaucher. 119.
Gaudellon. 291.
Gaudier. 206.
Gautier. 130.149.154.185.196.242. 254.320.394.
Gazelle. 114.
Gendre (le). 231.
Geoffroy. 110.205.241.
Georges. 132.
Geraers. 202.
Gerard. 132.157.208.359.
Geremie. 99.
Gerenton. 210.
Germain. 205.
Gibert. 94.
Gigeau. 384.
Gignot. 303.
Gilles. 330.331.
Gillet. 233.
Gilly. 251.
Ginys. 374.
Girard. 234.369.
Giraud. 221.246.291.343.351.382.
Giraudon. 108.169.362.
Giraudy. 112.
Girauld. 400.
Girouard. 321.

Glandevès. 357.
Gleize. 144.369.
Godmar. 101.
Gonstoulin. 382.
Gorge. 366.
Goubaud. 364.
Goude. 299.
Gouiran. 407.
Gouirand. 382.
Goujon. 356.
Goullon. 198.
Gourdan. 253.309.
Gouyran. 321.
Graffine. 317.
Granette. 317.
Grange. 133.175.
Grangier. 393.
Granier. 187.199.
Granot. 243.
Gras. 157.361.
Grasse. 409.
Grassy. 192.
Gratian. 109.124.
Gratiany. 413.
Gravier. 141.
Gréasque. 380.
Gréaulx. 135.
Grégoire. 413.
Gréoulx. 148.
Griffet. 403.
Grimaldy. 96.118.
Grimaud. 143.144.176.213.239. 386.
Grimod. 148.
Gros. 119.193.209.289.298.
Grougnard. 258.
Guarette. 195.
Guarinie (la). 118.
Gueidon. 382.397.
Guerin. 293.
Guèros. 136.
Guessy. 225.
Gueydon. 240.

Guez. 268.
Guibert. 214.374.402.
Guichard. 295.305.395.
Guieu. 171 204.354.404.
Guigonis. 188.
Guilherme. 130.
Guilhermy. 199.
Guilhet. 111.177.
Guillermy. 355.365.
Guintrand. 342.408.
Guion. 401.
Guirard. 228.317.
Guiret. 380.
Guitton. 120.244.
Guivaudan. 293.
Guyon. 377
Guzan. 191.

Habert. 91.
Hamel. 114.180.
Harbey. 351.
Hennequin. 175.
Herie (l'). 406.
Hermite. 152.
Hermitte. 409.
Heureux. 150.
Hostagier. 329.330.331.
Hou. 195.
Houasse. 363.
Humbert. 145.

Icard. 220.269.358.392.
Icardene 286.
Imbert. 198.290.324.372.
Impérial. 155.
Isle (l'). 142.150.
Isnard. 404.
Isouard. 249.322.
Issalene. 396.
Issautier. 311.
Isseric. 247.

Jaine. 288.

Jarentes. 94.96 304.
Jaubert. 224.
Jayne. 250.
Jean. 223.285.
Jordan. 411.
Jourdan. 149.162.198.296.378.394.
Jouvene. 100.169.
Juge. 168.
Juine. 403.
Julien. 279.309.372.
Jullien. 408.
Juramy. 299.
Jusquin. 400.
Just. 267.

Ladeforet. 412.
Laget. 255.
Lague. 226.
Lambert. 167.189.239.242.312.
Lance. 318.
Landrin. 193.
Landry. 233.
Langeret. 252.
Langlais. 364.
Langlois. 124.
Lascours. 219.222.
Latil. 96.402.
Latyl. 218.228.
Laugier. 187.258.295.398.
Launay. 121.
Laure. 229.404.
Laurens. 92.121.350.373.377.
Laurent. 199.
Léon. 202.257.413.
Lespiau. 302.
Lestrade. 322.
Leuze. 130.
Leveny. 266.
Levest. 370.
Levi. 206.
Lialbissi. 209.
Libertat. 330.332.
Liony. 183.

Lobet. 262.
Lombardon. 134.
Long. 199.358.386.
Longis. 370.
Lorme. 151.234.235.
Lort. 143.
Lourme. 110.
Lubière. 151.
Luet. 241.

Mabilly. 378.
Madon. 107.
Magallon. 181.257.286.
Magalon. 373.
Magny. 110.
Magy. 100.105.121.124.
Maillan. 361.
Maillard. 357.401.
Maillet. 126.
Mainard. 352.
Maire (le). 175.
Maistre (le). 147.
Majousse. 351.
Malaval. 188.
Mallaval. 238.324.
Manceau. 262.
Mandaron. 354.
Manesse. 201.
Manin. 171.
Manoly. 312.
Manse. 99.
Maoulle. 149.
Marignan. 131.
Marin. 113.137.148.218.237.412.
Marion. 226.385.
Marle. 131.
Marnier. 367.
Maron. 270.278.292.
Marroly. 304.
Marrot. 226.366.
Marseille (la ville de). 93.
Marseille. 287.
Martignon. 220.

Martin. 112.125.151.153.210.224.
   225.229.230.236.237.243.290.
   404.410.
Masse. 206.
Matalian. 156.
Mataron. 267.
Matteron 372.
Matty. 321.
Maunier. 350.402.
Maure. 142.234.247.382.
Maurel. 397.399.
Maurellet. 97.
Maurin. 246.397.
Mauton. 289.
May. 303.
Mayfredy. 377.
Mazade. 273.
Mazenod. 112.
Mazet. 306.395.397.403.406.
Médicis. 367.
Mère. 155.393.
Merentier. 235.
Mesnard. 380.
Mesnier. 257.
Meure (la). 237.
Meyffren. 370.
Meyfredy. 374.
Meynard. 207.
Miane. 311.
Michel. 138.197.200.220.256.262.
   322.323.368.386.387.401.410.
   411.
Mignot. 100.
Milhau. 98.
Mimet. 412.
Mingaud. 284.
Mirabeau. 230.
Mirabel. 154.
Miserelle. 382.
Moissac. 96.114.
Moisson. 359.
Molar. 309.
Molière. 184.

Molinier. 379.
Molinières. 231.
Moncrif. 122.
Mondésir. 170.
Monfuron. 97.
Mongin. 195.223.
Monier. 114.163.168.188.255.
Montagnac. 304.363.
Monteaux. 154.
Montfuron. 409.
Montgrand. 273.
Montolieu. 95.103.155.409.
Morel. 232.
Moret. 312.
Morgan. 182.
Morin. 162.
Morlan. 124.220.
Mosnier. 156.
Motet. 279.
Motte (la). 332.369.
Mottet. 243.
Moulin. 120.
Moulinier. 309.
Moullard. 301.
Mourène. 360.
Mours. 310.
Mourier. 301.
Mouriès. 410.
Moussier. 245.
Moustié. 203.
Moustier. 123.232.
Mouttet. 248.
Moutton. 218.371.
Mulchy. 211.
Murat. 165.
Muret. 220.

Nallin. 176.
Nancéel. 96.
Napolon. 314.
Natte. 186.374.396.
Natti. 209.
Nègre. 255.296.

Noble. 299.
Nogaret. 320.
Noir (le). 186. 223.

Odou. 262.
Olive. 222.
Ollières. 132. 164.
Ollive. 111. 243. 254. 298. 374. 375.
Ollivier. 105. 174. 236. 246. 247. 250. 307. 376. 402.
Ollivière. 381.
Omerat. 378.
Oppède. 127.
Oraison. 137.
Orange. 305.
Oudousain. 395.
Ourdet. 123.

Pallas. 298.
Passebon. 98.
Pastoret. 385.
Pastourel. 233.
Patac. 226. 286.
Patey. 103.
Paul. 95. 119. 196. 410.
Paullet. 302.
Pautrie. 318.
Payen. 199.
Peillon. 248.
Peirier. 245.
Peiruys. 210.
Peis. 248.
Peissonel. 306.
Peix. 355. 384. 387.
Pelet. 96.
Pellegrin. 263.
Pellicot. 97. 110.
Pellisseri. 148.
Pellissier. 261.
Penne. 331.
Pennes. 101. 170. 171.
Peschioliny. 381.
Philippes. 370.

Pichon. 192.
Pierre (la). 300.
Pierre. 365.
Pin. 166.
Pine. 318.
Piscatory. 137. 306.
Plante. 383.
Plessy. 184.
Plezent. 190.
Plumier. 372.
Ponfra. 141.
Pons. 247. 288.
Ponsin. 240.
Ponsoie. 107.
Pont. 403.
Pontevès. 104. 171.
Pont-le-Roy. 172.
Porrade. 142. 171. 378. 380.
Porraux. 142.
Porry. 130. 185. 187. 195. 204.
Pougeaud. 319.
Pouittier. 228.
Poulin. 196.
Poulpre. 352.
Pouvère. 314.
Prat. 134.
Prepaud. 113.
Prudant. 354.
Pruilante. 108.
Prunier. 266.
Puget. 96. 287.
Punex (le). 184.
Puy. 208.

Radix. 319.
Raimondis. 98.
Rambaud. 190.
Rampal. 233. 385.
Rancé. 92.
Raoul. 412.
Raphaelis. 95. 221.
Rascas. 130.
Rastoux. 400.

28

Raulet. 209.
Ravel. 189.359.360.
Ravely. 404.
Ravest. 401.
Raynaud. 230.395.399.
Rayolle. 224.
Reboul. 191.240.254.318.
Rebuty. 211.
Regaillez. 408.
Régis. 146.
Reignier. 312.
Reinaud. 151.
Reison. 201.
Remezan. 102.
Remusat. 241.394.
Remuzat. 105.107.
Renoul. 357.
Renous. 289.
Requier. 249.268.
Requière. 192.
Rey. 288.356.
Reymondin. 240.342.
Reynard. 237.
Reynarde (la). 118.119.200.
Reynaud. 191.229.251.300.303. 351.
Reynier. 201.231.
Rians. 203.
Ribier. 370.
Ricard. 197.
Ricarde. 210.
Richaud. 344.
Richelme. 232.
Ricoux. 321.
Rigaud. 227.
Rigon. 214.
Rigord. 149.152.350.
Rigoulphe. 411.
Rimbaud. 157.323.
Ripert. 153.308.320.
Riqueti. 116.117.145.210.230.
Riquier. 404.
Rivière. 302.

Rivierre. 292.
Robert. 200.280.301.407.
Rochambeau. 152.
Roche (la). 168.
Roche. 367.
Rochefort. 152.
Rochemore. 230.
Rocque. 263.
Rogon. 349.
Rolland. 190.386.404.
Rollandin. 310.
Roman. 207.208.241.
Rome. 191.
Romieu. 94.112.
Romoulles. 113.
Roque. 386.
Roquefort. 243.
Roquemaure. 362.
Roquette (la). 349.
Rosset. 161.358.
Roubaud. 294.372.373.
Roubauld. 267.
Roubiar. 344.
Roubin. 343.
Rougier. 360.
Rougon. 394.
Rounivus. 392.
Rousseau. 225.
Roussel. 294.
Rousset. 126.148.227.395.
Roussin. 253.
Rousson. 218.219.
Roustan. 170.
Rouvière. 372.
Rouvierre. 206.
Roux. 146.250.288.304.307.314. 355.371.376.400.414.
Roy (le). 207.371.
Roze. 306.
Rua. 123.
Rubantel. 231.
Ruffi. 141.
Ruzet. 217.

Sabateris. 147.
Sabayn. 219.
Sabran. 135.140.232.
Sabrier. 98.
Sacco. 96.
Saint-Amand. 109.
Saint-Jacques. 120.133.152.200. 222.264.265.
Saint-Mayme. 169.
Salade. 184.
Sallade. 184.316.
Salle (la). 115.123.411.
Salomon. 138.398.
Sambut. 312.
Saque. 406.
Sardet. 384.
Sarmet. 246.
Sarrebourse. 172.
Saul. 375.
Sauron. 214.393.408.
Sauvaire. 176.178.185.403.
Sauvet. 359.
Savary. 118.
Savi. 356.
Savigne. 363.
Savignon. 100.117.
Savonnières. 98.
Savournin. 158.
Saxe. 316.
Sbonski. 98.
Sebolin. 178.196.
Seguier. 400.
Seguin. 236.403.
Seguiran. 124.
Seigneuret. 134.319.
Sellon. 207.
Seren. 210.307.407.
Series. 167.
Sérignan. 143.239.
Serisolle. 368.
Sermet. 293.
Serre. 126.181.289.
Serrin. 383.

Sesty. 111.
Sicard. 289.343.366.
Sieuve. 160.
Sigaud. 152.
Silvavelle. 409.
Silvy. 281.
Siméon. 256.
Simian. 258.372.394.
Simiane. 238.
Simon. 119.168.215.
Sinetty. 385.
Sivile. 401.
Soissans. 95.221.
Solle. 96.
Sollier. 220.
Sossin. 179.308.411.
Souchard. 351.
Soucheiron. 163.215.
Souchon. 396.
Souchoye. 169.
Souillier. 397.
Soulliles. 222.
Soussin. 172.
Spans. 410.
Sperelly. 172.
Surian. 127.271.
Surle. 160.
Sutton. 307.

Taillet. 407.
Talmant. 110.
Taman. 353.
Tambeurin. 208.
Tardieu. 368.
Tardivy. 247.
Taron. 215.235.237.
Tavan. 290.
Tavanelle. 293.
Teissère. 217.386.
Teissier. 143.
Tenaillier. 300.
Tersniel. 274.
Tetin. 224.

Theric. 168.
Theus. 188.194.381.
Thoard. 279.
Thomassin. 212.
Thomazin. 122.164.
Thoron. 108.
Thouard. 401.
Thouldet. 299.
Timon. 177.
Tiran. 160.
Toache. 373.
Torcat. 309.
Tour (la). 113.189.
Tournezy. 215.
Tournier. 168.413.
Tourres. 400.
Trabaud. 376.
Tressemanes. 129.
Trevan. 392.
Trion. 364.
Trouillard. 402.
Trouilhier. 108.175.180.
Troullier. 396.
Truc. 252.354.387.403.
Truilhard. 159.
Truilhier. 322.
Tuicour. 125.
Turc. 275.
Turgy. 131.
Tuzel. 222.

Urtis. 300.

Vachier. 315.
Vacque. 254.
Vague. 297.
Vaille. 401.
Valbelle. 97.410.
Valentin. 378.
Valier. 311.
Vallentin. 224.
Vallerian. 294.
Vallette. 257.

Varage. 154.
Varize. 399.
Varsy. 321.
Vassal. 254.
Vassé. 160.
Vasseur (le). 92.
Vaucresson. 150.
Vaulaire. 192.
Veline. 381.
Vellin. 114.151.203.
Vento. 92.129.169.170.
Ventron. 303.
Venture. 122.231.232.
Vernassal. 168.
Vespin. 405.
Vialla. 332.
Vias. 268.380.
Vicard. 278.
Vidalle (la). 99.
Vidan. 402.
Vidaud. 134.
Vieux. 379.414.
Vigne (la). 249.251.
Vignier. 177.
Vignon. 173.
Viguier. 226.284.
Villages. 115.123.132.410.411.
Villeneuve. 214.330.411.
Villepassans. 164.
Villet. 170.
Ville-Vielhe. 115.
Vimeur. 152.
Vincens. 374.376.384.403.405
Vintimille. 91.167.179.
Violet. 186.
Virelle. 259.
Vitalis. 164.

Zimillier. 204.

OMISSIONS.

Arvieu. 309.

TABLE

DES NOMS DES ABBAYES, CHAPITRES, COMMANDERIES, COMMUNAUTÉS, CONFRÉRIES, ETC.,

CONTENUES DANS CE VOLUME.

Abbaye Saint-Victor. 109.
Abbaye des Religieuses de Saint-Sauveur. 192.
Chapitre de l'église collégiale et paroissiale de Notre-Dame-des-Accoules. 150.
Chapitre de l'église collégiale et paroissiale de Saint-Martin. 138.
Commanderie Saint-Antoine. 252.
Communauté des Prêtres missionnaires du Saint-Sacrement, vulgairement appelée la *Mission de Provence.* 256.
Communauté des Religieux de l'Ordre de la Merci, Rédemption des Captifs. 251.
Communauté des Apothicaires. 267.
— Cabaretiers et Aubergistes. 364.
— Gagne-deniers. 343.
— Pêcheurs. 125.
— Peintres et Sculpteurs. 282.
— Maîtres Auffiers. 277.
— — Boulangers. 272.
— — Calfats. 260.
— — Canonniers, Salpêtriers, Fondeurs et Chaudronniers. 281.
Communauté des Chapeliers, Bonnetiers et Garnisseurs de chapeaux. 266.
Communauté des Maîtres Chirurgiens jurés de Saint-Cosme. 179.
— — Cordiers, Peigneurs de chanvre et Basteurs. 282.
Communauté des Maîtres d'Ache et Remolats. 362
— — Jardiniers. 284.
— — Maçons. 271.
— — Menuisiers 271.
— — Meûniers. 284.

Communauté des Maîtres Pâtissiers, Rôtisseurs, Bouchers, Charcutiers et Tripiers. 133.
Communauté des Maîtres Savetiers. 270.
—   — Taillleurs d'habits 269.
—   — Tonneliers et Barillats. 277.
Confrérie Notre-Dame-de-l'Ayde. 363.
— Notre-Dame-de-Bon-Secours. 353.
— Notre-Dame-de-Bon-Voyage. 363.
— Notre-Dame-des-Carmes. 353.
— Notre-Dame-du-Rosaire. 352.
— de Saint-Elme. 283.
— des Celliers et Boutiers. 380.
— Porteurs de chaises. 343
— Maîtres Couteliers. 377.
—   — Maréchaux. 375.
—   — Serruriers. 374.
Corps des Notaires royaux. 272.
— Marchands Merciers et Denteliers. 282.
— Passementiers. 265.
— Maîtres Cordonniers. 192.
—   — Orphèvres. 179.
—   — Perruquiers. 298.
—   — Tisseurs de toile, Cotonniers, Tapissiers et Futaniers. 266.
Couvent des Chartreux. 276.
— Frères Prêcheurs. 214.
— Grands Carmes. 201.
— Minimes. 272.
— Pères Servites, dits de Notre-Dame-de-Lorette. 213.
— Religieuses Carmelites. 217.
Grand couvent des Augustins. 244.
—   — Religieux de la Sainte-Trinité. 234.
Jésuites de Saint-Jaume. 268.
— Sainte-Croix. 268.
Maison de la Mission de France. 252.
— l'Oratoire. 250.
Monastère des Feuillans. 263.
— Religieuses de Notre-Dame-de-la-Miséricorde. 276.
— Religieuses Sainte-Claire. 253.
Premier Monastère de la Visitation Sainte-Marie. 205.
Second   —   —   — 205.
Pénitents Blancs de Notre-Dame-d'Ayde dite de la Trinité-Vieille et Rédemption-des-Pauvres-Captifs. 261.

— 435 —

Pénitents Blancs, fondés sous le titre de Saint-Lazare. 260.
— Blancs sous le titre de Sainte-Catherine. 259.
— Blancs sous le titre du Triomphant Saint-Esprit. 269.
— Bleus de Saint-Martin, sous le titre de Notre-Dame-de-Pitié. 285.
Pénitents Gris sous le titre de Saint-Antoine. 255.
Religieuses Ursulines de l'Ordre de Saint-Augustin. 278.
— de l'Ordre de Saint-Bernard. 183.
— de la Présentation-de-Notre-Dame, dites Présentines. 201.
— de Sainte-Elisabeth du tiers ordre de Saint-François. 216.

LISTE
DES SOUSCRIPTEURS.

MARSEILLE.

MM.

ROUVIÈRE, ✻, Maire de la ville de Marseille, 2 exempl.

ALBERTAS (Aldebert d'), au château d'Albertas.
ALMARIC (Léon-Gustave d'), officier d'administration de la marine impériale.
ANDRÉ (Ferdinand), archiviste-adjoint à la préfecture.
ARNAUD (Marius), avoué.
ARNAUD (Camille), ✻, juge au tribunal de 1re instance.
ATHÉNÉE de Marseille (l').
AUTHIER de SISGAU (d'), ✻, chef d'escadron en retraite.
BACCUET (Charles), courtier de commerce.
BARBARIN (Isidore).
BARBARIN (Adolphe).
BARRIGUE de FONTAINIEU (de).
BERTRAND (Charles).
BIBLIOTHÈQUE de Marseille.
BLANCARD (Louis), archiviste à la préfecture.
BONNAFOUX (G.).
BONSIGNOUR (Louis), entrepreneur maçon,
BORELY-BRAS (veuve de).
BORY (J.-T.), avocat.

MM.

BOULLE aîné.
BOURGUIGNON, ✻, chef d'escadron d'état-major en retraite.
BOUSQUET (Amédée), avoué.
BOVIS (Pierre).
BOYER de FONSCOLOMBE (Fernand de).
BRONDE (Désiré).
CAILHOL, ancien vicaire-général.
CAMOIN frères, libraires, **10** exemplaires.
CAMPOU (Louis de).
CARBONEL (J.).
CARVIN (J.), serrurier.
CAYOL (Stanislas), avocat-avoué.
CERCLE PUGET (le).
CHAMPSAUR, chef d'institution.
CHASSANGLE (Baptiste), chanoine honoraire, directeur du pensionnat du Sacré-Cœur.
CHUSIN (Ange).
CLAPIERS (le comte de).
COLAVIER d'ALBICY, O. ✻, ancien colonel.
COLLÉ et VÉRANE, graveurs.
CONFRÉRIE des Pénitents blancs de la Sainte-Trinité (la).
COUSINERY (Jean-Marie-Barthélemy), lithographe.
COUSINERY (Joseph-Antoine), 3 exemplaires.
CROZE-MAGNAN, directeur du Mont-de-Piété.
CROZET (L. de), propriétaire.
CROZET-d'ALAYER.
DAOUST (Jean), graveur.
DECORMIS (Henry).
DELMAS (J.).
DEMANDOLX (comtesse Caroline de).
ETIENNE (Joseph), caissier-layettier.
FLOTTE (baron Gaston de).
FORBIN-d'OPPÈDE (le marquis de), à Saint-Marcel.

MM.

FORESTA (le marquis de), au château des Tours.
FOUQUIER, recteur de la paroisse Saint-Charles.
FROMENT, O. ✻, médecin principal de première classe des armées.
GAILLARD (Jules de).
GAUDEMARD (Edouard de).
GAYDE (Paul-Louis-Victor), négociant.
GERIN-RICARD (Théodore de).
GRANDVAL (Joseph), ✻, membre du Conseil général.
GRASSET (E.-J., comte de).
GRELING (Jules de).
HALANZIER, directeur des théâtres de Marseille.
ISNARD (Joseph), mesureur public.
KOTHEN (Charles).
LAFRACHE (Guibert), horticulteur.
LAGET (Henri de).
LAMOTTE, notaire.
LEGRÉ (Joseph-Jules), avocat.
LEMAISTRE de BEAUMONT (Mme).
LOMBARDON.
MAGALLON (Jules de).
MAGALLON (Adrien de), ✻, capitaine d'artillerie.
MATHIEU (François), conseiller municipal, agent de change.
MARTIN, à Saint-Barnabé.
MARTOREL (Marius).
MICHEL de LEON.
MIRABEAU (Edouard-Albert de RIQUETI, comte de).
MONTGRAND (le marquis de).
MORTREUIL (A.), juge de paix.
OLIVE (Marius), libraire.
PANISSE-PASSIS (le marquis de).
PAUL (Jean), propriétaire aux Crottes.
PAYAN-d'AUGERY (A.).

MM.

PAYAN, recteur de Saint-Victor.
PELLICOT, percepteur.
PITHON-ABEILLE (du).
PORRY (comte Eugène de).
RABIER (l'abbé).
RAYMOND (A. de).
REBOUL (P.).
REBOUL (Constantin).
RÉGIS de LA COLOMBIÈRE (Marcel de).
RÉGIS de LA COLOMBIÈRE (Antoine de).
RÉGIS de LA COLOMBIÈRE (Auguste de).
REVEST (Pierre).
REY, architecte.
REY (Gonzague de).
RICARD (Amédée de), avocat.
RICARD (Eugène de), ancien archiviste-adjoint des Bouches-du-Rhône.
RICAUD (Mlle).
ROLAND (Emile).
ROQUE (le baron Joseph de LA).
ROUVIÈRE (B.), avocat.
ROUX (F.-M. de).
ROUX (Heliodore de).
ROUX (Jules), avocat.
ROUX, à Saint-Barnabé.
RUFFO-BONNEVAL (le marquis de).
RUFFO-BONNEVAL (le baron de).
SABATIER (François), graveur héraldique.
SABRAN-PONTEVÈS (le duc de).
SABRAN-PONTEVÈS (le comte de), 2 exemplaires.
SALLES (Eusèbe-François, comte de), ✻.
SAMATAN (le baron de).
SAINT-JACQUES (Auguste de).
SAINT-JACQUES (Gustave de).

MM.

SAINTE-VALIÈRE (de), ✻, capitaine de frégate en retraite.
SAUVECANNE (de), notaire.
SEGOND-CRESP, avocat.
SERIS (Henry).
SICARD, docteur en médecine.
SOLIER d'ALARET (Raymond).
SOLIER d'ALARET (Désiré).
STRAFFORELLO (A.), avocat.
SURIAN (Alfred de).
SURIAN (Gustave de), directeur de l'octroi.
THUMIN (Timothée), huissier.
TIMON-DAVID (J.), chanoine honoraire.
TRABAUD (Pierre).
VAINES (Maurice de), ✻.
VIAS (Urbain), greffier de justice de paix.
VILLENEUVE-TRANS (le marquis de).
VOLCY-BOZE.

AIX.

ALPHERAN de BUSSAN (d').
ARBAUD (Paul).
BIBLIOTHÈQUE d'Aix.
BOISGELIN (le marquis de).
BREMOND, avocat.
BRÈS (Louis de).
MAKAIRE, libraire, 3 exemplaires.

ARLES.

BIBLIOTHÈQUE d'Arles.

TARASCON.

FAYN (Edouard), avocat.

DÉPARTEMENTS.

AVIGNON.

MM.

CANTILLON DE LA COUTURE.
MONTGRAND (Charles, comte de).

BOLLÈNE (Vaucluse).

FAUCHER (Paul de).

CARPENTRAS.

BARJAVEL (Casimir-Fançois-Henri), docteur en médecine.
SEGUINS VASSIEUX (le marquis de).

CHATEAU DE LA TAULE (Oise).

BEAUSSIER (Ladislas, comte de).

DIEPPE.

REVEL DU PERRON (de), ✷, sous-préfet.

FLASSANS (Var).

SAINT-CHARLES (Fromentin de), C. ✷, ancien colonel.

LYON.

BRUN, libraire, 6 exemplaires.

MONTPELLIER.

FABRE DE LAVALETTE (Félix de).

NICE.

FAMIN (Ferdinand), directeur de la Banque.

PARIS.

MIARD, libraire, 3 exemplaires.
ROQUE (Louis de LA), avocat à la Cour impériale.
SCHLESINGER, libraire.

PORCHÈRES (Basses-Alpes)

MM.

BERLUC-PÉRUSSIS (le chevalier DE).

SAINT-MAXIMIN (Var).

ROSTAN (L.), avocat, correspondant de M. le Ministre de l'instruction publique pour les travaux historiques.

TOULON.

MOUTTET (Alexandre), avoué.
TEISSIER (Octave), receveur municipal.

RIO-DE-JANEIRO.

RÉGIS DE LA COLOMBIÈRE (Fréderic DE).
RÉGIS DE LA COLOMBIÈRE (Jules DE).

ERRATA.

Page vi, ligne 26, au lieu de fers de ance, lisez : fers de *lance*.
— 40, — 24, — celle, lisez : *celles*.
— 58, — 18, — on fait, lisez : *ont fait*.
— 64, — 18, — noble, lisez : *nobles*.
— 76, — 12, lisez : *le vingtième denier de la première finance*.....
— 92, — 11, lisez : *au chef cousu de gueules*.
— 109, — 20, au lieu de accompagnée, lisez : *accompagné*.
— 109, — 24, — accompagné, lisez : *accompagnée*.
— 123, — 27, — posées, lisez : *peries*.
— 149, — 4, — croissettes, lisez : *croisettes*.
— 150, — 10, — accompagné, lisez : *accompagnée*.
— 165, — 1 de la note, au lieu de hlason, lisez : *blason*.
— 175, — 11, au lieu de Lemaire, lisez : *Le Maire*.
— 177, — 8, — occolé, lisez : *accolé*.
— 281, — 4, — clochée, lisez : *clechée*.
— 281, — 32, — Caranage, lisez : *Caranague*.
— 308, — 12, — levrier, lisez : *lièvre*.
— 311, — 13, — mouvant, lisez : *mouvante*.
— 318, — 7, — stange, lisez : *stangue*.
— 331, — 19, — ornée, lisez : *orné*.
— 342, — 10, — supplées, lisez : *suppléées*.
— 343, — 7, — posées, lisez : *posés*.
— 357, — 2, lisez : *hure de sanglier*.
— 415, — 10, après explication d'armoiries, ne tenez nul compte de ces mots : *et qui ont néanmoins payé les droits d'enregistrement d'icelles*.
— 419, de la table, 1re colonne, après Alméida, lisez : folio 163, au lieu de 352.
— 422, — 2e — ligne 10, au lieu de Caranage, lisez : *Caranague*.
— 426, — 2e — — 6, au lieu de Guilherme, lisez : *Guillerme*.
— 428, — 2e — — 2, au lieu de Molinières, lisez : *Mollinières*.

TARMON
 MOON
  GD

ACHEVÉ D'IMPRIMER POUR LA PREMIÈRE FOIS
A MARSEILLE
CHEZ ARNAUD ET COMP.,
LE XX AVRIL MDCCCLXIV.

www.ingramcontent.com/pod-product-compliance
Lightning Source LLC
Chambersburg PA
CBHW071100230426
43666CB00009B/1770